考虑参与方信息不对称的
平台进入及定价研究

张玉林　耿　阳　黄琦炜　著

国家社会科学基金重大项目（21&ZD118）
国家自然科学基金面上项目（72071040）　资助出版

科学出版社

北　京

内 容 简 介

本书以双边市场为背景，探讨参与方信息不对称下的平台进入问题和平台定价问题。平台进入问题考虑市场初期存在信息不对称、研究市场结构、新平台的市场进入决策，以及在位平台的跨市场进入决策，即在位平台是否选择将业务拓展到新市场。平台定价问题考虑参与方之间信息不对称和参与方内部信息不对称两种类型。在参与方之间信息不对称下，研究平台与用户之间信息不对称、两边用户之间信息不对称、竞争平台之间信息不对称等如何影响平台定价。在参与方内部信息不对称下，研究平台组织内部信息不对称如何影响平台合同设计。

本书可作为高等院校管理科学与工程、工商管理、市场营销、电子商务等学科相关专业高年级本科生和研究生学习与研究的参考书，也可作为相关领域管理人员学习或培训的参考书。

图书在版编目（CIP）数据

考虑参与方信息不对称的平台进入及定价研究 / 张玉林，耿阳，黄琦炜著. -- 北京：科学出版社，2024.1
ISBN 978-7-03-070742-0

Ⅰ.①考… Ⅱ.①张… ②耿… ③黄… Ⅲ.①电子商务—定价—研究 Ⅳ.①F713.36

中国版本图书馆 CIP 数据核字（2021）第 246463 号

责任编辑：郝　悦 / 责任校对：贾娜娜
责任印制：张　伟 / 封面设计：有道设计

科 学 出 版 社 出版
北京东黄城根北街 16 号
邮政编码：100717
http://www.sciencep.com
北京九州迅驰传媒文化有限公司印刷
科学出版社发行　各地新华书店经销
*
2024 年 1 月第 一 版　开本：720×1000　1/16
2024 年 1 月第一次印刷　印张：15 1/4
字数：310 000
定价：**186.00 元**
（如有印装质量问题，我社负责调换）

作 者 简 介

张玉林，博士，东南大学二级教授，特聘教授，博士生导师，国家社会科学基金重大项目首席专家；东南大学经济管理学院副院长；兼任教育部高等学校电子商务类专业教学指导委员会委员，江苏省管理科学与工程学科联盟理事长，中国管理科学与工程学会常务理事，中国信息经济学会常务理事；主持国家社会科学基金重大项目、国家自然科学基金项目、国家软科学研究计划项目、江苏省高校哲学社会科学研究重大项目等科研项目十多项。研究领域包括信息系统与电子商务、平台管理与供应链管理、服务运作与收益管理、网络数据行为等。

前　　言

随着互联网的普及和信息技术的发展，阿里巴巴、美团、字节跳动、滴滴出行等平台型企业迅速成长。与传统企业相比，平台型企业是通过构建虚拟的平台，为平台上一边的消费者和另一边的商家提供中介服务来营利。这些平台也称为双边平台，其所在的市场也称为双边市场。由于平台两边用户之间的间接网络外部性（交叉网络外部性）的存在，双边平台的定价与市场进入决策成为平台运营领域的核心问题，也是难点问题。

现有研究中的相关模型通常暗含参与方信息完全的假设，这与平台参与方难以获得交易所有信息的现实并不一致。很多情况下，平台或者一边用户总是掌握着比另一边用户更多的信息，信息不对称情况明显。基于此，本书将在参与方信息不对称下，对双边市场研究领域的平台定价和市场进入作进一步探讨。

本书从平台经济兴起的背景与参与方信息不对称所产生的影响出发，系统研究平台的市场进入、垄断平台定价、竞争平台定价以及平台合同设计。全书分为五篇，共15章。

第一篇为概论，即第1章绪论部分，主要阐述研究背景及意义、相关概念及内涵、研究综述、研究评述以及本书主要内容。

第二篇为平台的市场进入，包括第2章~第5章，主要研究市场结构、平台启动策略以及平台业务拓展决策。

第三篇为信息不对称下垄断平台定价，包括第6章~第9章，主要讨论用户预期行为、用户支付意愿信息不对称和参照价格对垄断平台定价决策的影响。

第四篇为信息不对称下竞争平台定价，包括第10章~第12章，主要分析产品水平差异化信息不对称和用户预期行为对竞争平台定价决策的影响。

第五篇为信息不对称下平台合同设计，包括第13章~第15章，主要探讨双边平台的激励合同设计，并对本书相关研究进行总结与展望。

本书的特点是系统性与应用性相结合，既系统地对参与方信息不对称下的平台定价和市场进入进行理论研究，又针对具体的平台运营问题提出管理启示。

本书的研究得到国家社会科学基金重大项目"在线平台信息价值和信息行为研究"（21&ZD118）、国家自然科学基金面上项目"两边信息分享、独立局部市场用户移动互联的平台决策研究"（72071040）和"考虑参与方信息不对称及参与方行为的平台定价研究"（71671036）等的支持。淮阴工学院的鲍磊副教授、南京理工大学的李静讲师和东南大学的周永意、范昊雯等同学参与了部分工作。本书的写作和出版工作得到了我国平台运营管理领域多名专家学者的大力支持与鼓励，得到了科学出版社编辑的有力配合，在此向他们表示衷心感谢。本书参阅并引用了相关领域一些最新研究成果和参考文献，在此一并向被参考的文献作者表示真诚的谢意。

平台定价和平台市场进入等是平台管理领域研究的热点话题，不少具体问题研究还需进一步考虑时代特征。由于作者的水平有限，书中难免有不足之处，恳请同行和读者指正！

作　者

2022 年 10 月

目　　录

第一篇　概　　论

第二篇　平台的市场进入

第三篇 信息不对称下垄断平台定价

第一篇 概　　论

　　本篇共 1 章，即第 1 章，主要阐述本书的研究背景及意义，介绍本书涉及的相关概念及内涵，并对与本书研究相关的成果进行梳理，介绍本书主要内容。

第1章　绪　　论

1.1　研究背景及意义

本节从平台经济的兴起、平台运营中的定价及市场进入问题、平台进入及定价研究在参与方信息不对称方面有待完善等三个方面对本书的研究背景进行阐述，并从理论和实践两个方面介绍本书的研究意义。

1.1.1　研究背景

在现实经济生活中往往看到这样的现象，两方不同的用户通过某个平台进行交互和匹配。其中，平台扮演着中介的角色，向两方用户提供服务，并向双方收取一定的服务费用。这类平台也称为双边平台（two-sided platforms），其所在的市场也称为双边市场（two-sided markets）。在不同产业中，平台两边用户因业务类型的差异而有所不同。电商平台［如亚马逊（Amazon）、淘宝和京东］连接着消费者/买家和商户/卖家，操作系统平台［如视窗（Windows）和安卓（Android）］连接着用户和软件开发商，游戏平台［如索尼的游戏站（PlayStation）和微软旗下的 Xbox］连接着游戏玩家和游戏开发者，媒体平台（如报纸、电视台和网站）连接着读者/观众和广告商，支付卡系统［如中国银联和维萨（Visa）］连接着持卡人和商家等。表 1-1 汇集的是不同产业中典型的双边平台。

表 1-1　不同产业中典型的双边平台

产业	平台	买家	卖家
零售	Amazon、淘宝、京东	消费者/买家	商户/卖家
软件	Windows、Android 操作系统	用户	软件开发商
视频游戏	PlayStation、Xbox	游戏玩家	游戏开发者
传媒	报纸、电视台、网站	读者/观众	广告商
互联网	搜索引擎	信息搜索者	广告商
房地产	房屋中介	买方/租客	卖方/房东
支付卡	中国银联、Visa	持卡人	商家

双边平台已渗透到经济社会生活的方方面面。事实上，早在双边平台的概念被提出之前，不少产业就已呈现出围绕平台展开生产运作的形态，如传统零售业中的商场、传统媒体产业中的报纸和杂志等。随着信息技术的普及，平台经济迅猛发展，成为经济生活中最有活力的一部分。购物用淘宝、吃饭用美团、住宿用携程、出行用滴滴、学习用幕课（MOOC）……这些形形色色的双边平台满足了人们各种各样的需求。对人们日常生活影响最为深刻的当属以数字化和高效率著称的电商平台。据国家统计局统计，2022 年全国网上零售额为 13.79 万亿元，比2021 年增长 4%；全年社会消费品零售总额为 43.97 万亿元，较 2021 年下降 0.2%；网上零售额占比达到 31.34%。通过提供创新服务、开辟新市场、缔造新的经济组织方式，平台在推动经济转型升级的过程中扮演了重要的角色，促进了制造业、物流业、金融业等产业的发展和变革。

不少传统企业向双边平台转型后实现快速发展。许多传统企业强调产品标准化生产而忽视消费者个性化需求，对外部环境变化缺乏敏感度，囿于自己擅长的领域不愿意开拓新业务。对此，平台化转型可实现个性化、去中心化、跨界整合等目的，有助于企业实现快速发展。例如，谷歌（Google）最初是一家从事互联网信息整理与搜索的小公司。之后，它允许企业购买关键词广告，将自己转变为连接信息搜索者和广告商的互联网平台企业，走上高速发展的道路。再如，国内的家电制造商海尔集团公司近年来摒弃传统企业自成体系的封闭模式，大力实施平台战略，从传统制造家电产品的企业全面转型为面向全社会孵化创客的平台企业，受到业界的广泛关注（王钦，2015）。转型为双边平台之后，通过向一边用户（如小微企业）提供资源和服务，企业可以开放地吸引资源、快速地聚散资源、高效地匹配资源，提高了平台对另一边用户（如消费者）的价值，实现两边用户数量爆发式增长，促进企业快速发展。

平台经济的兴起进一步促进了商业模式创新。传统产业存在价值链过长、协同性较差、忽视个性化需求等缺陷。传统产业向平台转型能够缩短产业链、提高需求与供应的匹配度、关注消费者个性化需求，也有利于刺激创新型商业模式的产生。例如，过去农民销售农副产品只能等待经销商上门收购，经过层层转手才能到达消费者手中。现在，借助电商平台，农民可从田间地头直接将产品送达消费者，加速了生产和流通的过程。再如，优步（Uber）和滴滴等打车平台的出现改变了过往路边等候、电话邀约等打车方式。当下，闲置的私家车可变成网约车，消费者只需要点击智能手机中的 APP（application，应用程序）就可以轻松打车，方便了人们的日常出行。这些依托于互联网而产生的创新型产品和服务呈现出爆发式增长，极大地影响着人们的工作方式和生活习惯。

与传统产业不同的是，在双边市场中，平台运营面临诸多新问题，如一边用户数量的增加依赖另一边用户数量的增加，一边用户数量减少会导致另一边用户数量也会减少的"鸡蛋相生"难题；平台采用会员费、交易费还是两部收费（two-part tariff）制的模式选择问题；平台如何协调各边价格的价格结构问题等。其中，价格结构问题是基础，也是难点（Hagiu，2014）。由于双边平台可对两边用户分别定价，平台定价研究涉及网络经济学和多产品定价两个方面，是一个交叉性的研究领域。价格结构的复杂性也导致平台在运营过程中应谨慎选择定价决策。在现实生活中，双边平台的倾斜定价策略获得了巨大的成功。在倾斜定价策略中，平台会对一边用户定高价而对另一边用户定低价甚至补贴。例如，在京东、易贝（eBay）等网购平台中，买家购买产品无须向平台交纳费用，而卖家销售产品时需交纳会员费或交易费。外卖平台如美团，住宿平台如爱彼迎（Airbnb）和小猪短租等也是类似定价。尽管对买家免费较为常见，但平台对买家并不总是不收费。例如，美国著名的零售商开市客（Costco）也会向消费者（买家）按年收取会员费。

需注意的是，即使是同类双边平台，它们的定价决策也有差异。例如，早期的游戏公司如任天堂（Nintendo）、世嘉公司（Sega Corporation）和索尼等会向游戏软件开发者收取一笔固定费用并对销售游戏所带来的收入按一定比例抽成。但是，在 2001 年，为了和索尼的 PlayStation 系列抗衡，微软 Xbox 系列采取了另一种决策。微软一方面允许游戏开发者免费试用开发工具包来吸引游戏开发者，另一方面又降低了 Xbox 主机销售价格来吸引消费者（Rochet and Tirole，2003）。微软这一决策获得了巨大的成功，其他游戏公司也纷纷效仿。在微软的定价决策中，微软的盈利并非源自游戏主机的销售，而是源自对游戏软件销售收入的抽成。相比于从量费（specific taxes，与交易量成正比），微软更加注重从价费（ad valorem fees，与交易额成正比）所带来的收益。可见，对于平台而言，定价模式的选择也很重要。

此外，由于间接网络外部性（交叉网络外部性）的存在，平台间的竞争较为激烈。双边市场往往会呈现强者越强，弱者越弱的马太效应。在现实生活中，即使市场早期阶段拥有众多平台，但当市场趋于成熟时，也仅有少量平台能够存活。双边市场的市场结构多为垄断或寡头。基于此，双边平台还面临市场进入问题。一方面，双边平台进入市场会面临"鸡蛋相生"难题，即一边用户不加入平台时，另一边用户也会不加入平台。另一方面，双边平台进入市场还会面对关键数量（critical mass）问题，即为了避免一边用户的流失，平台另一边用户的数量需高于某一阈值（即关键数量）。对此，现有研究已提出诸如分而治之（Caillaud and Jullien，2003）、隔离定价（Weyl，2010）、动态定价（Cabral，2019）等市场进入策略，这些策略均有助于促进用户规模增长、协调两边用户。

为了寻求进一步的发展，在位平台还可能在原业务的基础上拓展新业务，即跨市场进入。例如，2009 年创立的 Uber 打车于 2014 年开发外卖业务优步送餐（UberEats）。UberEats 首先在洛杉矶提供送餐服务，随后将这一业务扩展到更多城市。UberEats 在欧洲 19 个城市中的规模已超过自家的网约车业务，并已经成为全球增长速度最快的外卖服务之一。国内外卖平台美团则拓展打车业务，并于2017年2月14日在江苏南京试点。据统计，美团点评日活跃用户中有30%有出行需求。美团通过分析消费者的就餐信息来推送打车服务，通过业务互补提供一站式服务，提高了在新市场的竞争力。与此相对的是，平台竞争也由单业务竞争转向多业务竞争，市场竞争更加激烈。对此，双边平台是否需要以及如何将业务拓展到新市场也成为市场进入问题的另一个重点。

综上，本书将对双边市场研究领域的平台定价和市场进入等问题作进一步探讨。在现有研究中，相关模型通常暗含着参与方信息完全的假设。然而，在实际生活中，由于各种各样的原因，平台各参与方难以获得交易的所有信息，很多情况下平台或者一边用户总是掌握着比另一边用户更多的信息，即存在信息不对称问题[①]。双边市场一般包括平台、消费者、商家等三个核心参与方。对此，参与方信息不对称可分为平台与用户之间、两边用户之间、竞争平台之间等三种情形。特别地，平台组织内部也存在信息不对称。在双边市场中，参与方信息不对称下平台应如何定价，以及信息不对称如何影响平台进入，无论在理论上还是在实践中都亟待深入研究和完善。本书重点考虑了以下三个方面因素。

1. 用户预期行为

随着信息技术的进步，平台可以搜集到大量的用户数据。基于对用户数据的分析，平台对用户会越来越了解。但与之不对称的是，用户所知晓的信息极为有限，尤其是在市场初期阶段。由于间接网络外部性的特征，网约车市场中滴滴打车与快的打车的竞争、用户对用户（consumer to consumer，C2C）电商市场中淘宝和拼多多的竞争、第三方支付市场中支付宝和微信支付的竞争等尤为激烈。对此，从用户的视角出发，考虑用户基于不完全信息所做出的预期有助于双边平台更好地做出决策。

近年来，信息不完全如何影响平台决策成为部分学者关注的重点（Halaburda and Yehezkel，2019；Jullien and Pavan，2019）。其中，承接早期有关直接网络外部性的研究，如Katz和Shapiro（1985）的研究，且诸多学者考虑的是关于用户预期行为方面的研究（Caillaud and Jullien，2003；Hagiu and Wright，2013；Hagiu and Halaburda，2014；Gabszewicz and Wauthy，2014；曲创和刘重阳，2019）。但是，这些研究多从平台利润、市场均衡、信息披露等角度出发，对平台定价决策的探讨还不深入。作为平台理论的重要组成部分，信息不完全下考虑用户预期行为的平台定价研究有待深入。

---

① 近年来，电商平台中电子口碑营销（electronic word of mouth，eWOM）的建立以及平台数据行业监控技术的广泛应用使得信息不对称得到改善，但信息不对称问题难以从根本上消除。

2. 激励合同设计

现有的双边市场研究通常将平台视为利润最大化的追求者，对平台企业的内部运行机制关注不多。事实上，双边平台是一种特殊的现代企业组织形式。类似于传统的企业，平台所有者会将某些工作或任务委托给管理者，如雇用促销员从事市场活动、雇用管理者降低边际生产成本等。对此，平台所有者与管理者之间的关系可借助委托代理模型进行刻画。

在双边市场中，与传统理论一致，委托人和代理人之间存在信息不对称。委托人以利润最大化为目标，而代理人以效用与努力成本之差最大化为目标。委托人和代理人的目标不一致要求委托人必须设计一个激励方案使得代理人按照委托人的利益选择行动（坎贝尔，2013）。在传统市场框架下，对激励合同设计的研究自 20 世纪 80 年代以来取得了丰富的成果。部分学者尝试将直接网络外部性的影响纳入模型之中，也得到了一些有价值的结论（Bhattacharjee and Pal，2014）。但结合双边平台间接网络外部性特征来探讨平台激励合同设计的研究较少，有待进一步拓展（Bhargava and Rubel，2019）。

3. 参照价格

最初的期望理论并未考虑参照点的存在，往往使决策结果出现偏差。Kahneman 和 Tversky（1979）在《前景理论：考虑风险的决策分析》（Prospect theory：an analysis of decision under risk）中首次提出参照点（references point）潜在地决定了决策者对于收益或损失的评价。在双边市场中，考虑参照点的平台定价也受到了重视和应用。例如，爱奇艺、优酷等视频平台对用户设定购买包月（包年）会员费的同时还提供了较高的价格作参照。电商平台如京东的 PLUS 会员服务设定 198 元/年的会员费同时提供了 299 元/年的会员费作参照。需注意的是，尽管双边市场中设定价格参照点的现象已较为常见，但相关研究还较少，亟须深入。

此外，当实际价格与参照价格不一致时，作为价格参照点的参照价格往往会使用户产生心理上的"损失"或"获得"，进而影响用户需求。不同于普通消费市场，双边市场中用户的效用还受到间接网络外部性的影响，而早期研究较少刻画这一特征。已有的平台定价研究侧重于探讨间接网络外部性、用户归属、收费模式等，对参照价格的讨论还不充分，有待进一步拓展。

1.1.2　研究意义

在参与方信息不对称下，本书重点从用户预期行为、激励合同设计、参照价格等方面，对双边市场研究领域中的平台定价和市场进入作进一步研究。本书的研究意义有两个方面。

1. 理论方面

（1）对于平台定价研究。本书主要贡献在于对参与方信息不对称进行分类，并据此探讨参与方信息不对称如何影响平台定价决策。参与方之间信息不对称划分为平台与用户之间、两边用户之间、竞争平台之间等三种情形；参与方内部信息不对称重点考虑平台组织内部的信息不对称。其中，平台与用户之间信息不对称考虑的是用户支付意愿信息不对称（对应第 8 章）以及参照价格（对应第 9 章）的影响；两边用户之间信息不对称考虑的是用户预期行为（对应第 6 章和第 7 章，第 11 章和第 12 章）；竞争平台之间信息不对称考虑的是产品水平差异化信息不对称（对应第 10 章）；平台组织内部的信息不对称考虑的是平台合同设计（对应第 13 章和第 14 章）。

部分双边市场相关研究也关注了信息不对称这一现象，但大多聚焦于信息策略等非价格决策，对于平台定价决策的探讨尚不深入。与已有平台定价研究的区别在于，本书系统梳理了双边市场中参与方信息不对称的类型，重点聚焦于用户预期行为、参照价格、合同设计等三个方面，进一步丰富和完善了平台定价研究。

（2）对于平台进入研究。本书重点考虑了市场初期阶段信息的不对称，并据此探讨信息不对称如何影响平台的市场进入。首先，本书探讨的是市场初期阶段信息不对称如何影响市场结构（对应第 2 章）；其次，基于市场初期阶段信息不对称与用户预期行为，本书还探讨了新平台的启动策略（对应第 3 章）；最后，本书还进一步研究了在位平台的跨市场进入策略，即在位平台是否选择将业务拓展到新市场（对应第 4 章和第 5 章）。

与已有平台进入研究相比，本书在市场初期信息不对称下系统梳理了宏观层面上的市场结构与微观层面上的平台进入决策。除此之外，结合当下平台生态的发展背景，本书将平台进入问题进一步细化，分别探讨了新平台的市场进入和在位平台的跨市场进入。

2. 实践方面

（1）对于双边平台的定价决策。首先，参与方之间信息不对称会影响用户的决策行为，进而影响双边平台的定价决策。例如，在动态情形下，用户是否加入平台并非以完全信息下的市场均衡为基础，而是基于当前信息，继而平台往往选择在市场初期定低价；在平台和用户之间存在信息不对称下，参照价格也会影响用户的决策等。对此，本书的研究结论有助于平台制定信息不对称下的定价决策，提高其市场竞争力。

其次，与传统企业一样，由于签约之后平台所有者无法观察到代理人是否尽职尽责，平台所有者和管理者之间同样存在信息不对称问题，即参与方内部存在信息不对称。对此，本书相关结论可为具有间接网络外部性特征的平台型企业设计科学的管理激励合同提供参考。

（2）对于双边平台的市场进入。在市场初期阶段，双边平台间接网络外部性的特征导致了"鸡蛋相生"难题的存在，而用户缺乏信息进一步加剧了市场进入的困难性。对此，本书的研究结论可为新平台在市场初期信息不对称下制定市场进入策略提供参考。此外，本书还考虑了在位平台的跨市场进入，相关研究结论可为在位平台实施业务拓展决策、构建生态体系提供支持。

1.2　相关概念及内涵

本节介绍双边市场的定义、双边市场的特征和双边平台的分类。

1.2.1　双边市场的定义

目前为止，学术界对双边市场尚没有统一的定义。在不同研究领域下，双边市场的界定存在一定差异。对此，本节首先总结平台规制研究、网络经济学、平台运营模式等三个研究领域对双边市场的定义。其次，就本书的研究内容，阐述本书所界定的双边市场。

（1）平台规制研究中双边市场的定义。双边市场的相关研究最早源自对银行卡组织中交换费（interchange fee）制定是否合理的探讨，其核心问题是双边平台的倾斜性定价是否涉嫌滥用市场力量。对此，相关学者从平台规制的角度对双边市场进行了界定（Rochet and Tirole，2004，2006；傅联英和骆品亮，2013）。较为著名的是基于价格结构非中性（nonneutrality）的定义。具体来说，在 $p \equiv p^b + p^s$ 不变下（ p^b 、 p^s 分别表示平台对买家和卖家的定价），如果两边用户之间的交易量与 p^b 和 p^s 的相对大小有关，则称为双边市场；如果两边用户之间的交易量与 p^b 和 p^s 的相对大小无关，即价格结构中性（neutrality），则称为单边市场。

该定义出发点在于，如果两边用户的协商沟通导致利益可以传导，即价格结构中性，平台对价格结构的选择就没有意义，继而也无须制定针对价格结构的公共政策。需注意的是，科斯定理的失效是成为双边市场的必要条件，而非充分条件。例如，信息不对称能导致科斯定理失效，但价格结构却可能中性。

（2）网络经济学中双边市场的定义。在双边市场中，不同类型的用户可通过平台这一中介进行交易和匹配，如电商平台中的买家和卖家、网约车平台中的司机和乘客等。由于市场中一般存在两边用户，继而也称双边市场［考虑除买卖两边外的其他方（边）如政府、其他利益相关者等时，称为多边市场］。对此，承接早期网络经济学的相关研究，部分学者结合间接网络外部性和多产品定价来界定双边市场（Rochet and Tirole，2003；Roson，2005；Armstrong，2006）。具体来说，如果不同类型的用户之间存在间接网络外部性，即一边用户加入平台所获得的效用与另一边用户的数量有关，则称该市场为双边市场。

该定义阐述了双边市场的一般特征，从较为宽泛的角度界定了双边市场。优点在于，从此定义出发下的双边市场研究具有一定的普适性。限制在于，由于涉及的研究领域过广，相关研究难以体现不同类型双边平台的独有特征。

（3）平台运营模式中双边市场的定义。Hagiu 和 Wright（2015a）认为，上述两种定义并不能够将平台模式与其他运营模式进行区分。对此，他们提出双边市场应具备以下两个特征：①两边用户能够直接交易或接触，即两边用户对它们之间的交易具有控制权；②各边用户是隶属于平台的，即一边用户需进行与平台直接相关的"投资"才能与另一边用户接触，如购买游戏主机的成本、平台使用的学习成本、开车去购物市场的交通成本等。

在此定义下，特征①对双边平台、转销商（reseller）以及垂直一体化企业进行了区分。例如，尽管超市中的买家和卖家之间存在间接网络外部性，但由于超市对价格有一定的控制权，其更像转销商。在咨询平台中，如果咨询专家是平台员工，则该平台应属于垂直一体化企业。特征②将双边平台和投入提供者（input supplier）进行区分。与双边平台不同，投入提供者会对一边用户进行投入（技术或授权等）。之后，被投入的一边用户再将产品或服务向另一边用户销售，如麦当劳的特许经营。

上述学者从不同研究领域对双边市场进行了界定。事实上，在双边市场的相关研究中，这些定义在多数情况下并不矛盾。在本书研究中，我们探讨的双边市场是网络经济学中双边市场的定义和平台运营模式中双边市场的定义的结合，既考虑了间接网络外部性这一重要特征，又避免了研究对象过于宽泛。

1.2.2　双边市场的特征

作为现代经济中重要的产业组织形式，双边市场具有以下基本特征。

（1）多边间的互补性。市场存在两边或多边具有互补性需求的用户，如电商平台中的买家和卖家、软件平台中的用户和软件开发商、网约车平台中的司机和乘客等。

（2）间接网络外部性。在双边市场中，间接网络外部性的结构因平台类别的不同而存在差异。例如，在媒体平台中，广告商数量的增加会降低消费者的效用，即负向的间接网络外部性；在网约车平台、电商平台等双边平台中，服务提供方内部存在竞争关系，即存在负向的直接网络外部性；服务接收方内部也可能存在直接网络外部性，其影响可能为正（如社交网络），也可能为负（如医疗系统中的病人）。

（3）平台的中介性。平台系统中平台自身通常扮演中介角色，促进两边用户的交互和匹配，降低交易成本。平台的主要作用在于内部化各边用户间的间接网络外部性，促进消费者剩余和社会福利的增加。例如，滴滴出行匹配乘客和司机帮助乘客出行，淘宝撮合买家和卖家进行交易，美团外卖匹配商户、订餐者和配送员以更好满足订餐者的要求。

（4）平台定价的倾斜性。双边市场中，处于中心位置的平台可能对一边用户定高价，而对另一边用户定低价，甚至免费或者补贴。这可能会使平台的一边成为"利润中心"（profit center），另一边成为"亏本方"（loss leader）。

1.2.3　双边平台的分类

对双边平台进行恰当分类有助于深入地分析和更好地应用。依据平台业务的差异，双边平台可分为交易中介（exchanges）、广告支持型媒体（advertising-supported media）、支付系统（transaction systems）、软件平台（software platforms）等四种类型（Evans，2003；Evans and Schmalensee，2008）。

（1）交易中介有助于降低用户搜索成本，提高匹配精度，为两边用户达成交易提供了便利，如 eBay、淘宝、猪八戒网等。

（2）广告支持型媒体能够制造受众（build audiences），实现广告商和观众的匹配，如报纸、杂志、视频网站等。

（3）支付系统实现了统一的标准，为消费者支付和商户收单提供了便利性，如中国银联、MasterCard（万事达卡）、Visa 等。

（4）软件平台为软件商开发软件创造了场所，降低了软件开发成本，如微信小程序、PlayStation、微软等。

1.3　研　究　综　述

本节从信息对称下的平台定价、信息不对称下的平台定价、平台的市场进入等三个方面对已有相关成果进行综述。

1.3.1 信息对称下的平台定价

从研究领域来看，平台定价研究是网络经济学（对应间接网络外部性）和多产品定价理论（对应双边性）的结合（Rochet and Tirole，2003）。早期研究大多假设信息是对称的，通过构造理论模型来研究均衡价格。下面分别从平台定价决策和定价模式两个方面进行综述。

1. 平台定价决策

由于间接网络外部性的存在，平台定价往往呈现出一边定价较低，而另一边定价较高的特征。特别地，即使平台其中一边的定价低于边际成本，其仍可能盈利（Parker and van Alstyne，2005；Economides and Katsamakas，2006）。为何双边平台倾向于采用倾斜定价策略，以及平台如何针对两边用户的特征选择价格结构成为诸多学者探讨的重点。下面分别就垄断市场和竞争市场对双边平台的定价决策进行综述。

1）垄断市场下的平台定价决策

作为双边市场的重要特征，间接网络外部性导致平台一边的定价决策会对另一边也产生影响。考虑平台仅收取会员费，Armstrong（2006）得出，与传统勒纳公式相比，间接网络外部性的存在使得垄断平台应对产生较强网络外部性的一边用户定低价（甚至补贴）。该结论阐释了为何平台倾向于采用倾斜定价策略。考虑平台仅收取交易费，Rochet 和 Tirole（2003）发现，在平台最优定价下，两边交易费之比等于两边价格弹性之比。在同时收取会员费和交易费情况下，Rochet 和 Tirole（2006）统一了上述两篇文章，提出了类似标准勒纳公式的定价决策。不同的是，在此定价决策中，价格是对单位交易的平均收费，而边际成本则变为机会成本。Schmalensee（2011）认为，现实中双边平台的倾斜定价本质上是源自两边需求函数的明显差异。

上述经典研究均假设两边用户间的间接网络外部性为正。但是，在部分双边平台中，诸如报纸、杂志、视频网站等，读者对广告商的影响为正，而广告商对读者的影响一般为负。对此，Kaiser 和 Wright（2006）基于相关数据研究了德国的杂志行业。数据分析的结果表明，杂志行业具有双边市场的特征，其会补贴读者而从广告商处营利。此外，部分双边平台中的广告商对另一边具有正向的间接网络外部性，如黄页平台（Rysman，2004）。平台其中一边也可能存在网络外部性，即组内（intra-group）网络外部性。在企业对企业（business to business，B2B）的垄断平台下，Yoo 等（2002）考虑了卖家竞争所产生的组内网络外部性。研究发现，卖家对买家的网络外部性强于买家对卖家的网络外部性时，卖家边组内网络外部性越强，卖家边定价越高，买家边定价越低。考虑生产者竞争所产生的组内网络外部性，Hagiu（2009）认为，消费者对产品的差异性越偏好，垄断平台越应从生产者处攫取利润。邱甲贤等（2016）关于个人借贷平台的实证研究得出，借入者之间存在竞争关系，而借出者之间的网络外部性为正。

相比于宏观层面上的用户网络，微观层面上的用户构成同样重要。在游戏主机等软件平台中，相对于软件数量，杀手级应用（killer applications）的影响更为明显，软件质量同样重要（Stremersch et al.，2007；Kim et al.，2014）。Filistrucchi和Klein（2013）针对荷兰报纸行业的实证研究表明，对于广告商而言，价格敏感性较低的消费者更有价值。平台不能只关注消费者数量，还要关注消费者的构成。Veiga等（2017）同样认为，双边平台在关注用户数量的同时，还要重视"正确的"用户（right users）。该结论与帕累托法则较为相似，即少部分用户或产品会带来绝大多数的利润。与此相对的是，随着互联网应用的深入和产品成本的降低，媒体和书籍市场出现了商家的盈利有相当部分来源于需求分布尾部的众多冷门产品，即长尾现象（Anderson，2006）。据 Amazon 的统计，其超过一半的图书销量来自排行榜上位于 13 万名开外的图书。在网上交易平台中，由于商户对产品信息更加了解，Hagiu 和 Wright（2015b）认为，平台运营模式与长尾产品更加契合。

在平台定价研究中，倾斜定价是否涉嫌垄断是早期研究所关注的重点。平台定价研究最早源自对银行卡组织中交换费制定是否合理的探讨。其中，Rochet 和Tirole（2002）认为，在反额外收费规则下，与社会福利最优情形相比，发卡行联合制定的交换费持平或偏高。因此，零交换费和依据成本制定交换费并不一定导致社会福利最优。此后，基于对交换费的制定是否涉嫌滥用市场力量的探讨，传统规制理论是否适用于双边市场受到了诸多学者的关注。例如，Wright（2004）认为，在双边市场中，传统研究的结论并不一定适用，如有效的价格结构能够反映相对的成本，价格成本边际较高时市场力量较强，竞争必然导致更有效的价格结构等。

2）竞争市场下的平台定价决策

与垄断市场不同，在竞争市场下，较强的间接网络外部性会加剧平台之间的竞争（Armstrong，2006）。在竞争市场中，Armstrong（2006）研究表明，与垄断平台的定价决策相比，竞争平台应更加重视用户所产生的网络外部性。李泉和陈宏民（2009a）则认为，平台竞争也可能导致受补贴边定价的提高。针对媒体平台，朱振中和吕廷杰（2007）研究得出，广告商广告内容的替代性越强，平台越倾向于从广告商处收费。Crampes 等（2009）发现，当单个消费者给平台带来的广告收益随消费者数量增长时，平台投放广告比不投放广告利润更高；当平台数量较多时，消费者边的定价会低于边际成本。考虑厂商间存在负的组内网络外部性，程贵孙（2010b）得出，竞争平台的利润和组内网络外部性强度成正比，和间接网络外部性成反比。Belleflamme 和 Peitz（2019b）认为，竞争平台应提高产生负向组内网络外部性一边的价格。

在竞争市场中，除了间接网络外部性的特征，用户归属行为也是影响平台双边定价的重要因素。其中，用户单归属指用户仅接入一个平台，用户多归属指用户接入多个平台。Rochet 和 Tirole（2003）与 Armstrong（2006）的研究均表明，单归属用户的价值更高，平台的价格结构应有利于单归属用户。考虑平台对一边用户是异质的而对另一边用户是同质的，Armstrong 和 Wright（2007）发现，竞争瓶颈会内生地产生，且平台应补贴单归属用户。针对媒体平台，程贵孙（2010a）认为，广告商单归属时，广告厌恶者的比例越高，平台利润越大；广告商多归属时，广告厌恶者的比例越高，平台利润越小。针对软件平台，程贵孙和黎倩（2016）发现，当两边均单归属时，软件保护力度越大，平台对消费者定价越低，对软件开发者定价越高；当消费者单归属而软件开发者多归属时，随着软件保护力度的增强，软件开发者边结论不变，消费者边的定价与两边的交叉网络边际效应有关。

如果用户可内生地选择归属行为，纪汉霖（2011）的研究表明，平台会对多归属用户定低价，而对单归属用户定高价。此外，由于用户内生的多归属行为会降低平台利润，平台有阻止用户多归属的动机。在相似的模型设定下，即用户可内生地选择单归属还是多归属，Belleflamme 和 Peitz（2019c）以及 Jeitschko 和 Tremblay（2020）同样认为，平台也可能对多归属用户定低价。同样有悖于传统结论的是，当两边用户均多归属时，Bakos 和 Halaburda（2020）发现，经典的倾斜定价策略可能不适用。

2. 定价模式

在双边市场中，即便是同一类型的平台，它们也可能采用不同的定价模式，采用何种定价模式是平台定价研究的另一重点。在数字经济背景下，双边平台的价格工具众多，但一般可分为三种模式，分别是会员费模式、交易费模式和两部收费制模式。

在会员费模式中，平台会对每个用户收取一笔固定的费用，即会员费（也称注册费），如中国最大的 B2B 平台阿里巴巴（1688.com）采用的就是会员费模式。在交易费模式中，平台收费并不固定，其与交易量或交易额有关，也称佣金模式，如美国的 eBay 采用的就是该模式。交易费模式的探讨往往涉及价格歧视。双边市场中的二级价格歧视较为常见，如网购平台实施的满减折扣（张华等，2022）、电影院对多张电影票进行捆绑定价（Böhme，2016）、报纸业会对不同版本的报纸制定不同的价格（Jeon et al.，2022）等。其中，Busse 和 Rysman（2005）关于美国黄页市场的分析发现，市场竞争越强，黄页出版商对占页面较大的广告（大广告）定价越低。也有学者探讨了平台的三级价格歧视。针对 Amazon 等电商平台以及 Visa 等银行卡组织会基于每笔交易分别收取从量费和从价费，Wang 和 Wright（2017）发现，当产品的价值与成本成正比时，从价费更有利可图。

会员费模式和交易费模式的对比研究受到诸多学者的关注。例如，Zingal 和 Becker（2013）认为，交易费模式会影响交易数量，且仅当交易可观察时才能够使用；会员费模式与交易量无关（类似沉没成本），但影响用户加入平台。纪汉霖（2006）研究表明，与交易费模式相比，平台基于会员费的竞争能够获得更高的利润。Geng 和 Zhang（2020b）得出，异质交易行为下的交易费模式能攫取更多利润。Roger 和 Vasconcelos（2014）发现，卖方存在道德风险时仅收取交易费无法消除道德风险导致的声誉损失，此时应同时收取会员费。张凯（2018）研究得出，当买方比平台更注重未来收益时，平台应该采取统一定价；当平台比买方更注重未来收益时，平台应采取歧视定价。

在两部收费制模式下，平台会同时收取会员费和交易费，如天猫和京东等企业对用户（business to consumer，B2C）平台对其商家采用的就是该模式。部分学者对会员费模式、交易费模式和两部收费制模式进行了对比。例如，骆品亮和傅联英（2014）认为，当零售价格较低时，随着单位分销成本的提高，传统零售商应转型为双边平台。其中，当单位分销成本的增加适中时，平台应采用交易费模式；当单位分销成本的增加较高时，平台应采用两部收费制模式。夏德建等（2021）探讨了电商平台的收费模式选择博弈。结果表明，当平台的注册服务成本不低于交易服务成本时，博弈均衡不一定存在；如果博弈均衡存在，则一个平台采用交易费模式，另一个平台采用两部收费制模式。

值得注意的是，在垄断市场中，如果交易费与交易量成正比，两部收费制下的最优定价并不唯一（Armstrong，2006；Rochet and Tirole，2006）。基于此，在理论分析中，垄断平台定价研究要么采用会员费模式，要么采用交易费模式。但是，价格的多重均衡与经典研究的假设有关，并非绝对成立。例如，Bajo-Buenestado 和 Kinateder（2019）认为，当政府对平台征收从价税时，Armstrong（2006）一文中的会员费与 Rochet 和 Tirole（2003）一文中的交易费并不等价。在竞争市场下，价格的多重均衡同样存在。不同的是，在竞争市场中，不同均衡下的平台利润可能不一样。例如，在 Hotelling 模型下，Armstrong（2006）发现，两个平台的交易费之和越高，平台利润越大。原因在于，当交易费较高时，间接网络外部性相对较弱，从而缓和了平台间的竞争。但是，价格多重均衡的存在对市场均衡的预测是不利的。Reisinger（2014）从异质性的角度解决了该问题。他发现，在竞争瓶颈下，当用户交易行为异质（即不同用户的交易量存在差异）时，市场存在唯一对称均衡。其中，最优交易费和买卖双方的单位交易收益有关，一边用户的单位交易收益越高，另一边用户的贡献越大，平台会对此边用户制定较高的交易费，而对另一边用户制定较低的交易费。

1.3.2 信息不对称下的平台定价

本节就参与方之间信息不对称和参与方内部信息不对称两种情形对平台定价的相关成果进行综述。

1. 参与方之间信息不对称

参与方之间信息不对称包括平台与用户之间、两边用户之间、竞争平台之间等三种信息不对称。

1）平台与用户之间信息不对称

平台不清楚消费者支付意愿时，为了获得更高的利润，其有动机为不同类型的消费者提供不同的产品，让消费者进行自主选择（坎贝尔，2013）。从博弈理论看，这实质上是信息劣势方设计机制或采取行动以识别具有私人信息一方的类型，即信息甄别。例如，媒体平台通过制定不同的会员费和广告量以识别消费者类型（Prasad et al.，2003）；软件平台、智能手机厂商利用版本化策略来甄别不同支付意愿的消费者（Belleflamme，2005）等。此类信息甄别实质上是二级价格歧视（Bhargava and Choudhary，2004）。Prasad 等（2003）认为，媒体平台的最优选择是向高支付意愿消费者收取较高的会员费并同时免除广告，而对低支付意愿的消费者免去会员费但需观看广告。

平台不知晓卖家信息（如商品质量信息）时，也可实施信息甄别。罗金峰等（2014）关于卖家甄别机制及平台价格结构的研究发现，低质量卖家的证明成本远高于高质量卖家时，甄别机制得以建立且平台的甄别能力决定了其价格结构。Roger 和 Vasconcelos（2014）认为，平台的收费模式选择是抑制卖家道德风险的重要手段。如果平台只收取交易费，在平台严格审核下卖家仍可能发生道德风险；如果平台采用两部收费制且会员费足够高，卖家采取机会主义行为的概率将收敛于零。

在现实生活中，消费者往往不知晓产品或服务的真实价值。对此，前景理论的创始人 Kahneman 和 Tversky（1979）认为，消费者的购买决策受参照价格和真实定价的影响；当参照价格高于真实定价时，用户效用增加，反之，用户效用减少。吴斌等（2020）从心理账户的视角探讨了电商平台的杀熟现象，他们发现提高成本参照点或降低效价参照点可降低杀熟定价。Wang 等（2021）研究发现，当线下价格作为参照价格时，随着参照价格影响系数的增大，线上零售商的定价权增大而线下零售商的定价权减小。Xu 和 Duan（2018）发现，如果考虑观众体验，订阅价格的稳定值可能与参照价格的稳定值不一致；在观众更注重体验的情况下，供应商应减少广告空间。段永瑞等（2020）关于网络内容定价与广告版面决策的研究表明，初始参照价格较高（较低）时，不考虑参照价格的总收益低于（高于）考虑参照价格的总收益。

　　2）两边用户之间信息不对称

　　在现实生活中，平台一边用户可能不知晓平台对另一边用户的定价。例如，软件平台的软件开发商知晓平台对消费者的收费，但消费者通常并不知晓软件平台对软件开发商的收费；视频网站平台向消费者收取的会员费是公开信息，但消费者通常不知晓视频网站平台对广告商的收费。对此，Hagiu 和 Halaburda（2014）认为，一边用户如果不知晓另一边用户的价格信息，该边用户只能对另一边用户的数量进行消极预期（passive expectations）。但是，当一边用户知晓另一边用户的价格信息时，该边用户可准确预期出另一边用户的真实数量。他们将这种预期方式称为响应预期（responsive expectations）。

　　当价格信息不对称时，平台定价决策应考虑用户的预期行为。Hagiu 和 Halaburda（2014）的研究发现，在垄断市场下，用户消极预期会降低平台利润；在竞争瓶颈下，考虑平台对多归属用户无差异，用户消极预期会增加平台的利润和定价。Sun（2015）认为，消费者价格信息水平（即响应预期消费者的比例）较高时，价格竞争更激烈。此外，信息披露策略是解决信息不对称的有效手段（曲创和刘重阳，2019）。Belleflamme 和 Peitz（2019a）的研究表明，垄断平台应向两边用户披露价格信息；两边用户单归属时，竞争平台应向一边用户隐瞒另一边用户的价格信息；如果在竞争瓶颈下同时考虑平台异质性，市场可能存在多重均衡，即平台是否披露价格信息取决于竞争对手的决策。

　　在某些双边市场中，用户并不是同时加入平台，而是存在先后顺序。以游戏平台为例，游戏开发者开发游戏需要时间，一般先于消费者加入平台。在此情形中，对于游戏开发者而言，消费者未来的价格信息是未知的；对消费者而言，由于时间上的先后，游戏开发商所开发的游戏数量是可知的。此时，平台承诺就至关重要。考虑卖方先于买方加入平台，Hagiu（2006）研究发现，若卖家为积极预期（即认为买家均会加入平台），垄断平台向卖家做出承诺是占优策略；若卖家为悲观预期（unfavorable expectations）（即认为买家均不会加入平台），垄断平台可能选择不做承诺；在卖家预期对称时，竞争平台做出承诺是占优策略。邹佳和郭立宏（2017）研究了不同博弈时序下的均衡利润。结果表明，如果用户缺乏信息，在垄断市场下，序贯博弈优于同时博弈；在竞争市场下，同时博弈是最优的。

　　除了价格信息的不对称，买家和卖家之间还存在产品质量信息的不对称。早期关于线下市场的研究表明，当买卖双方信息不对称时，买家会降低对卖家产品质量的预期，继而导致市场中只留下低质量卖家，即逆向选择问题，也称"柠檬市场"（Akerlof，1970）。在线上市场中，由于消费者无法接触到产品实物，质量信息的不对称会更加严重（Lewis，2011；汪旭晖和张其林，2017）。为了缓解逆向选择问题，知情者可通过某些可观测的行动向不知情者发送信号，披露部分私有信息，以便不知情者区别优劣，如价格、广告、担保等（Emons，1989）。在双边市场中，信号传递也有广泛应用，如提供更丰富的产品描述、评价体系、声誉系统等（李维安等，2007；Mavlanova et al.，2012；Wang，2018）。基于 eBay 二手车市场的数据，Lewis（2011）发现，卖家可通过披露部分信息（如图片和文字）来避免逆向选择问题。

3）竞争平台之间信息不对称

潜在进入者进入市场需面临诸多挑战，其中之一是其往往需要花费一定时间去学习用户特征。与此相对的是，在位者进入市场较早，对用户更加了解，具有信息优势。对此，Ropero（2019）认为，具有信息优势的在位者可通过定高价来向进入者隐藏信息；相反地，处于信息劣势的进入者也可通过定低价来学习用户特征信息。在产品差异化信息不对称下，Brandão 和 Pinho（2015）研究了信息不对称对市场竞争的影响。结果表明，运输成本（即水平差异化程度）较高时，与信息完全相比，信息不对称下两个企业的利润均减小；运输成本较低时，两个企业均偏好信息不对称情形。

竞争平台之间也可能存在成本信息的不对称。针对市场在位者知晓自身的生产成本，而潜在进入者不知晓，Milgrom 和 Roberts（1982）研究了市场在位者的价格信号传递。结果表明，由于价格能够传递生产成本信息，市场在位者可通过价格来传递自身的生产成本类型，继而阻碍潜在进入者进入市场。此外，企业还可通过研发投资决策、广告等向竞争对手传递生产成本类型信号（Milgrom and Roberts，1986；Mustonen，2005）。考虑市场存在两个软件平台且生产成本信息具有不对称性，Mustonen（2005）研究了平台研发投资（不同版本之间的兼容性投资）对生产成本信息的传递。结果表明，由于低成本平台能够支付较高的研发投资预算，低成本平台可通过公开研发投资预算来传递自身的成本信息，继而改变买家关于兼容性的信念。

2. 参与方内部信息不对称

对于参与方内部信息不对称，本书重点关注的是平台组织内部的信息不对称问题。下面从委托代理和管理授权两个方面进行综述。

1）双边平台中的委托代理

和传统企业一样，平台所有者也需要雇用管理者，将一些工作或任务委托给他们。其中，管理者的努力水平是私有信息，难以被平台所有者直接观察，平台所有者和管理者之间存在信息不对称。例如，在平台所有者雇用促销员进行促销的过程中，由于平台产品或服务的销量会受一些不确定性因素的影响，平台难以确定促销员的销售努力水平。平台和促销员之间的信息不对称将可能导致道德风险问题，即促销员选择较低的努力水平。

在双边市场中，与经典委托代理模型不同的是，双边平台的两边用户之间存在间接网络外部性，激励合同的设计应考虑这个重要因素的影响。考虑平台所有者雇用促销员提高平台上用户的数量，Bhargava 和 Rubel（2019）研究了垄断平台的最优激励合同设计。结果表明，平台仅针对卖家收益设计激励合同难以内部化间接网络外部性，间接网络外部性的增强反而可能降低平台利润；为了克服这个缺陷，双边平台激励合同的设计应同时考虑两边用户。

部分研究从控制权的角度探讨平台中的信息不对称。具有代表性的是 Hagiu 和 Wright 的一系列研究（Hagiu and Wright，2015a，2019a，2019b）。Hagiu 和 Wright（2019a）研究了委托人对控制权（如定价权）的分配。研究表明，当委托人和代理人关于实施可转移行为（如促销行为）的成本差距较小时，委托人要么把控制权全部给代理人，要么自己保有所有的控制权；如果不考虑实施可转移行为的成本差距（即成本差距为零），委托人实施不可转移行为的成本较高时，委托人会将控制权全部给代理人；实施可转移行为的成本差距较大时，委托人可能给予代理人部分控制权。Hagiu 和 Wright（2019b）认为，网约车平台选择雇用模式还是平台模式取决于增加收益相关行动（如服务质量投资、工作时长等）的控制权在谁手中。如果司机具有控制权，则平台需支付较高的提成作为激励；如果平台选择雇用模式，其需支付固定工资和提成，以降低司机的道德风险。

更进一步地，Halaburda 和 Yehezkel（2013）基于委托代理理论研究了多方信息不对称对平台竞争的影响。具体来说，①加入平台前（事前），买家不知晓平台所带来的效用，卖家不知晓所需的成本，但加入平台后（事后）知晓；②加入平台后，买卖双方均不知晓对方信息，仅知晓己方信息；③平台不知晓买卖双方的信息。研究表明，在最优机制下，垄断平台会补贴信息不确定程度较小的一边；两边用户单归属时，与 Caillaud 和 Jullien（2003）的研究不同，不对称信息加强了在位平台的竞争优势，在位平台的利润为正。

2）双边平台中的管理授权

在现代企业中，所有权和经营权往往是分离的，企业所有者会将产量或定价决策等委托给管理者，由管理者代表所有者做出决策。管理授权是现代企业改善管理、提升绩效所采取的主要方式之一（Kopel et al.，2016）。

企业所有者与管理者签订管理授权激励合同时，两者目标并不一致，企业所有者的目标是利润最大化，而管理者的目标是激励最大化。企业所有者可恰当地设计管理授权激励合同，引导管理者做出与利润最大化目标相比更加（或更不）激进的决策（Vickers，1985；Fershtman and Judd，1987；Sklivas，1987）。管理授权还为企业提供了做出可置信承诺的机制，使其在与其他企业竞争时能通过偏离利润最大化目标来获得竞争优势，这也解释了为何所有权与经营权分离的企业中管理者一般不是以利润最大化为目标（Fanti et al.，2017）。具体来说，如果双寡头企业进行数量竞争，两个企业都选择管理授权比都不选择管理授权的利润要低；一个企业授权而另一个不授权，选择授权的企业受益而选择不授权的企业受损。基于此，博弈均衡为两个企业均选择授权，而由于都选择授权时利润较低，授权成为双寡头企业的"囚徒困境"。

部分学者考虑了直接网络外部性对管理授权的影响。Hoernig（2012）研究表明，当直接网络外部性充分强时，管理者将制定更加激进的价格。原因在于，直接网络外部性的存在导致管理者为了获得更高的市场份额而不得不选择较低的价格。Bhattacharjee 和 Pal（2014）认为，当直接网络外部性较强时，与不授权相比，企业授权将获得更高的利润，且授权情况下社会福利更高。少数文献探讨了双边平台中的管理授权。基于 Armstrong（2006）的理论模型，Ribeiro（2014）研究了双边平台将选址和定价授权给管理者的决策及其对平台竞争的影响。结果表明，当间接网络外部性较弱时，平台应当选择不授权；当间接网络外部性适中时，平台所有者应当选择授权；当间接网络外部性较强时，授权将导致所有用户只接入其中一个平台。

在 1.3.1 节和 1.3.2 节中，本书重点强调了平台定价的作用和影响。需注意的是，平台运营并不仅限于此，用户网络的结构、用户的特性和行为（Mcintyre and Srinivasan，2017）、质量信息的披露（Wang，2018）、排他性策略（Bernheim and Whinston，1998）、把控新产品或卖家的进入（Hagiu and Wright，2020）等也是平台管理者应考虑的重要因素。例如，双边平台为了保持竞争优势，常常选择实施排他性策略，即签订合约让用户仅加入己方平台（Lee，2013）。对此，Hagiu 和 Lee（2011）认为，在平台模式下，当内容供应商利润较小而消费者剩余较大时，优势平台会选择排他性策略；当内容供应商利润较大而消费者剩余较小时，平台不会选择排他性策略。

1.3.3　平台的市场进入

本节从新平台的市场进入和在位平台的跨市场进入两个方面对相关成果进行综述。

1. 新平台的市场进入

本部分就市场不存在在位平台和市场存在在位平台两种情形对新平台的市场进入进行综述。

1）市场不存在在位平台

在双边市场中，由于间接网络外部性所导致的"鸡蛋相生"难题，即便市场中不存在在位平台，新平台的市场进入也很困难（Caillaud and Jullien，2003）。具体来说，在市场初期，由于平台上用户数量较少，潜在用户难以寻找到交互和匹配的对象，继而均不愿意加入平台。

从创新扩散的动态视角来看，双边平台面临的是关键数量难题（Evans and Schmalensee，2010），即为了避免一边用户的流失，平台上另一边用户的数量须高于某一阈值（即关键数量）。针对具有直接网络外部性的电信市场，Rohlfs（1974）最先提出企业会面临关键数量难题。研究发现，当企业给定价格时，初始用户数量、用户加入顺序等都会导致多重均衡；初始用户数量少于关键数量时，均衡为用户全部离开市场；初始用户数量多于关键数量时，用户可自行增长到稳定的均衡。针对具有间接网络外部性的双边市场，Evans 和 Schmalensee（2010）同样发现，当两边用户的初始数量在关键轨迹下方时，市场均衡为用户全部离开市场；当两边用户的初始数量在关键轨迹上方时，市场均衡为用户数量较多的均衡。区别在于，在双边市场中，当一边用户数量过少时，即使另一边用户数量较多，平台仍会启动失败。Cabral（2019）基于马尔可夫决策的研究得出，双边平台的用户规模大多满足双峰分布，即要么平台达到较大的规模，要么保持在较小的规模。

由此可见，平台启动有两个主要问题，一是"鸡蛋相生"难题，二是吸引到足够用户数量的问题。Evans（2009）把平台比作催化剂（catalyst），即两边用户数量达到合适的比例时，平台才能点燃它们，从而成功启动。对此，如何在市场初期吸引到足够多的用户从而启动平台成为众多学者关注的重点。

动态定价是促进平台启动的常见手段。在具有直接网络外部性的市场中，动态定价研究已取得了丰富的成果。Cabral 等（1999）关于垄断企业应选择撇脂定价来榨取消费者剩余，还是选择渗透定价来实现关键数量的研究表明，由于直接网络外部性的存在，与科斯动态过程不同，企业的定价也可能随时间的增长而增长。Dhebar 和 Oren（1985）研究发现，企业最优会员费会随用户数量的增长而增长；为了克服关键数量难题，企业在市场初期可能制定更低的会员费（即低于无约束条件下的内点解）。Dhebar 和 Oren（1986）进一步发现，当市场处于均衡状态时，与会员费模式相比，非线性定价下用户数量更多，企业利润也更高。考虑口碑及社交网络的传播功能，Ajorlou 等（2018）得出，对于边际成本忽略不计的耐久性产品，平台会频繁地使用零价格策略。

针对具有间接网络外部性的双边市场，双边的动态定价更为复杂。对此，基于现实中的成功案例，Evans（2009）提出两种策略，一种是先吸引一边用户，之后再吸引另一边用户的两步走策略；另一种是同时吸引两边用户的曲折式上升策略。Rysman（2009）研究发现，在双边平台中，渗透定价较为常见，如黄页出版商 Yellow Book 在进入新城市时会在第一年免费提供广告位。Weyl（2010）提出平台可通过隔离定价来协调两边用户的数量，避免多重均衡问题，即为了确保一边的用户数量可以实现，平台可依据另一边用户的数量来调整价格，继而可实现对两边用户数量的任意选择。Rys 和 Sobolewski（2020）研究了不同动态定价决策对均衡选择的影响。结果表明，新兴双边平台可通过市场初期阶段的补贴来实现市场均衡的选择。

非价格工具也是促进平台启动的有效手段。例如，李泉和陈宏民（2009b）研究发现，软件平台可通过应用程序接口（application programming interfaces，APIs）的设计来降低软件开发商的开发成本，进而有效地协调两边用户的需求。Hagiu 和 Spulber（2013）研究了第一方内容（first-party content）对双边市场协调问题的影响。他们认为，当平台面临悲观预期时，平台对第一方内容投资不仅有助于利润增加，还能避免协调的失败。此外，平台中优质用户（Rochet and Tirole，2003）的数量、平台对用户的承诺（Hagiu，2006）等也会影响平台启动。

2）市场存在在位平台

当市场存在在位平台时，由于间接网络外部性的影响，新平台存在明显的后入劣势。此时，即使新平台实施相同或更优惠的条款，在位平台也能获得更高的收益（Biglaiser et al.，2019）。对此，Evans 和 Schmalensee（2007）认为，间接网络外部性和规模经济使得市场更加集中，而拥挤效应（congestion effect）、平台差异性和多归属行为使得市场不集中。

事实上，早期关于直接网络外部性的研究就已经表明，标准的选择并不完全取决于产品质量的高低，如柯蒂键盘的使用、盒式录像机（video cassette recorder，VCR）的格式选择等。对此，Farrell 和 Saloner（1985）认为，由于直接网络外部性的存在，市场可能陷入较差的标准而非新技术所带来的更优异的标准。此外，即便在不具有网络外部性的市场中，先入者也会有先入优势（Jovanovic and Lach，1989）。当在位者和新进入者之间存在信息不对称时，在位者声称它知晓新进入者的信息能威慑新进入者进入（Barrachina，2019）。

在具有间接网络外部性的竞争双边市场中，新平台面临类似的问题，但更为复杂。例如，Belleflamme 和 Toulemonde（2009）发现，当组内负网络外部性相对间接网络外部性较强时，潜在进入者可能无法进入市场。Kim 和 Tse（2011）分析了广告商动态定价对在线知识共享平台长期生存能力的影响。研究表明，知识积累的寿命越短，后进入平台的生存机会越低。Biglaiser 等（2019）研究得出，在位平台的优势不仅在于用户规模，还包括与用户规模有关的大数据，丰富的用户数据有助于在位平台更好地服务双边用户。纪汉霖和王小芳（2014）认为，网络外部性更强的大平台先发制人未必是占优策略。Zhu 等（2021）关于用户网络互联对平台进入影响的研究表明，移动型用户的数量越多，不同市场间用户网络的互联性越强，在位者抵制新平台进入的动机越弱。

面对在位平台的优势，如何进入市场是新平台所面临的难题。对此，Caillaud和Jullien（2003）提出双边平台可实施分而治之（divide and conquer）策略，即补贴一边用户以促使两边用户均加入平台。由于补贴边用户均加入平台，平台可对非补贴边用户定高价。也就是说，双边平台可通过非补贴边产生的收益来弥补补贴边所蒙受的损失。在两边单归属情形中，他们发现，在位者的反击会阻止潜在进入者通过分而治之的策略进入市场。也就是说，在最终均衡下，在位者垄断市场。当平台仅收取会员费时，为了阻止潜在进入者进入市场，在位者会对产生较强网络外部性的一边进行补贴。此时，在位者可获得正的利润（Caillaud and Jullien，2001）。当平台同时收取会员费和交易费时，在位者利润为零。这意味着更复杂定价工具的使用加剧了平台间的竞争。

当市场存在在位平台时，动态定价仍是新平台进入市场的有效手段，但定价决策存在一定差异。例如，Cabral（2011）发现，在竞争市场下，由于平台需考虑当前的竞争和未来的竞争，平台定价并不一定像垄断市场那样随用户数量的增长而增长。Sun和Tse（2007）基于平台动态价格竞争研究了赢家通吃现象。结果表明，当用户倾向于单归属时，赢家通吃的现象更容易存在；当用户倾向于多归属时，平台共享市场更容易存在。Chen和Tse（2008）构建微分博弈模型探讨了双边平台的最优价格轨迹。结果表明，在开环纳什均衡和线性扩散函数下，实力较强平台的定价随时间的增长而增长；实力较弱平台的定价随时间的增长呈现先增长后下降的趋势。

由于市场初期的信息不对称，新平台的进入决策应考虑用户预期行为所产生的影响。Ferrando等（2008）基于用户预期研究了媒体行业的不对称均衡。研究表明，间接网络外部性较强时，如果用户对不同平台的预期存在差异，用户预期较低的平台可能被逐出市场。Zhu和Iansiti（2012）的研究结果表明，间接网络外部性越强，在位者优势越大；当用户预期一致且有利于新进入平台时，新进入者可能垄断市场。Gabszewicz和Wauthy（2014）研究得出，即使平台实力相同，用户对不同平台预期的差异仍会导致不对称均衡的出现。Halaburda等（2020）的结果表明，如果用户预期受过去信息的影响，有远见的高质量平台可成功进入市场。Markovich和Yehezkel（2022）认为，用户团体较大时才有能力避免协调的失败，即均加入更有效的平台。

2. 在位平台的跨市场进入

当下，随着市场的逐渐饱和，在位平台开始由双边向多边发展，即在原业务的基础上跨市场进入到新业务所在的市场。下面分别就新市场不存在在位平台和新市场存在在位平台两种情形对在位平台的跨市场进入进行综述。

1) 新市场不存在在位平台

当新市场不存在在位平台时,在位平台的业务拓展并不面临竞争。但是,由于新业务涉及更多的用户边数,在位平台面临多边定价。对此,Strauss(2000)发现,由于跨市场网络外部性(cross-market network externalities)的存在,平台对一种产品的定价会随另一种产品价格的增加而增加,且产品兼容性越强,其利润越高。Chen 和 Xie(2007)探讨了用户忠诚度对垄断平台两产品定价和利润的影响。结果表明,用户忠诚度较低时,平台应对两产品均定低价;当用户忠诚度较高时,平台应对低质量产品定低价,对高质量产品定高价。此外,由于两个产品市场的相互依赖性,一个市场的利润可能以另一个市场的成本为代价,进而中等程度的忠诚度优势可能对平台总利润产生负面影响。

由于在位平台本身拥有用户基础,如何基于原业务的优势实施业务拓展至关重要。对此,Eisenmann 等(2011)认为,在位平台可通过对重叠用户(同时位于旧市场和新市场)捆绑新业务来进入新市场,即实施平台包封(platform envelopment)策略。研究表明,捆绑互补性业务的包封策略在重叠用户数量较多时更容易成功;捆绑弱替代性业务的包封策略在规模经济显著时更容易成功。李静和张玉林(2020)探讨了在位平台业务拓展时的最优定价决策。研究发现,平台对新业务中与原业务存在跨市场网络外部性的一边用户不收费,对新加入的一边始终收取会员费;平台对原业务两边用户的定价则依赖间接网络外部性和跨市场网络外部性的关系。

2) 新市场存在在位平台

当新市场存在在位平台时,原市场在位平台的业务拓展会面临新市场在位平台的反击。基于此,是否实施业务拓展是原市场在位平台所面临的核心问题。考虑广告是平台收益的主要来源,Bar-Gill(2019)研究发现,当业务拓展成本较低且能降低用户多归属动机时,平台应选择业务拓展。考虑市场存在拥挤效应,王小芳和纪汉霖(2015)分析了用户基础对平台市场进入的影响。研究得出,对于成长性市场而言,用户基础并不能有效遏制潜在进入者;在位者能力有限时,用户基础导致的拥挤效应反而对其不利。针对拥挤效应,Aloui 和 Jebsi(2010, 2011)认为,分而治之定价决策不仅取决于两边用户的需求价格弹性,还取决于边际拥挤成本;拥挤效应降低了平台实施分而治之定价决策的动机,缓和了两个平台的价格竞争。

如何实施业务拓展是原市场在位平台所面临的另一个问题。Srinivasan(2021)的研究表明,尽管平台包封策略有助于市场进入,新市场在位者也可利用自身核心业务来实施反击,包封策略成功与否取决于两者的博弈。此外,快速反应和产品差异化对包封策略的实施也尤为重要。Tan 和 Zhou(2021)研究得出,与传统市场中竞争导致价格下降不同,在一定的用户分布函数和间接网络外部性强度下,随着市场竞争程度的加强，即在位平台数量的增长，平台一边乃至多边的价格可能上涨。Li 和 Zhang（2021）研究市场认知度对潜在进入者业务拓展的影响。结果表明，当潜在进入者的市场认知度超过一定阈值时，两个平台定价和利润减少，且潜在进入者不会再增加其新业务的市场认知度。

由于在位平台的跨市场进入涉及原业务和新业务，部分学者探讨了业务拓展下的兼容问题。考虑潜在进入者实施业务拓展与新市场在位者进行竞争，Pal 和 Ramani（2017）研究了在位者对容纳和遏制策略的选择。研究发现，当进入免费时，容纳而非遏制潜在进入者是在位者的最佳选择。Chen 和 Tang（2020）探讨了网络外部性如何影响潜在进入平台和在位平台的兼容策略。研究得出，当网络外部性较大时，两个平台都倾向于不兼容；当网络外部性较小时，两个平台都倾向于兼容。Lee（2013）研究表明，硬件制造商和软件开发商间的排他性策略削弱了在位者和进入者的竞争，排他性策略的实施有利于市场进入。

1.4　研究评述

从 1.3 节的研究综述来看，平台进入及定价研究受到了众多学者的关注，也已取得了丰富的成果。这些成果的研究视角和建模思想对平台运营管理的相关理论有着重要的推动作用，对平台的实际运营也有着很好的指导意义，但这些成果在考虑参与方信息不对称方面仍有待展开和深入。现将相关研究中有待完善的部分进行简要归纳。

（1）平台进入研究需进一步考虑市场初期阶段的信息不对称。在市场初期阶段，用户信息往往是不完全的，其会依据现有信息进行预期，继而做出接入决策。用户如何预期直接影响双边平台的启动策略以及最终的市场均衡。但是，已有研究主要聚焦于平台进入的难点以及解决方案，且大多假设信息是完全的，对于市场初期信息不对称下用户预期行为的刻画有待完善。

（2）平台定价研究需进一步考虑参与方之间存在信息不对称。本书将参与方之间信息不对称分为平台与用户之间、两边用户之间、竞争平台之间等三种信息不对称，并对相关成果进行了综述（参见 1.3.2 节），但这些研究缺乏系统的梳理和完善。基于此，本书分别就垄断市场和竞争市场两种情形，完善参与方之间信息不对称下的平台定价研究。其中，平台与用户之间信息不对称考虑的是用户支付意愿信息不对称以及参照价格的影响；两边用户之间信息不对称考虑的是用户的预期行为；竞争平台之间信息不对称考虑的是产品水平差异化信息不对称。

（3）信息不对称下平台的激励合同设计有待深入。和传统企业一样，平台型企业的所有权和经营权往往是分离的，平台所有者会将产量或定价决策等委托给管理者，由管理者代表所有者做出决策。但是，尽管传统市场的激励合同设计已有丰富的成果，但鲜有文献对双边市场中的激励合同设计进行研究。对此，本书重点关注了平台组织内部的信息不对称问题，对管理激励合同的设计、间接网络外部性对激励合同设计的影响、平台所有者怎样雇用管理者等作进一步开拓和深入。

1.5　本书主要内容

在参与方信息不对称下，本书对平台市场进入、平台定价决策和平台合同设计等进行深入研究。全书共分为五篇，第一篇为概论部分，即第 1 章。第二篇对平台的市场进入进行研究，包括第 2 章～第 5 章。第三篇对信息不对称下垄断平台定价进行研究，包括第 6 章～第 9 章。第四篇对信息不对称下竞争平台定价进行研究，包括第 10 章～第 12 章。第五篇对信息不对称下平台合同设计进行研究，并对全书进行总结与展望，包括第 13 章～第 15 章。本书主要内容框架如图 1-1 所示，各章的主要内容总结如下。

第 1 章，绪论。首先，从平台经济的兴起、平台运营中的定价及市场进入问题、平台进入及定价研究在参与方信息不对称方面有待完善等三个方面对本书的研究背景进行阐述，并从理论和实践两个方面介绍本书的研究意义。其次，从双边市场的定义、双边市场的特征、双边平台的分类等三个方面对本书的相关概念和内涵进行说明。最后，从信息对称下的平台定价研究、信息不对称下的平台定价研究、平台的市场进入等三个方面对与本书研究相关的成果进行综述。

第 2 章，预期实现均衡下的市场结构。首先，分析两边用户均单归属下的市场结构，探讨不同市场结构存在的条件以及平台固有效用和间接网络外部性的影响。其次，分析一边用户多归属时市场结构的变化，研究用户多归属如何影响市场结构。

第 3 章，考虑用户预期的平台启动策略。首先，基于用户效用函数和内生的用户预期行为构建用户接入的动态过程。其次，通过构建动态模型，分别就用户短视情形和用户预期情形分析新平台的启动策略。

第 4 章，垄断市场下平台的业务拓展决策。首先，构建两阶段博弈模型，探讨平台对原业务和新业务的双边定价决策。其次，分析平台总利润、原业务利润和新业务利润的变化。

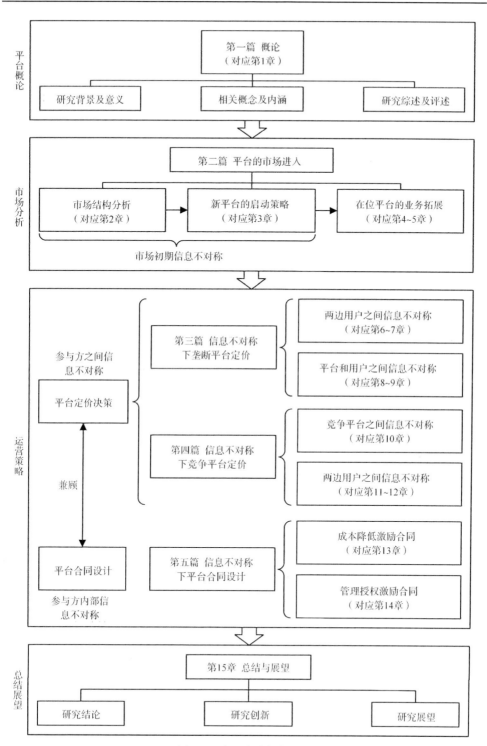

图 1-1 主要内容框架图

第 5 章，竞争市场下平台的业务拓展决策。首先，构建两个竞争平台的利润最优模型，探讨原市场在位平台的市场认知度决策和两个平台的定价决策。其次，分析间接网络外部性和跨市场网络外部性如何影响平台最优定价、均衡数量和最优利润。

第 6 章，考虑用户预期的垄断平台静态定价。首先，在成员异质性（membership heterogeneity）和交易异质性（interaction heterogeneity）下构建平台利润最优的模型。其次，分析并对比两种情形的平台最优定价和用户数量。最后，探讨预期实现均衡的动态实现过程。

第 7 章，考虑用户预期的垄断平台动态定价。首先，基于用户预期行为构建用户需求函数和动态接入过程。其次，基于最优控制模型从理论上分析平台动态定价决策。最后，借助数值模拟对理论分析中的定价决策进行验证。

第 8 章，用户支付意愿信息不对称下的平台定价。首先，探讨用户信息完全下平台针对不同类型消费者的会员费、质量和广告量决策。其次，在用户支付意愿信息不对称下，探讨平台对消费者类型的识别及最优决策。最后，通过对比信息完全和信息不对称下的均衡结果，研究信息不对称对平台决策的影响。

第 9 章，考虑参照价格影响的平台定价。首先，在无参照价格下探讨平台最优定价。其次，将参照价格内生化，考虑买家效用随参照价格先增加后减少，研究参照价格存在时的平台最优定价。最后，对比两种情形的均衡结果，探讨参照价格对平台定价决策的影响。

第 10 章，产品水平差异化信息不对称下的平台定价。首先，在产品水平差异化信息不对称下构建在位平台和新进入平台的双寡头竞争模型。其次，分别针对消费者单归属和消费者多归属两种情形，探讨信息不对称对平台定价和利润的影响。

第 11 章，平台同时进入市场下考虑用户预期的平台定价。首先，分析成员异质性情形，考虑用户对两个平台的信念一致，探讨对称均衡下竞争平台的定价决策。其次，分析交易异质性情形，考虑用户对两个平台的信念不一致，探讨不对称均衡下优势平台和劣势平台的最优决策。

第 12 章，平台先后进入市场下考虑用户预期的平台承诺。首先，基于斯塔克尔伯格模型研究在位平台和新进入平台的数量承诺和最优利润。其次，基于古诺模型，探讨在位平台和新进入平台的数量承诺和最优利润。最后，分析博弈时序如何影响两个平台的数量承诺和最优利润。

第 13 章，双边平台雇用管理者降低生产成本的激励合同设计。首先，在合同不可观测下研究平台所有者的合同设计。其次，在合同可观测下，探讨平台所有者的合同设计。最后，对比两种情况的均衡结果，考察合同可观测性对市场均衡和福利的影响。

第 14 章，双边平台中的管理授权激励合同设计。首先，探讨无授权情形和授权情形下的市场均衡和消费者剩余。其次，对比两种情形，研究管理授权对均衡产量、平台利润和消费者剩余的影响。最后，分析平台所有者的雇用决策。

第 15 章，总结与展望。本章总结全书研究，阐述主要创新点并对未来研究进行展望。

第二篇　平台的市场进入

　　本篇包括第 2 章、第 3 章、第 4 章和第 5 章，主要对平台的市场进入进行研究。其中，在市场初期信息不对称下，第 2 章基于预期实现均衡探讨双边市场的市场结构。第 3 章探讨用户预期行为如何影响新平台的启动策略。第 4 章和第 5 章分别在垄断市场和竞争市场下探讨在位平台的业务拓展决策。

第 2 章　预期实现均衡下的市场结构

在市场初期，用户信息往往是不完全的，其会依据现有信息进行预期，继而做出接入决策。在用户存在预期行为下，本章和第 3 章分别对双边市场的市场结构和新平台的启动策略进行分析。

首先，分析两边用户均单归属下的市场结构，探讨不同市场结构存在的条件以及平台固有效用和间接网络外部性的影响。其次，分析一边用户多归属时市场结构的变化，研究用户多归属如何影响市场结构。

2.1　问题描述及模型构建

双边市场中平台间的竞争较为激烈。现实中见到的多数是，即使市场早期阶段有众多平台，但市场趋于成熟时，一般仅有少数平台能够存活。双边市场的市场结构多为垄断或寡头。例如，在 B2B 市场中，2018 年市场份额排名前二的阿里巴巴和慧聪网的市场份额分别为 28.4%和 17.6%，远高于其他平台[①]。类似的例子还有 C2C 市场的淘宝和拼多多，B2C 市场的京东和天猫。下面构建多个平台竞争的博弈模型来分析双边市场的市场结构。

考虑市场存在 n 个竞争市场份额的平台，平台 i 向买家收取会员费 p^{ib}，向卖家收取会员费 p^{is}，$i=1,2,\cdots,n$。n^{ib} 和 n^{is} 分别表示平台 i 上买家与卖家的数量[②]。市场结构的形成源于市场初期阶段平台间的竞争。由于市场初期的信息往往是不完全的，本章考虑两边用户存在预期行为。具体来说，与 n^{ib} 和 n^{is} 相对应，n^{ise} 表示买家对平台 i 上卖家数量的预期，n^{ibe} 表示卖家对平台 i 上买家数量的预期。

用户的效用来自两部分，一部分是平台固有效用，代表平台所提供的基础服务或功能，另一部分是两边用户之间的间接网络外部性，代表另一边用户数量所带来的效用。具体来说，买家加入平台 i 的净效用为

$$\alpha + v(n^{ise}) - p^{ib} \tag{2-1}$$

---

① 本节相关数据来源于网经社（http://www.100ec.cn）。

② 双边平台的两边用户并不总是买卖关系。为了叙述的方便，本书通篇以买家和卖家为例进行阐述。

其中，$i = 1,2,\cdots,n$；α 为买家边的平台固有效用，服从 $[B-1,B]$ 上的均匀分布，且 $B \geqslant 0$；$v(\cdot)$ 为关于间接网络外部性的二阶连续可微函数，其一二阶导数要求满足 $v' > 0$，$v'' < 0$ 和 $\lim\limits_{y \to \infty} v'(y) = 0$。本章考虑不同双边平台所提供的服务是相同的，即 α 和 $v(\cdot)$ 均无上标 i。但是，由于信息的不对称，用户对不同平台的预期不一定相同。

同理，卖家加入平台 i 的净效用为

$$\beta + u(n^{ibe}) - p^{is} \tag{2-2}$$

其中，$i = 1,2,\cdots,n$；β 为卖家边的平台固有效用，服从 $[S-1,S]$ 上的均匀分布且 $S \geqslant 0$。间接网络外部性函数 $u(\cdot)$ 的性质与 $v(\cdot)$ 相同。

假设平台的边际成本为零，则平台 i 的利润函数为

$$\pi^i = p^{ib} n^{ib} + p^{is} n^{is} \tag{2-3}$$

其中，$i = 1,2,\cdots,n$。

由于间接网络外部性的影响，市场份额对平台生存至关重要。基于此，本章假设平台之间竞争市场份额，即进行数量竞争。在具体分析中，本章探讨的是预期实现均衡，即在均衡状态下，预期数量须等于实际数量。

2.2 两边用户单归属

此时，买家和卖家均只加入一个平台，且选择的平台所带来的效用最大。鉴于不同双边平台所提供的服务是相同的，根据式（2-1），在买家边，仅当

$$\alpha + v(n^{ise}) - p^{ib} = \alpha + v(n^{jse}) - p^{jb} \geqslant 0 \tag{2-4}$$

时，平台 i 和平台 j 均会有买家加入平台。

同理，在卖家边，根据式（2-2），仅当

$$\beta + u(n^{ibe}) - p^{is} = \beta + u(n^{jbe}) - p^{js} \geqslant 0 \tag{2-5}$$

时，平台 i 和平台 j 均会有卖家加入平台。

根据式（2-4）、式（2-5）及 α 和 β 的分布，买家总数量（$Z^b \equiv \sum\limits_{i=1}^{n} n^{ib}$）和卖家总数量（$Z^s \equiv \sum\limits_{i=1}^{n} n^{is}$）分别为

$$Z^b = B + v(n^{ise}) - p^{ib} \tag{2-6}$$

和

$$Z^s = S + u(n^{ibe}) - p^{is} \tag{2-7}$$

其中，平台 i 为任意在位平台，即 $n^{ib}>0$ ，$n^{is}>0$ 。

将式（2-6）和式（2-7）代入式（2-3）得

$$\pi^i = (B + v(n^{ise}) - Z^b)n^{ib} + (S + u(n^{ibe}) - Z^s)n^{is} \tag{2-8}$$

其中，$i=1,2,\cdots,n$ 。

2.2.1　预期实现均衡

对于平台 i ，给定用户预期 n^{ibe} 和 n^{ise} ，由式（2-8）得

$$\pi^i_{n^{ib}} = \frac{\partial \pi^i}{\partial n^{ib}} = B - Z^b + v(n^{ise}) - n^{ib}$$

$$\pi^i_{n^{is}} = \frac{\partial \pi^i}{\partial n^{is}} = S - Z^s + u(n^{ibe}) - n^{is}$$

在本章分析中，下标均表示偏导数。易证黑塞矩阵 $H = \begin{bmatrix} \pi^i_{n^{ib},n^{ib}} & \pi^i_{n^{ib},n^{is}} \\ \pi^i_{n^{is},n^{ib}} & \pi^i_{n^{is},n^{is}} \end{bmatrix} = \begin{bmatrix} -2 & 0 \\ 0 & -2 \end{bmatrix}$ 为负定，则 π^i 是关于 n^{ib} 和 n^{is} 的凹函数，继而一阶条件（ $\pi^i_{n^{ib}}=0$ ，$\pi^i_{n^{is}}=0$ ）的解为最优解。此外，在均衡状态下，预期数量需等于实际数量，即 $n^{ibe}=n^{ib}$ ，$n^{ise}=n^{is}$ 。

令 k 表示均衡状态下在位平台的数量，在位平台所属集合用 Ω 表示。非在位平台的数量则为 $n-k$ ，所属集合用 $\bar{\Omega}$ 表示。联立 $\pi^i_{n^{ib}}=0$ 和 $\pi^i_{n^{is}}=0$ ，$i\in\Omega$ ，有

$$kB - kZ^{b*} + \sum_{i\in\Omega} v(n^{is*}) - Z^{b*} = kB + \sum_{i\in\Omega} v(n^{is*}) - (k+1)(B + v(n^{is*}) - n^{ib*}) = 0$$

$$kS - kZ^{s*} + \sum_{i\in\Omega} u(n^{ib*}) - Z^{s*} = kS + \sum_{i\in\Omega} u(n^{ib*}) - (k+1)(S + u(n^{ib*}) - n^{is*}) = 0$$

其中，上标 $*$ 为均衡状态。继而可得引理 2-1。

引理 2-1　在预期实现均衡中，在位平台 i 的均衡价格满足：

$$p^{ib*} = \frac{1}{k+1}\left(B + kv(n^{is*}) - \sum_{i'\neq i,i'\in\Omega} v(n^{i's*})\right)$$
$$p^{is*} = \frac{1}{k+1}\left(S + ku(n^{ib*}) - \sum_{i'\neq i,i'\in\Omega} u(n^{i'b*})\right) \tag{2-9}$$

引理 2-1 表明，在位平台 i 的均衡价格与平台固有效用（ B 和 S ）、间接网络外部性（ $u(n^{ib*})$ 和 $v(n^{is*})$ ）及市场竞争强度（ $\sum_{i'\neq i,i'\in\Omega} v(n^{i's*})$ 和 $\sum_{i'\neq i,i'\in\Omega} u(n^{i'b*})$ ）有关。

在其他条件不变下，平台固有效用和间接网络外部性对平台均衡价格均会产生正向影响。此外，由于间接网络外部性的影响，一边的市场竞争强度依赖另一边用户的数量而非本边用户的数量。以买家边为例，在其他条件不变下，其他平台上卖家数量越多，即 $\sum\limits_{i'\neq i,i'\in\Omega} v(n^{i's*})$ 越大，买家边的均衡价格越低。

2.2.2　对称均衡

基于用户预期的不同，预期实现均衡可能是对称均衡（在位平台的用户数量相等），也可能是不对称均衡（在位平台的用户数量存在差异）。下面重点探讨对称均衡及其存在性条件。

令 n^{bk*}、n^{sk*}、p^{bk*}、p^{sk*}、π^{k*} 分别表示对称均衡下单个平台上买家和卖家的数量，买家和卖家的会员费，以及平台利润。根据式（2-9），(n^{bk*},n^{sk*}) 满足：

$$(k+1)n^{bk*} = B + v(n^{sk*}) \tag{2-10}$$

和

$$(k+1)n^{sk*} = S + u(n^{bk*}) \tag{2-11}$$

在对称均衡下，有 $Z^{b*} = kn^{bk*}$，$Z^{s*} = kn^{sk*}$，进一步将式（2-6）和式（2-7）代入式（2-10）和式（2-11），得 $p^{bk*} = n^{bk*}$，$p^{sk*} = n^{sk*}$。

引理 2-2　在对称均衡下，Z^{b*} 和 Z^{s*} 满足 $Z_B^{l*} > 0$、$Z_S^{l*} > 0$、$Z_{BB}^{l*} < 0$、$Z_{SS}^{l*} < 0$ 和 $Z_{BS}^{l*} < 0$，$l = b,s$。

证明　对于买家边，由于 $u(\cdot)$ 和 $v(\cdot)$ 为凹函数，在均衡点处，式（2-10）所对应曲线 $n^{bk*}(n^{sk*})$ 的斜率要小于式（2-11）所对应曲线 $n^{bk*}(n^{sk*})$ 的斜率，即 $\dfrac{v'(n^{sk*})}{k+1} < \dfrac{k+1}{u'(n^{bk*})}$，继而可得 $\varDelta \equiv (k+1)^2 - v'(n^{sk*})u'(n^{bk*}) > 0$。

由式（2-10）和式（2-11）得

$$\frac{k+1}{k}Z^{b*} = B + v\left(\frac{Z^{s*}}{k}\right)$$

$$\frac{k+1}{k}Z^{s*} = S + u\left(\frac{Z^{b*}}{k}\right)$$

继而可得 $Z_B^{b*} = \dfrac{k(k+1)}{\varDelta} > 0$，$Z_S^{b*} = \dfrac{kv'(n^{sk*})}{\varDelta} > 0$。此外，由 $n_B^{bk*} > 0$、$n_S^{bk*} > 0$、$n_B^{sk*} > 0$、$n_S^{sk*} > 0$ 及凹函数 $u(\cdot)$ 和 $v(\cdot)$，得 $Z_{BB}^{b*} < 0$、$Z_{BS}^{b*} < 0$ 和 $Z_{SS}^{b*} < 0$。

对于卖家边结论，同理可证。证毕。

引理 2-2 表明，一边用户所获得的固有效用较大时，买家总数量和卖家总数量均较大。原因在于，平台一边固有效用在直接影响本边用户数量的同时还会通过间接网络外部性影响另一边用户的数量。

引理 2-3　在对称均衡下，n^{bk*}、n^{sk*} 和 π^{k*} 满足 $n_k^{bk*} < 0$、$n_k^{sk*} < 0$ 和 $\pi_k^{k*} < 0$。

证明　由式（2-10）和式（2-11），同引理 2-2 证明，有 $n_k^{bk*} < 0$ 和 $n_k^{sk*} < 0$。此外，由 $p^{bk*} = n^{bk*}$ 和 $p^{sk*} = n^{sk*}$，得 $\pi^{k*} = (n^{bk*})^2 + (n^{sk*})^2$，继而有 $\pi_k^{k*} < 0$，证毕。

引理 2-3 表明，在对称均衡中，随着在位平台数量的增加，在位平台的利润和价格均降低。原因在于，在位平台数量越多，市场竞争越激烈。引理 2-3 还表明，尽管市场均衡价格降低，单个在位平台的用户数量并未提高。因此，当两边单归属时，随着市场竞争的加强，网络外部性给用户带来的效益会减少。

下面分析对称均衡存在的条件。由引理 2-3 可知，对任意 k，在位平台的利润均为正，即 $\pi^{k*} = (n^{bk*})^2 + (n^{sk*})^2 > 0$。因此，在均衡状态下，仅需确保非在位平台无法进入市场。对于未进入市场的非在位平台，参考 Katz 和 Shapiro（1985）的工作，本章假设用户对其持悲观预期，即 $n^{ibe} = 0$ 和 $n^{ise} = 0$，$i \in \bar{\Omega}$。

具体来说，给定用户的悲观预期，非在位平台的最优利润应小于等于零。因此，基于凹性利润函数 π^i，市场存在 k 个在位平台的条件为

$$\pi_{n^{ib}}^i \Big|_{(n^{ib}, n^{is}) = (0,0)} = B - Z^b + v(n^{ise}) - n^{ib} \Big|_{(n^{ib}, n^{is}) = (0,0)} = B - Z^{b*}(B, S, k) \leqslant 0$$

和

$$\pi_{n^{is}}^i \Big|_{(n^{ib}, n^{is}) = (0,0)} = S - Z^s + u(n^{ibe}) - n^{is} \Big|_{(n^{ib}, n^{is}) = (0,0)} = S - Z^{s*}(B, S, k) \leqslant 0$$

其中，$i \in \bar{\Omega}$。

由引理 2-2 可知，Z^{b*} 为关于 B 的凹函数和增函数。因此，$B = Z^{b*}(B, S, k)$ 时，有 $Z_B^{b*} < \dfrac{\partial B}{\partial B} = 1$。令 $B = f(S, k)$ 表示 $B = Z^{b*}(B, S, k)$，由引理 2-2 得 $f_S = \dfrac{Z_S^{b*}}{1 - Z_B^{b*}} > 0$，$f_{SS} = \dfrac{Z_{BS}^{b*} f_S + Z_{SS}^{b*}}{1 - Z_B^{b*}} < 0$，则 $f(S, k)$ 为关于 S 的递增凹函数。同理，令 $S = g(B, k)$ 表示 $S = Z^{s*}(B, S, k)$，可证 $g(B, k)$ 为关于 B 的递增凹函数。$B = f(S, k)$ 和 $S = g(B, k)$ 刻画了均衡存在条件的边界，如图 2-1 所示。

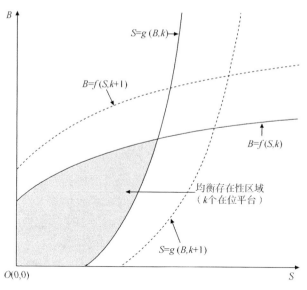

图 2-1　对称均衡存在的区域

命题 2-1　在两边用户均单归属下，当且仅当 $S \geqslant (k+1)v^{-1}\left(\dfrac{B}{k}\right)-u\left(\dfrac{B}{k}\right)$，

$B \geqslant (k+1)u^{-1}\left(\dfrac{S}{k}\right)-v\left(\dfrac{S}{k}\right)$ 时，k 个平台共存市场的对称均衡存在。

证明　当 $B=f(S,k)$ 或 $B=Z^{b*}(B,S,k)$ 时，由式（2-10）和式（2-11）得

$$(k+1)\frac{B}{k}=B+v(n^{sk*})$$

$$(k+1)n^{sk*}=S+u\left(\frac{B}{k}\right)$$

化简可得，$S(B,k)=(k+1)v^{-1}\left(\dfrac{B}{k}\right)-u\left(\dfrac{B}{k}\right)$。其中，$S(B,k)$ 表示 $B=f(S,k)$ 中 S 与 B 和 k 之间的函数关系。继而由 $Z_S^{b*}>0$ 可知，$B-Z^{b*}(B,S,k)\leqslant 0$ 等价于

$$S \geqslant S(B)=(k+1)v^{-1}\left(\frac{B}{k}\right)-u\left(\frac{B}{k}\right)$$

同理可证，$S-Z^{s*}(B,S,k)\leqslant 0$ 等价于 $B \geqslant (k+1)u^{-1}\left(\dfrac{S}{k}\right)-v\left(\dfrac{S}{k}\right)$。证毕。

命题 2-1 表明，边界 $B=f(S,k)$ 和边界 $S=g(B,k)$ 所围成的区域对应 k 个在位平台共存于市场的条件。由于 $f(S,k)$ 和 $g(B,k)$ 均为凹函数，均衡存在的区域呈现叶形，如图 2-1 所示。因此，与具有直接网络外部性的市场不同，平台固有效用的影响是非线性的，即并非平台固有效用越高，市场结构越倾向于竞争。

不稳定均衡难以代表稳定的市场结构，下面首先探讨均衡的稳定性。具体来说，在一个稳定的对称均衡中，对于任意一个在位平台，给定最优会员费 p^{bk*} 和 p^{sk*}，以及其他在位平台买家和卖家的总数量，分别用 Z^{b*-} 和 Z^{s*-} 表示，平台上用户数量的任意偏离 $(n^{bk*}-\Delta n^{bk}, n^{sk*}-\Delta n^{sk})$ 均会回归到均衡 (n^{bk*}, n^{sk*})。对此，参考 Evans 和 Schmalensee（2010）的研究，考虑式（2-12）所示的动态接入过程：

$$\dot{x} = \frac{\mathrm{d}x(t)}{\mathrm{d}t} = h^x(d^b(y(t)) - x(t))$$

$$\dot{y} = \frac{\mathrm{d}y(t)}{\mathrm{d}t} = h^y(d^s(x(t)) - y(t))$$

（2-12）

其中，t 为时间；$x(t)$ 和 $y(t)$ 分别为某一在位平台 t 时刻买家与卖家的数量；h^x 和 h^y 均为增函数且满足 $h^x(0)=0$ 与 $h^y(0)=0$。此外，根据式（2-6）和式（2-7），买家和卖家的需求函数分别为

$$d^b(y(t)) = B + v(y(t)) - p^{bk*} - Z^{b*-}$$

和

$$d^s(x(t)) = S + u(x(t)) - p^{sk*} - Z^{s*-}$$

引理 2-4　稳定的对称均衡应满足 $u'(n^{bk*})v'(n^{sk*}) < 1$。

证明　式（2-12）中的微分方程组可近似为如下线性系统：

$$\frac{\mathrm{d}}{\mathrm{d}t}\begin{bmatrix} x \\ y \end{bmatrix} = A\begin{bmatrix} x \\ y \end{bmatrix} = \begin{bmatrix} a & b \\ c & d \end{bmatrix}\begin{bmatrix} x \\ y \end{bmatrix}$$

其中，$a = -(h^x)'\big|_{(x,y)=(n^{bk*}, n^{sk*})}$，$b = (h^x)' d_y^b\big|_{(x,y)=(n^{bk*}, n^{sk*})}$，$c = (h^y)' d_x^s\big|_{(x,y)=(n^{bk*}, n^{sk*})}$，$d = -(h^y)'\big|_{(x,y)=(n^{bk*}, n^{sk*})}$。

由李雅普诺夫稳定性原理知，稳定的均衡需满足：

$$p = -(a+d) = (h^x)' + (h^y)' > 0$$

和

$$q = ad - bc = (h^x)'(h^y)'(1 - v'(n^{sk*})u'(n^{bk*})) > 0$$

由于 h^x 和 h^y 均为增函数，可得 $u'(n^{bk*})v'(n^{sk*}) < 1$。证毕。

引理 2-4 表明，当对称均衡为稳定均衡时，边际间接网络外部性，即 $u'(n^{bk*})$ 和 $v'(n^{sk*})$，不能太强。由于 $u(\cdot)$ 和 $v(\cdot)$ 为凹函数，引理 2-4 还表明，当均衡状态下用户数量较少时，对称均衡可能不稳定。

其次对不同 k 下均衡存在的区域进行对比。

推论 2-1　在稳定的对称均衡中，均衡存在的区域面积随在位平台数量 k 的增加而增大。

证明　由式（2-10）和式（2-11）得

$$\frac{k+1}{k}Z_k^{b*} - \frac{1}{k^2}Z^{b*} = v'\left(\frac{Z^{s*}}{k}\right)\frac{kZ_k^{s*} - Z^{s*}}{k^2}$$

$$\frac{k+1}{k}Z_k^{s*} - \frac{1}{k^2}Z^{s*} = u'\left(\frac{Z^{b*}}{k}\right)\frac{kZ_k^{b*} - Z^{b*}}{k^2}$$

化简得

$$Z_k^{b*} = \frac{(k+1)(n^{bk*} - n^{sk*}v'(n^{sk*})) + v'(n^{sk*})(n^{sk*} - n^{bk*}u'(n^{bk*}))}{(k+1)^2 - u'(n^{bk*})v'(n^{sk*})}$$

继而由引理 2-4 中稳定性条件（$u'(n^{bk*})v'(n^{sk*}) < 1$）有

$$Z_k^{b*} > \frac{k(n^{bk*} - n^{sk*}v'(n^{sk*}))}{(k+1)^2 - u'(n^{bk*})v'(n^{sk*})}$$

最后对于给定 k 下曲线 $B = f(S,k)$ 上的一点，有 $n^{bk*} = v(n^{sk*})$，继而由 $v(\cdot)$ 为凹函数，得 $n^{bk*} - n^{sk*}v'(n^{sk*}) = v(n^{sk*}) - n^{sk*}v'(n^{sk*}) > v(0) = 0$。综上，有 $Z_k^{b*} > 0$，则曲线 $B = f(S, k+1)$ 在曲线 $B = f(S,k)$ 的左侧。同理，可证曲线 $S = g(B, k+1)$ 在曲线 $S = g(B,k)$ 的右侧，如图 2-1 所示。证毕。

推论 2-1 表明，给定 $\frac{B}{S}$，$B + S$ 越低，非在位平台越难进入市场，市场结构的垄断性越强；给定 $B + S$，$\frac{B}{S}$ 过高或过低时，非在位平台越容易进入市场，市场结构的竞争性越强[①]。原因在于，在双边市场中，平台的固有效用存在两种影响。第一，在同一边上，固有效用较低时，在位平台和非在位平台（用户持悲观预期）的差距较大，非在位平台进入市场的难度较高；第二，由于间接网络外部性的影响，该边较低的固有效用会削弱在位平台和非在位平台在另一边的实力差距，继而非在位平台进入市场的难度较低。$B + S$ 体现的是第一种影响，而 $\frac{B}{S}$ 体现的是第二种影响。

推论 2-1 还表明，竞争双边市场存在多重对称均衡。由于平台是同质的，平台能否进入市场取决于用户预期。用户预期较好的平台更有可能进入市场。对于均衡存在性区域，如果在位平台数量为 k 的均衡存在，则在位平台数量为 $k+1$ 的均衡也存在，如图 2-1 所示。理论上来说，n 个平台均进入市场的均衡存在，且该均衡存在的区域最大。但是，这并不表示均衡状态下在位平台的数量会很多。原因在于，在市场初期，n 的数值较小，先进入市场的平台具有先入优势，它们

---

① 在本章分析中，由于平台同时竞争，非在位平台的进入指的是，当市场环境变化时（参数值变化），非在位平台是否可能再次进入市场。

往往会有较高的用户预期。当然，由于均衡存在的区域随 k 的增加而增大，非在位平台与在位平台实力相同时，非在位平台总是有加入市场的机会。例如，拼多多通过团购和低价策略改变了用户的预期，继而成功进入 C2C 市场。

此外，当间接网络外部性更强时，即 $u(\cdot)$ 或 $v(\cdot)$ 更大，由命题 2-1 可知，曲线 $B=f(S,k)$ 向左移动，曲线 $S=g(B,k)$ 向右移动，继而可得推论 2-2。

推论 2-2　间接网络外部性越强，给定 k 下对称均衡存在的区域面积越大。

推论 2-2 表明，间接网络外部性越强，非在位平台可进入市场的区域面积越小，继而越难进入市场。该结论解释了为何间接网络外部性较强的双边市场的市场结构倾向于垄断或寡头。需注意的是，最终的市场结构由间接网络外部性和平台固有效用共同决定。

2.3　竞　争　瓶　颈

本节就一边用户单归属而另一边用户多归属的竞争瓶颈进行分析。不失一般性地，假设卖家多归属而买家单归属。由于卖家多归属，其加入平台 i 的条件为

$$\beta + u(n^{ibe}) - p^{is} \geqslant 0$$

其中，$i=1,2,\cdots,n$。与两边用户单归属不同，平台 i 选择卖家数量时，p^{is} 是唯一的。因此，尽管平台间进行数量竞争，平台 i 可完全控制 p^{is}，即其他平台的决策不会影响 p^{is}。与 2.2.2 节分析类似，对于非在位平台 $i \in \bar{\Omega}$，可证：

$$\pi^i_{n^{is}}\Big|_{(n^{ib},n^{is})=(0,0)} = S - n^{is} + u(0) - n^{is}\Big|_{(n^{ib},n^{is})=(0,0)} = S > 0$$

由此可见，在任意情形下，非在位平台均能进入市场，即用户多归属对非在位平台的市场进入总是有利的。需注意的是，该结论存在一个重要前提，即平台 i 能完全控制 p^{is}。也就是说，平台在卖家边不存在竞争。但是，该前提较为苛刻，不符合部分现实。例如，在不完全信息下，如果部分平台的知名度较低，即使所得的效用为正，用户也不会加入此类平台。此外，对于用户而言，使用多个平台极不便利，考虑到此类隐性成本，用户也不会加入所有的平台。

基于此，下述分析将放松该前提，考虑平台不能完全控制卖家会员费，即平台在卖家边存在竞争。具体来说，与式（2-5）相同，仅当

$$\beta + u(n^{ibe}) - p^{is} = \beta + u(n^{jbe}) - p^{js} \geqslant 0$$

时，平台 i 和平台 j 均会有卖家加入平台。与两边用户单归属不同，多归属卖家会同时加入这两个平台。在买家边，式（2-4）中条件不变。继而可得，在位平台数量为 k 的对称均衡应满足：

$$(k+1)n^{bk*} = B + v(n^{sk*})$$
$$2n^{sk*} = S + u(n^{bk*})$$

（2-13）

此外，由于非在位平台 $i \in \bar{\Omega}$ 不能完全控制 p^{js}，则均衡存在的条件为[①]

$$\pi^i_{n^{ib}}\bigg|_{(n^{ib},n^{is})=(0,0)} = B - Z^{b*} + v(n^{ise}) - n^{ib}\bigg|_{(n^{ib},n^{is})=(0,0)} = B - Z^{b*}(B,S,k) \leqslant 0$$

$$\pi^i_{n^{is}}\bigg|_{(n^{ib},n^{is})=(0,0)} = S - Z^{s*} + u(n^{ibe})\bigg|_{(n^{ib},n^{is})=(0,0)} = S - Z^{s*}(B,S,k) \leqslant 0$$

令 $B = f^m(S,k)$ 和 $S = g^m(B,k)$ 分别表示竞争瓶颈下的曲线 $B = Z^{b*}(B,S,k)$ 和曲线 $S = Z^{s*}(B,S,k)$。同 2.2.2 节，当 k 固定时，函数 $f^m(S,k)$ 和函数 $g^m(B,k)$ 分别为 S 与 B 的凹性增函数，如图 2-2 所示，则由均衡存在的条件及式（2-13）可得命题 2-2。

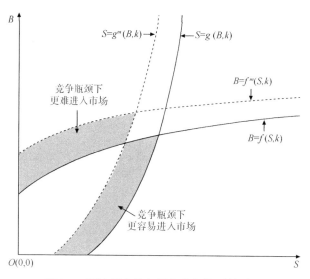

图 2-2　两边用户单归属与竞争瓶颈的对比

命题 2-2　在竞争瓶颈下，当且仅当 $B \geqslant (k+1)u^{-1}(S) - v(S)$，$S \geqslant 2v^{-1}\left(\dfrac{B}{k}\right) - u\left(\dfrac{B}{k}\right)$ 时，k 个平台共存市场的对称均衡存在。

命题 2-2 表明，在竞争瓶颈下，与两边用户单归属相同，对称均衡存在的区

---

① 需注意的是，非在位平台 i 选择 n^{is} 时，由于卖家多归属，当 $n^{is} < n^{sk*}$ 时，n^{is} 的增长并不会影响会员费 p^{is}，即 $\pi^i_{n^{is}} = S - Z^{s*} + u(0)$；当 $n^{is} > n^{sk*}$ 时，由于市场竞争，有 $\pi^i_{n^{is}} = S - n^{is} + u(0) - n^{is}$，边际利润更小。基于此，均衡存在的条件仅需满足 $\pi^i_{n^{is}}\big|_{(n^{ib},n^{is})=(0,0)} \leqslant 0$。

域为叶形，如图 2-2 所示。基于此，命题 2-1 中相关启示可拓展到竞争瓶颈。需注意的是，两种情形下均衡存在的区域存在差异，且并非包含关系。相关结论总结在命题 2-3 中。

命题 2-3　在竞争瓶颈下，与两边用户单归属情形相比，非在位平台从多归属一边（卖家边）进入市场较为容易，从单归属一边（买家边）进入市场较为困难。

证明　对比命题 2-1 和命题 2-2，由于 $g^m(B,k)$ 为 B 的增函数，得 $g(B,k) \leqslant g^m(B,k)$，则曲线 $S = g^m(B,k)$ 在曲线 $S = g(B,k)$ 的左侧。给定 B，S^n（$= \{S : B = f(S,k)\}$）要大于 S^m（$= \{S : B = f^m(S,k)\}$），则曲线 $B = f^m(S,k)$ 在曲线 $B = f(S,k)$ 的上方。综上，即得证。

命题 2-3 表明，用户多归属不总有利于非在位平台进入市场。与两边用户单归属相比，在竞争瓶颈下，由于卖家多归属，①给定 B，较大的 S 增强了非在位平台吸引卖家的能力，缩小了在位平台和非在位平台的差距，继而非在位平台更容易进入市场；②给定 S，较大的 B 增加了在位平台上卖家的数量，扩大了非在位平台和在位平台的差距，继而非在位平台更难进入市场。基于此，在位平台应重视单归属用户的固有效用，以防止非在位平台进入市场；非在位平台应重视多归属用户的固有效用，以更好地进入市场。

2.4　本 章 小 结

考虑市场初期信息不完全下用户的预期行为，本章在两边用户单归属和竞争瓶颈下，研究了双边市场的市场结构。主要工作与结论如下。

（1）在两边用户均单归属下，在位平台的均衡价格与平台固有效用、间接网络外部性以及市场竞争强度有关。在其他条件不变下，平台固有效用和间接网络外部性对均衡价格均产生正向影响。此外，由于间接网络外部性的影响，市场竞争强度依赖于另一边用户的数量而非本边用户的数量。在其他条件不变下，市场竞争强度产生的影响是负向的。

（2）在对称均衡中，与用户归属行为无关，间接网络外部性越强，市场结构的垄断性越强；给定两边固有效用的比值，两边固有效用之和越低，市场结构的垄断性越强；给定两边固有效用之和，两边固有效用的差值越大，市场结构的竞争性越强。

（3）在竞争瓶颈下，与两边用户单归属相比，用户多归属不总有利于非在位平台进入市场。在位平台应重视单归属用户的固有效用，以防止非在位平台进入市场；非在位平台应重视多归属用户的固有效用，以更好地进入市场。

第3章 考虑用户预期的平台启动策略

第2章基于多平台博弈的市场均衡，探讨了双边平台的市场结构以及平台进入的难点，相关分析是从静态视角出发。本章考虑用户数量会随时间的变化而变化，探讨动态视角下用户预期行为如何影响平台启动策略。

首先，基于用户效用函数和内生的用户预期行为构建用户接入的动态过程。其次，通过构建的动态模型，分别就用户短视情形和用户预期情形分析新平台的启动策略。

3.1 问题描述及模型构建

由于间接网络外部性的影响，初始用户数量较低的新平台会面临没有用户愿意加入的困境，即关键数量难题（Evans and Schmalensee, 2010）。为了应对这一困境，平台早期的策略尤为重要，而市场初期阶段用户信息的不完全会影响平台策略的效果。如何基于用户预期行为调整策略是平台能够成功启动的关键。下面从用户效用函数、用户预期行为、用户接入的动态过程等三个方面构建动态模型进行分析。

3.1.1 用户效用函数

市场存在一个垄断双边平台。平台向卖家收取会员费 p^s，向买家收取会员费 p^b。在本章分析中，p^b 和 p^s 为常数。$x(t)$ 和 $y(t)$ 分别表示 t 时刻买家与卖家的数量[①]。市场中买家和卖家的潜在数量用 N^b 与 N^s 表示。买家 ξ 和卖家 η 的效用函数分别表示为

$$U^b(\xi, y^e(\xi, \alpha, y, x)) = \xi y^e(\xi, \alpha, y, x) \tag{3-1}$$

和

$$U^s(\eta, x^e(\eta, \beta, x, y)) = \eta x^e(\eta, \beta, x, y) \tag{3-2}$$

其中，ξ 和 η 为间接网络外部性参数；ξ 服从 $[0, B]$ 上的均匀分布；η 服从 $[0, S]$ 上

---

① 在下文中，除非需要明确具体时刻，如初始用户的数量表示为 $x(0)$ 和 $y(0)$，相关分析将省略符号 t。

的均匀分布。在 t 时刻，买家对卖家数量的预期用 $y^e(\xi,\alpha,y,x)$ 表示，卖家对买家数量的预期用 $x^e(\eta,\beta,x,y)$ 表示。具体来说，用户会基于当前用户的数量（x 和 y）做出决策，且不同用户的预期是不同的，即预期数量还与 ξ 和 η 有关。α 和 β 表示用户预期的方式。

3.1.2　用户预期行为

在市场初始状态，本章做出如下假设。

假设 3-1　初始用户的间接网络外部性参数满足 $\xi \geqslant B\left(1-\dfrac{x(0)}{N^b}\right)$ 和 $\eta \geqslant$ $S\left(1-\dfrac{y(0)}{N^s}\right)$。

上述假设可解释为间接网络外部性参数较大的用户获益较高，继而有动机更早地加入平台。参数满足的条件可由 $\xi \sim U[0,B]$ 和 $\eta \sim U[0,S]$ 求得。此外，由于用户预期随时间变化而变化，为了简化分析，假设如下。

假设 3-2　对于已加入平台的买家 $\tilde{\xi}$ 和卖家 $\tilde{\eta}$。当平台中存在间接网络外部性参数更小的买家时，即 $\xi < \tilde{\xi}$，买家 $\tilde{\xi}$ 不会退出平台。同理，当平台存在卖家 η（$<\tilde{\eta}$）时，卖家 $\tilde{\eta}$ 不会退出平台。

假设 3-3　对于未加入平台的买家 $\hat{\xi}$ 和卖家 $\hat{\eta}$。当未加入平台的买家中存在间接网络外部性更大的买家时，即 $\xi > \hat{\xi}$，买家 $\hat{\xi}$ 不会选择加入平台。同理，当未加入平台的卖家中存在卖家 η（$>\hat{\eta}$）时，卖家 $\hat{\eta}$ 也不会加入平台。

由假设 3-1 到假设 3-3 可知，在任意时刻 t，平台上买家的集合为 $\{\xi : \underline{\xi} < \xi \leqslant B\}$，卖家的集合为 $\{\eta : \underline{\eta} < \eta \leqslant S\}$。其中，$\underline{\xi} = B\left(1-\dfrac{x}{N^b}\right)$ 和 $\underline{\eta} = S\left(1-\dfrac{y}{N^s}\right)$ 表示边际买家与边际卖家的间接网络外部性参数。假设 3-2 和假设 3-3 可解释为间接网络外部性参数较小的用户收益较低，对风险的承受能力较弱。以卖家为例，卖家 $\hat{\eta}$ 在加入平台前会很谨慎，其会作为观望者直到风险降低到可接受的程度，即平台卖家的数量增长到 $\dfrac{(S-\hat{\eta})N^s}{S}$。

在假设 3-2 和假设 3-3 中，边际用户没有可以参照的对象，需自行决定是否加入平台。边际用户可视为现实生活中处于决策关键点的用户，其会根据当前信息来预期可能获得的效用，具体预期方式如假设 3-4 所示。

假设 3-4　对于边际买家 $\underline{\xi} = B\left(1-\dfrac{x}{N^b}\right)$ 和边际卖家 $\underline{\eta} = S\left(1-\dfrac{y}{N^s}\right)$。依据式

（3-1），边际卖家加入平台的条件为

$$U^s(\underline{\eta}, x^e(\underline{\eta}, \beta, x, y)) = \underline{\eta}x^e(\underline{\eta}, \beta, x, y) > p^s$$

其中，$x^e(\underline{\eta}, \beta, x, y) = \beta x^e(\underline{\eta}, 1, x, y) + (1-\beta)x$；$x^e(\underline{\eta}, 1, x, y)$ 为边际卖家对未来买家数量的推测；β 为 $x^e(\underline{\eta}, 1, x, y)$ 的权重系数。需注意的是，用户并不知晓未来状态的信息，边际卖家推测买家数量时会基于自己的信念（beliefs）。由于间接网络外部性的存在，未来买家的数量与当前时刻卖家的数量有关。具体来说，边际卖家 $\underline{\eta}$

认为，在 $y(t) = \dfrac{(S-\eta)N^s}{S}$ 下，愿意加入的买家数量为

$$x^e(\underline{\eta}, 1, x, y) = \max\left(\left(1 - \frac{p^b}{B(S-\underline{\eta})N^s/S}\right)N^b, 0\right)$$

类似地，根据式（3-2），边际买家加入平台的条件为

$$U^b(\underline{\xi}, y^e(\underline{\xi}, \alpha, y, x)) = \underline{\xi}y^e(\underline{\xi}, \alpha, y, x) > p^b$$

其中，$y^e(\underline{\xi}, \alpha, y, x) = \alpha y^e(\underline{\xi}, 1, y, x) + (1-\alpha)y$；$\alpha$ 为 $y^e(\underline{\xi}, 1, y, x)$ 的权重系数。同理，边际买家对卖家数量的推测为

$$y^e(\underline{\xi}, 1, y, x) = \max\left(\left(1 - \frac{p^s}{S(B-\underline{\xi})N^b/B}\right)N^s, 0\right)$$

在假设 3-4 中，边际用户的预期基于两类信息，即 x 和 y。原因在于，以边际卖家为例，对边用户的数量（x）会影响当期所获得的效用，而本边用户的数量（y）会影响未来所获得的效用。其中，本边用户的影响源于用户的信念。如买家的从众心理和好友的推荐均会影响其加入平台[1]。店铺的聚集效应也会吸引卖家加入到卖家数量较多的平台。

综上，由假设 3-1～假设 3-4 可知，当边际用户加入平台时，该边的用户数量增长；当边际用户退出平台时，该边的用户数量减少。在非均衡状态下，市场可能存在两种情形。一是潜在用户按间接网络外部性参数由大到小的顺序加入平台，二是平台用户按间接网络外部性参数由小到大的顺序退出平台。

3.1.3　用户接入的动态过程

用户预期受 x、y 及 α（或 β）的影响。用 $d^b(y, x, \alpha)$ 和 $d^s(x, y, \beta)$ 分别表示买家与卖家在 t 时刻的需求函数。由于用户加入平台并不是瞬时完成的，用户需

---

[1] 在即时通信市场中，胥莉等（2008）的实证研究表明，组内网络外部性对用户选择的影响较大。

求函数会随时间而变化。对于用户加入平台的速度，参考 Bass（1969）关于新产品扩散的研究，假设在买家边有

$$\text{sgn}\left\{\dot{x}=\frac{dx}{dt}\right\}=\text{sgn}\{d^b(y,x,\alpha)-x\} \tag{3-3}$$

在卖家边，有

$$\text{sgn}\left\{\dot{y}=\frac{dy}{dt}\right\}=\text{sgn}\{d^s(x,y,\beta)-y\} \tag{3-4}$$

此外，与 Dhebar 和 Oren（1985）的研究相同，假设用户需求越高，其加入平台的速度越快，即 $\dfrac{\partial \dot{x}}{\partial d^b(y,x,\alpha)}>0$，$\dfrac{\partial \dot{y}}{\partial d^s(x,y,\beta)}>0$。

根据式（3-3）和式（3-4），市场均衡 (x^*,y^*) 应满足 $\dot{x}=0$ 和 $\dot{y}=0$，即

$$d^b(y^*,x^*,\alpha)=x^*,\ d^s(x^*,y^*,\beta)=y^* \tag{3-5}$$

需注意的是，在上述均衡条件下，预期数量和实际数量不一定相等。原因在于，由于用户并不知晓未来状态的信息，边际用户推测另一边数量时是基于自己的信念。但是，随着时间的推移，用户终归会发现自己预期的错误，继而改变自己的预期。从长期来看，最终均衡 (x^{**},y^{**}) 还应满足理性约束条件，即

$$x^e(\eta^*,\beta,x^{**},y^{**})=x^{**},\ y^e(\xi^*,\alpha,y^{**},x^{**})=y^{**} \tag{3-6}$$

其中，ξ^* 和 η^* 为边际买家和卖家的参数。为了加以区分，本书将 (x^*,y^*) 称为事前均衡，即不知晓预期错误之前的均衡，而将 (x^{**},y^{**}) 称为事后均衡。实际上，由 3.3 节分析可知，在动态框架下，事前均衡出现的条件极其苛刻。

3.2　用户短视情形

在用户短视情形中，用户仅考虑当期所获得的效用，并不考虑未来可能获得的效用（$\alpha=\beta=0$）。由假设 3-4，有 $x^e(\underline{\eta},\beta,x,y)=x$ 和 $y^e(\underline{\xi},\alpha,y,x)=y$，即理性约束条件总是满足的，且事前均衡和事后均衡相同。

由式（3-1）和式（3-2）得

$$U^b(\xi,y^e(\xi,\alpha,y,x))=\xi y$$

$$U^s(\eta,x^e(\eta,\beta,x,y))=\eta x$$

继而根据 3.1.2 节的分析及 $\xi\sim U[0,B]$ 和 $\eta\sim U[0,S]$ 得

$$d^b(y,x,0)=\max\left(\left(1-\frac{p^b}{By}\right)N^b,0\right),\ d^s(x,y,0)=\max\left(\left(1-\frac{p^s}{Sx}\right)N^s,0\right) \tag{3-7}$$

由式（3-7）可知，市场可能存在三个均衡，如图 3-1 所示。其中，原点和点

$B(\overline{x}^*, \overline{y}^*)$ 为稳定的均衡点，点 $A(\underline{x}^*, \underline{y}^*)$ 为不稳定的均衡点。令 $l(x^*, y^*, x^0, y^0, 0, 0) = 0$ 表示由初始点 (x^0, y^0) 到均衡点 (x^*, y^*) 的轨迹，可得

$$L(x^0, y^0, 0, 0) = 0 \Leftrightarrow (x^0, y^0) \in \{(x^0, y^0) \,|\, l(\underline{x}^*, \underline{y}^*, x^0, y^0, 0, 0) = 0\}$$

其中，$x^0 = x(0)$；$y^0 = y(0)$。$L(x, y, 0, 0) = 0$ 表示关键轨迹，且函数 $L(x, y, 0, 0)$ 满足 $\dfrac{\partial L(x, y, 0, 0)}{\partial y} > 0$。

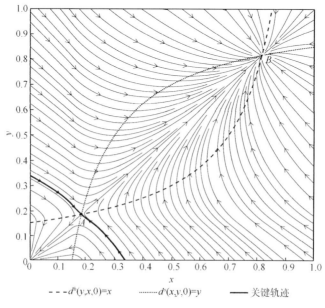

图 3-1　用户短视情形下的相图

本图所用参数为 $p^b = p^s = 0.3$，$N^b = N^s = 1$，$B = S = 2$，$\alpha = \beta = 0$，$v^b = v^s = 1$。其中，$\dot{x} = v^b(d^b(y, x, \alpha) - x)$，$\dot{y} = v^s(d^s(x, y, \beta) - y)$

命题 3-1　在用户短视情形中，事后均衡满足：

$$(x^{**}, y^{**}) = \begin{cases} (0, 0), & L(x^0, y^0, 0, 0) < 0 \\ (\underline{x}^*, \underline{y}^*), & L(x^0, y^0, 0, 0) = 0 \\ (\overline{x}^*, \overline{y}^*), & L(x^0, y^0, 0, 0) > 0 \end{cases}$$

其中，$(\overline{x}^*, \overline{y}^*)$ 和 $(0, 0)$ 为稳定均衡；$(\underline{x}^*, \underline{y}^*)$ 为不稳定均衡。

证明　根据式（3-3）和式（3-4），考虑如下微分方程组：

$$\dot{x} = f(d^b(y, x, 0) - x)$$
$$\dot{y} = g(d^s(x, y, 0) - y)$$

其中，$f' = \dfrac{\partial f}{\partial (d^b(y,x,0)-x)}$ 和 $g' = \dfrac{\partial g}{\partial (d^s(x,y,0)-y)}$ 为正值。由于函数形式未知，本章考虑上述微分方程组可近似为线性系统，其线性估算为

$$\frac{\mathrm{d}}{\mathrm{d}t}\begin{bmatrix} x \\ y \end{bmatrix} = A\begin{bmatrix} x \\ y \end{bmatrix} = \begin{bmatrix} a & b \\ c & d \end{bmatrix}\begin{bmatrix} x \\ y \end{bmatrix}$$

其中，$a = -f'|_{(x^*,y^*)}$；$b = f'd_y^b|_{(x^*,y^*)}$；$c = g'd_x^s|_{(x^*,y^*)}$；$d = -g'|_{(x^*,y^*)}$。在本章分析中，下标均表示偏导数，如 $d_y^b = \dfrac{\partial d^b}{\partial y}$。

对于点 B（图 3-1），曲线 $d^b(y,x,0)=x$ 的斜率和曲线 $d^s(x,y,0)=y$ 的斜率满足 $\dfrac{1}{d_y^b} > d_x^s$，继而有 $p \equiv -(a+d) = f'+g' > 0$ 和 $q \equiv ad - bc = f'g'(1-d_y^bd_x^s) > 0$，则点 B 为稳定点。同理，对于点 A，有 $\dfrac{1}{d_y^b} < d_x^s$。易证 $p > 0$ 且 $q < 0$，则点 A 为鞍点。对于原点，由 $d_y^b = d_x^s = 0$，得 $p > 0$ 和 $q > 0$，则原点为稳定点。证毕。

命题 3-1 表明，当且仅当初始点位于关键轨迹时，市场均衡是不稳定的，即点 A。在大多数情况下，平台要么启动失败（均衡点为原点），要么启动成功（均衡点为点 B）。当初始点位于关键轨迹上方时，平台启动成功；当初始点位于关键轨迹下方时，平台启动失败。上述分析源自 Evans 和 Schmalensee（2010）的文章，本章将以此为基础探讨用户预期情形下的平台启动问题。

推论 3-1 在用户短视情形中，当会员费较低或间接网络外部性较强时，关键轨迹向下移动；当买家进出平台的速率（$|\dot{x}|$）较快时，点 A 上方的关键轨迹下移，点 A 下方的轨迹上移；当卖家进出平台的速率（$|\dot{y}|$）较快时，点 A 下方的关键轨迹下移，点 A 上方的轨迹上移。

证明 考虑到两边用户的对称性，两边的结果类似。这里以买家为例进行证明。为便于比较，考虑一个基本情形。在该情形中，关键轨迹用 $\tilde{L}(x,y,0,0)=0$ 表示，(x^c,y^c) 为其上任意一点，即 $\tilde{L}(x^c,y^c,0,0)=0$。$\tilde{k}(x,y) = \dfrac{\dot{y}}{\dot{x}}$ 表示用户数量变化的方向。

（1）令 $L^b(x,y,0,0)=0$ 表示 p^b 较低情形的关键轨迹，该情形下用户数量变化方向用 $k^{p^b}(x,y)$ 表示。在新情形下，由式（3-3）和式（3-4）及 $d^b(y,x,0)$ 随 p^b 递减，得点 (x^c,y^c) 处 $\dot{x}$ 变大，$\dot{y}$ 不变。当 (x^c,y^c) 在点 A 下方时，由 $\dot{y}>0$，$\dot{x}<0$，有 $k^{p^b}(x^c,y^c) < \tilde{k}(x^c,y^c)$；当 (x^c,y^c) 在点 A 上方时，由 $\dot{y}<0$，$\dot{x}>0$，有 $k^{p^b}(x^c,y^c) > \tilde{k}(x^c,y^c)$。因此，在 p^b 较低情形中，初始点为 (x^c,y^c) 的轨迹无法到

达 $\tilde{L}(x,y,0,0)<0$ ，即曲线 $L^{p^b}(x,y,0,0)=0$ 在曲线 $\tilde{L}(x,y,0,0)=0$ 下方。

（2）令 $L^B(x,y,0,0)=0$ 表示 B 较高情形的关键轨迹。与 p^b 较低情形相同，对于任意 (x^c,y^c) ，在新情形下， (x^c,y^c) 处 $\dot{x}$ 变大， $\dot{y}$ 不变。继而同（1）中的证明，可得曲线 $L^B(x,y,0,0)=0$ 在曲线 $\tilde{L}(x,y,0,0)=0$ 下方。

（3）令 $L^g(x,y,0,0)=0$ 表示 $|\dot{x}|$ 较高的情形，用户数量变化方向用 $k^g(x,y)$ 表示。同理，当 (x^c,y^c) 在点 A 下方时，由 $\dot{y}>0$ ， $\dot{x}<0$ ，有 $k^g(x^c,y^c)>\tilde{k}(x^c,y^c)$ ；当 (x^c,y^c) 在点 A 上方时，由 $\dot{y}<0$ ， $\dot{x}>0$ ，有 $k^g(x^c,y^c)>\tilde{k}(x^c,y^c)$ 。因此，在点 A 下方，关键轨迹上移；在点 A 上方，关键轨迹下移。证毕。

推论 3-1 表明，当会员费较低或间接网络外部性较强时，新平台的启动更为容易。原因在于，无论是会员费降低还是间接网络外部性增强，用户效用均会提高。基于此，当初始用户数量较少时，平台可通过定低价（甚至补贴）或增强间接网络外部性（如保证交易的安全性、增加配比的成功性或对交易进行补贴）来吸引到足够多的用户。但是，用户进出平台的速率过快并不总是有利的。比如，在买家进出平台速率较快情形中，卖家数量较多时，平台启动较为容易；卖家数量较少时，平台启动较为困难，如图 3-2 所示。原因在于，卖家数量减少到一定程度时，买家边的高增长速率变为高退出速率，即买家退出平台的速度较快。

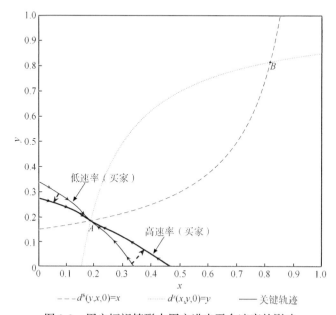

图 3-2 用户短视情形中用户进出平台速率的影响

本图中低速率（买家）情形的参数与图 3-1 相同。在高速率（买家）情形中， $v^b=2$

3.3　用户预期情形

在用户预期情形中，用户不仅考虑当期所获得的效用，还考虑未来可能获得的效用（ $\alpha > 0$ 或 $\beta > 0$ ）。在此情形中，边际买家（ $\underline{\xi}$ ）加入平台的条件是

$$U^b(\underline{\xi}, y^e(\underline{\xi}, \alpha, y, x)) = \underline{\xi}(\alpha y^e(\underline{\xi}, 1, y, x) + (1-\alpha)y) \geqslant p^b \qquad （3\text{-}8）$$

边际卖家（ $\underline{\eta}$ ）加入平台的条件是

$$U^s(\underline{\eta}, x^e(\underline{\eta}, \beta, x, y)) = \underline{\eta}(\beta x^e(\underline{\eta}, 1, x, y) + (1-\beta)x) \geqslant p^s \qquad （3\text{-}9）$$

3.3.1　用户需求函数

基于两边用户需求函数性质的对称性，本节以买家为例。在动态情形中，买家的需求函数随时间的变化而变化。下面通过买家接入的动态过程进行分析。给定 y 且 $0 < \alpha < 1$ ，由式（3-8）可得边际买家的效用曲线，如图 3-3 所示。

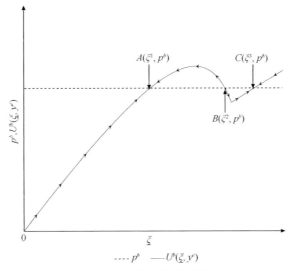

图 3-3　边际买家的效用曲线

由 3.1.2 节分析可知，在非均衡状态下，市场可能存在两种情形。一种是潜在用户按间接网络外部性参数由大到小的顺序加入平台，另一种是平台用户按间接网络外部性参数由小到大的顺序退出平台。当 $U^b(\underline{\xi}, y^e) > p^b$ 时，边际买家会加入平台，继而边际买家接入的动态过程如图 3-3 中箭头所示。因此，根据 t 时刻边际买家（ $\underline{\xi} = B\left(1 - \dfrac{x(t)}{N^b}\right)$ ）的位置，买家需求存在三种情形，即 ξ^1 、 ξ^2 和 ξ^3 。相关

结论整理在引理 3-1 中。

引理 3-1 当 y 固定且 $0 < \alpha < 1$ 时，买家需求函数为

$$d^b(y,x,\alpha) = \begin{cases} N^b(B-\xi^1)/B, & \underline{\xi} < \xi^2 \\ N^b(B-\xi^2)/B, & \underline{\xi} = \xi^2 \\ N^b(B-\xi^3)/B, & \underline{\xi} > \xi^2 \end{cases}$$

引理 3-1 表明，点 A 和点 C 处的均衡是稳定的而点 B 处的均衡是不稳定的。不稳定均衡也称为关键数量。与用户短视情形不同，当边际买家基于自己的信念推测卖家数量时，平台可能出现两个稳定的均衡。一个是买家预期较低时的均衡，均衡状态下买家数量较少；另一个是买家预期较高时的均衡，均衡状态下买家数量较多。需注意的是，本节讨论是基于事前均衡，理性约束条件并不一定满足。

3.3.2 均衡分析

由式（3-8）、式（3-9）和 3.3.1 节分析可知，曲线 $d^b(y,x,\alpha)=x$ 可表示为

$$B\left(1-\frac{x}{N^b}\right)\left(\alpha\max\left(\left(1-\frac{p^s}{Sx}\right)N^s,0\right)+(1-\alpha)y\right)=p^b$$

同理，曲线 $d^s(x,y,\beta)=y$ 可表示为

$$S\left(1-\frac{y}{N^s}\right)\left(\beta\max\left(\left(1-\frac{p^b}{By}\right)N^b,0\right)+(1-\beta)x\right)=p^s$$

由式（3-5）可知，曲线 $d^b(y,x,\alpha)=x$ 和曲线 $d^s(x,y,\beta)=y$ 的交点为事前均衡，而不同权重系数下的事前均衡存在一定差异。图 3-4 显示了具有代表性的例子，所使用参数为：①$\alpha = 0.2$ 和 $\beta = 0.2$［图 3-4（a），两边权重系数均较小的情形］；②$\alpha = 0.4$ 和 $\beta = 0$［图 3-4（b），一边权重系数为零的情形］；③$\alpha = 0.4$ 和 $\beta = 0.4$［图 3-4（c），两边权重系数适中的情形］；④$\alpha = 0.6$ 和 $\beta = 0.6$［图 3-4（d），两边权重系数均较大的情形］。其他参数分别为 $p^b = p^s = 0.35$，$N^b = N^s = 1$，$B = S = 2$，$v^b = v^s = 1$。

考虑到对所有情形均进行分析过于繁杂，本章仅探讨图 3-4（c）。选择原因是：①该情形下 α 和 β 的值较为适中，并不极端；②其他情形中关键轨迹的分析和用户短视情形过于相似；③该情形较为复杂，均衡数量最多。

在图 3-5［对应图 3-4（c）］中，与用户短视情形类似，关键轨迹可表示为

$$L(x^0,y^0,\alpha,\beta)=0 \Leftrightarrow (x^0,y^0) \in S^1 \bigcup S^2 \bigcup \left\{(\underline{x}^*,\underline{y}^*)\right\}$$

其中，$S^i = \{(x^0,y^0)|l(x^{i*},y^{i*},x^0,y^0,\alpha,\beta)=0\}$，$i=1,2$。

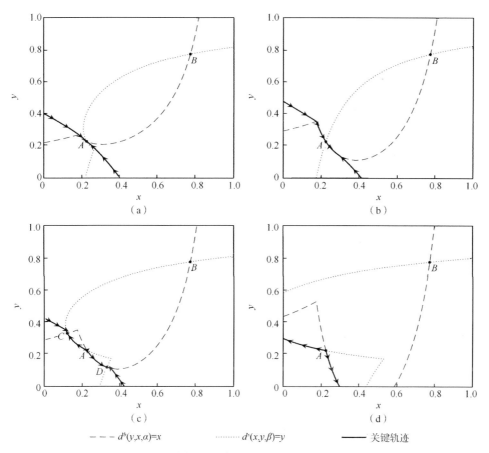

图 3-4　不同权重系数下的多重均衡和关键轨迹

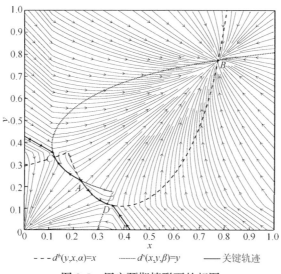

图 3-5　用户预期情形下的相图

命题 3-2　在用户预期情形下，事前均衡为

$$(x^*, y^*) = \begin{cases} (0,0), & L(x^0, y^0, \alpha, \beta) < 0 \\ (\underline{x}^*, \underline{y}^*), & (x^0, y^0) = (\underline{x}^*, \underline{y}^*) \\ (x^{1*}, y^{1*}), & (x^0, y^0) \in S^1 \\ (x^{2*}, y^{2*}), & (x^0, y^0) \in S^2 \\ (\overline{x}^*, \overline{y}^*), & L(x^0, y^0, \alpha, \beta) > 0 \end{cases}$$

其中，原点和点 $B(\overline{x}^*, \overline{y}^*)$ 为稳定均衡；点 $A(\underline{x}^*, \underline{y}^*)$、点 $C(x^{1*}, y^{1*})$ 和点 $D(x^{2*}, y^{2*})$ 为不稳定均衡，且函数 $L(x, y, \alpha, \beta)$ 满足 $\dfrac{\partial L(x, y, \alpha, \beta)}{\partial y} > 0$。

证明　与命题 3-1 中证明类似，可证点 C 和点 D 为鞍点，原点和点 B 为稳定点。在点 A 处，曲线 $d^b(y, x, \alpha) = x$ 和曲线 $d^s(x, y, \beta) = y$ 的斜率满足 $d_y^b < 0$、$d_x^s < 0$ 和 $\dfrac{1}{d_y^b} < d_x^s$。易证 $p \equiv -(a + d) = f' + g' < 0$ 和 $q \equiv ad - bc = f'g'(1 - d_y^b d_x^s) > 0$，继而点 A 为不稳定点，证毕。

命题 3-2 表明，与用户短视情形不同，在用户预期情形中，即使两边用户的参数完全对称（图 3-5），不对称均衡仍然存在，即均衡点 C 和 D。因此，用户的信念可以影响事前均衡。总体而言，与用户短视情形相同，平台成功启动的条件为初始用户的数量位于关键轨迹上方。

命题 3-3　在用户预期情形下，事后均衡与用户短视情形相同。

证明　由式（3-5）可知，事前均衡满足：

$$S\left(1 - \frac{y^*}{N^s}\right) x^e(\eta^*, \beta, x^*, y^*) = p^s$$

$$B\left(1 - \frac{x^*}{N^b}\right) y^e(\xi^*, \alpha, y^*, x^*) = p^b$$

继而根据式（3-6）可知，事后均衡应满足：

$$S\left(1 - \frac{y^{**}}{N^s}\right) x^{**} = p^s$$

$$B\left(1 - \frac{x^{**}}{N^b}\right) y^{**} = p^b$$

其与 α 和 β 无关。证毕。

命题 3-3 表明，原点、点 A 和点 B 中的均衡为事后均衡，且与用户短视情形中的均衡相同，点 C 和点 D 中的不对称均衡为事前均衡，而非事后均衡。因此，不对称均衡的存在源自用户信念和实际的偏差。从长期来看，由于预期与现实不

符，不对称均衡并不稳定。对于平台管理者而言，由于用户预期影响关键轨迹，市场初期时平台应考虑用户预期的影响；从长期来看，由于事后均衡不受用户预期方式（α 和 β）的影响，平台利润的提高取决于用户体验、平台服务水平、信息安全性等能真正提高用户效用的因素。

3.3.3　用户预期方式的影响

本节探讨用户预期方式对关键轨迹的影响。基于 α 和 β 性质的对称性，本节以卖家为例，着重探讨 β 的影响。

引理 3-2　在用户预期情形下，当 $y \in [\underline{y}^*, \overline{y}^*]$ 时，曲线 $d^s(x, y, \beta') = y$ 在曲线 $d^s(x, y, \beta) = y$ 左侧；当 $y \notin [\underline{y}^*, \overline{y}^*]$ 时，曲线 $d^s(x, y, \beta') = y$ 在曲线 $d^s(x, y, \beta) = y$ 右侧。其中，$\beta' > \beta$。

证明　由命题 3-3，曲线 $d^b(y, x, 0) = x$ 穿过点 A 和点 B，如图 3-6 所示。对于曲线 $d^b(y, x, 0) = x$ 上方的点，根据式（3-7），有 $d^b(y, x, 0) > x$，继而可证式（3-9）的左侧是 β 的增函数。同理，对于曲线下方的点，式（3-9）的左侧是 β 的减函数。此外，式（3-9）的左侧是 x 的增函数，继而由隐函数原理可证引理 3-2。证毕。

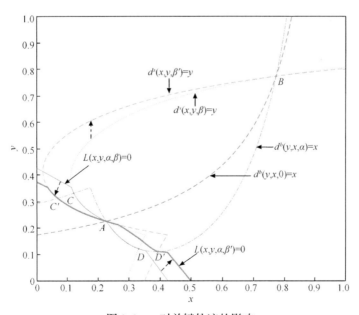

图 3-6　β 对关键轨迹的影响

引理 3-2 表明，在用户预期情形下，β 对关键轨迹的影响不存在统一结论，而与初始用户数量的大小有关。具体结论总结在命题 3-4 中。

命题 3-4 在用户预期情形下，当 β 较高时，点 A 上方的关键轨迹下移，点 A 下方的关键轨迹上移。

证明 考虑一个基本情形。在该情形中，关键轨迹用 $\tilde{L}(x,y,\alpha,\beta)=0$ 表示，(x^c,y^c) 为其上任意一点，即 $\tilde{L}(x^c,y^c,\alpha,\beta)=0$。$\tilde{k}(x,y)=\dfrac{\dot{y}}{\dot{x}}$ 表示用户数量变化的方向。令 $L(x,y,\alpha,\beta')=0$ 表示权重系数较高（$\beta'>\beta$）情形的关键轨迹，用户数量变化的方向用 $k^{\beta'}(x,y)$ 表示。对于点 A 上方的 (x^c,y^c)，在新情形下，根据引理 3-2，(x^c,y^c) 处 $\dot{y}$ 变大，$\dot{x}$ 不变。因此，对于点 A 和点 C 之间的 (x^c,y^c)，由 $\dot{y}>0$ 和 $\dot{x}<0$，得 $k^{\beta'}(x^c,y^c)<\tilde{k}(x^c,y^c)$；对于点 C 上方的 (x^c,y^c)，由 $\dot{y}<0$ 和 $\dot{x}>0$，得 $k^{\beta'}(x^c,y^c)>\tilde{k}(x^c,y^c)$。继而可得，在点 A 上方，曲线 $L(x,y,\alpha,\beta')=0$ 在曲线 $\tilde{L}(x,y,\alpha,\beta)=0$ 的下方。同理，在点 A 下方，可证曲线 $L(x,y,\alpha,\beta')=0$ 在曲线 $\tilde{L}(x,y,\alpha,\beta)=0$ 的上方。证毕。

命题 3-4 表明，权重系数 β 较高时，平台优先吸引卖家更容易启动。同理，权重系数 α 较高时，平台优先吸引买家更容易启动。原因在于，用户预期受自身信念的影响，本边用户数量越多，其对对边用户数量的增长越看好。基于此，较高的 α 提高了买家数量的价值，较高的 β 提高了卖家数量的价值。

推论 3-2 在用户预期情形下，得出以下结论。

（1）会员费和间接网络外部性参数对关键轨迹的影响与用户短视情形相同。

（2）当买家进出平台的速率（$|\dot{x}|$）较快时，在 $\dot{x}>0$ 区域中，关键轨迹下移；在 $\dot{x}<0$ 区域中，关键轨迹上移。

证明 在下述证明中，基本情形的符号与命题 3-4 相同。

（1）令 $L^{p^b}(x,y,\alpha,\beta)=0$ 表示 p^b 较低情形的关键轨迹，该情形下用户数量变化的方向用 $k^{p^b}(x,y)$ 表示。由 3.3.2 节分析得出，在新情形下，曲线 $d^s(x,y,\beta)=y$ 左移，曲线 $d^b(y,x,\alpha)=x$ 下移。同推论 3-1 证明，对于点 A 和点 D 之间以及点 C 上方的 (x^c,y^c)，有 $k^{p^b}(x^c,y^c)>\tilde{k}(x^c,y^c)$；对于点 A 和点 C 之间以及点 D 下方的 (x^c,y^c)，有 $k^{p^b}(x^c,y^c)<\tilde{k}(x^c,y^c)$。继而可得，曲线 $L^{p^b}(x,y,\alpha,\beta)=0$ 在曲线 $\tilde{L}(x,y,\alpha,\beta)=0$ 的下方。同理，可证参数 B 较高的关键轨迹 $L^B(x,y,\alpha,\beta)=0$ 在曲线 $\tilde{L}(x,y,\alpha,\beta)=0$ 的下方。

（2）令 $L^g(x,y,\alpha,\beta)=0$ 表示 $|\dot{x}|$ 较高的情形，用户数量变化方向用 $k^g(x,y)$ 表示。同推论 3-1 证明，对任意的 (x^c,y^c)，可证 $k^g(x^c,y^c)>\tilde{k}(x^c,y^c)$。继而可得，在 $\dot{x}>0$ 区域（点 A 和点 D 之间及点 C 上方），关键轨迹下移；在 $\dot{x}<0$ 区域（点 A 和点 C 之间及点 D 下方），关键轨迹上移，如图 3-7 所示。证毕。

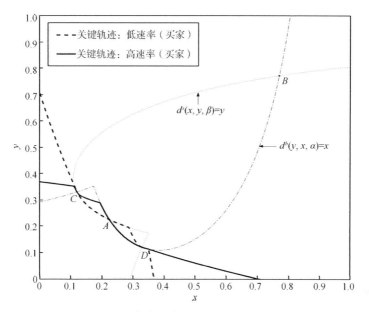

图 3-7 用户预期情形中用户进出平台速率的影响

本图所用参数除 v^b 和 v^s 外与图 3-5 相同。在低速率（买家）情形中，有 $v^b=1$ ， $v^s=4$ 。在高速率（买家）情形
中，有 $v^b=16$ ， $v^s=4$

推论 3-2 表明，与用户预期方式无关，会员费较低或间接网络外部性较强时，平台启动较为容易。因此，在市场初期，对于平台管理者而言，让用户更好地沟通或交易并适当进行补贴能有效地促进用户数量的增长。推论 3-2 还表明，在用户预期情形下，当一边初始用户对平台持乐观预期时（ $\dot{x}>0$ 或 $\dot{y}>0$ ），该边用户进出平台的速率越快，平台启动越容易；当一边初始用户对平台持悲观预期时（ $\dot{x}<0$ 或 $\dot{y}<0$ ），该边用户进出平台的速率越快，平台启动越困难。基于此，对于进出平台速率较快的用户，平台管理者应确保他们对平台持有乐观预期，如实施低价策略等。

3.4 本章小结

本章在动态框架下研究了平台启动问题，着重分析的是用户预期行为如何影响新平台的启动策略。主要工作与结论如下。

（1）在用户短视情形和用户预期情形下，探讨了用户接入的动态过程。结果表明，当初始用户的数量位于关键轨迹上方时，平台启动成功，即达到用户数量较高的均衡；当初始用户的数量位于关键轨迹下方时，平台启动失败。

（2）在用户预期情形下，分析了用户预期方式对平台启动策略的影响。分析

表明，一边用户权重系数较高时，即越偏好通过信念进行决策，新平台优先吸引该边用户越容易启动。预期实现的事后均衡与用户预期方式无关，但用户预期方式会影响关键轨迹，继而影响最终的市场均衡。对于平台管理者而言，由于用户预期影响关键轨迹，市场初期时应考虑用户预期的影响；从长期来看，由于事后均衡不受用户预期方式的影响，平台利润的提高取决于用户体验、平台服务水平、信息安全性等能真正提高用户效用的因素。此外，当一边用户对平台持乐观预期时，该边用户进出平台的速率越快，平台启动越容易。

第4章 垄断市场下平台的业务拓展决策

第3章研究了不具有用户基础的新平台的启动策略。本章及第5章探讨具有用户基础的在位平台的业务拓展决策，即在位平台在原业务的基础上跨市场进入到新业务所在的市场。具体分析考虑两种情形，一是新市场不存在在位平台的垄断市场情形，二是新市场存在在位平台的竞争市场情形。

本章探讨垄断市场下在位平台业务拓展时的定价决策与利润变化。首先，构建两阶段博弈模型，探讨平台对原业务和新业务的双边定价决策。其次，分析平台总利润、原业务利润和新业务利润的变化。

4.1 问题描述及相关假设

4.1.1 问题描述

市场中有一家垄断双边平台，平台向双边用户收取会员费。平台发展初期专注于经营单一业务，在积累一定用户基础后，平台将进行业务拓展。新业务（表示为业务2）与原业务（表示为业务1）间存在跨市场网络外部性，即一定比例的原业务用户愿意加入新业务。平台对原业务买家和卖家的定价分别表示为 p_{1b} 与 p_{1s}，对新业务买家和卖家的定价分别表示为 p_{2b} 与 p_{2s}。平台原业务具有一定用户基础，两边用户基础均表示为 Q，原业务中新加入的买家和卖家的数量表示为 n_{1b} 与 n_{1s}。此外，新业务中买家和卖家的数量分别为 n_{2b} 与 n_{2s}。本章研究的问题是，在新业务与原业务间存在跨市场网络外部性下，平台应如何确定两种业务的最优价格以最大化平台总利润。

博弈时序包含两个阶段。阶段1，平台确定原业务两边的会员费，用户决策是否加入平台原业务；阶段2，平台确定新业务两边的会员费，用户决策是否加入平台新业务。

4.1.2 本章假设

假设 4-1 平台收费方式假设。平台仅收取会员费，而不收取其他费用。此外，不考虑平台服务成本及其他成本。

假设 4-2 网络外部性假设。平台原业务和新业务的间接网络外部性参数相同，表示为 μ（$0 < \mu < 1$）。

假设 4-3 跨市场网络外部性假设。新业务与原业务间存在跨市场网络外部性，即一定比例的原业务用户愿意加入新业务，该比例用 h（$0 < h < 1$）表示。

假设 4-4 平台老用户支付费用假设。平台原业务的老用户在加入新业务时不需要再次向平台支付会员费。

假设 4-5 用户等待成本假设。原用户加入新业务时无须再次注册审核，新用户加入平台时需注册并经平台审核，花费的单位等待成本为 t。由于 t 不是本模型考察的重点，不妨假设 $t = 1$。

4.2 模 型 构 建

4.2.1 平台新业务的利润模型

由于间接网络外部性的存在，加入原业务两边的用户效用分别表示为

$$\begin{cases} u_{1b} = \mu(Q + n_{1s}) - p_{1b} - tn_{1b} \\ u_{1s} = \mu(Q + n_{1b}) - p_{1s} - tn_{1s} \end{cases} \tag{4-1}$$

其中，$\mu(Q + n_{1i})$ 为间接网络外部性；p_{1i} 为平台定价；tn_{1i} 为用户注册及平台审核所花费的等待成本；$i = b, s$。

平台新业务与原业务存在跨市场网络外部性，即平台原业务用户总有一定比例对新业务有需求，表示为 $h(2Q + n_{1b} + n_{1s})$。基于此，加入新业务两边的用户效用分别表示为[①]

$$\begin{cases} u_{2b} = \mu n_{2s} - p_{2b} - tn_{2b} \\ u_{2s} = \mu\big[h(2Q + n_{1b} + n_{1s}) + n_{2b}\big] - p_{2s} - tn_{2s} \end{cases} \tag{4-2}$$

其中，μn_{2s} 和 $\mu\big[h(2Q + n_{1b} + n_{1s}) + n_{2b}\big]$ 为间接网络外部性。其他参数及变量含义同式（4-1）。

---

① 这与平台开拓新业务的现实情况类似，如 Uber 打车业务中一定比例的用户加入 Ubereats 有助于吸引商家入驻，又如美团点评业务的用户加入打车业务有利于吸引打车司机加入平台。

由式（4-2）中 $u_{2b} = 0$ 和 $u_{2s} = 0$ 可推导出

$$
\begin{cases}
n_{2b} = \dfrac{\mu^2 hn_{1b} + \mu^2 hn_{1s} + 2Q\mu^2 h - \mu p_{2s} - p_{2b}}{1 - \mu^2} \\[3mm]
n_{2s} = \dfrac{2Q\mu h + \mu hn_{1b} + \mu hn_{1s} - \mu p_{2b} - p_{2s}}{1 - \mu^2}
\end{cases}
\tag{4-3}
$$

由式（4-3），可得 $\dfrac{\partial n_{2b}}{\partial p_{2b}} = \dfrac{-1}{1 - \mu^2} < 0$，$\dfrac{\partial n_{2b}}{\partial p_{2s}} = \dfrac{-\mu}{1 - \mu^2} < 0$，$\dfrac{\partial n_{2s}}{\partial p_{2b}} = \dfrac{-\mu}{1 - \mu^2} < 0$，

$\dfrac{\partial n_{2s}}{\partial p_{2s}} = \dfrac{-1}{1 - \mu^2} < 0$。

推论4-1 新业务中买方和卖方的数量随平台对两边定价的增加而减少。

推论4-1表明，新业务中买方和卖方的数量与平台对两边的定价均相关。由于间接网络外部性的存在，平台两边的用户数量会相互影响，且平台定价越低，加入两边的用户数量越多。

平台新业务利润最大化的模型为

$$
\max_{p_{2b}, p_{2s}} \pi_2 = p_{2b}n_{2b} + p_{2s}n_{2s}
$$
$$
\text{s.t.} \begin{cases} n_{2b} \geq 0 \\ n_{2s} \geq 0 \end{cases}
\tag{4-4}
$$

将式（4-3）代入式（4-4），优化求解可得平台新业务的最优定价、均衡用户数量和最优利润，具体见命题4-1。

命题 4-1 平台对新业务两边的最优定价为 $p_{2b}^* = 0$，$p_{2s}^* = \dfrac{h\mu(n_{1b} + n_{1s} + 2Q)}{2}$；

均衡时两边用户数量分别为 $n_{2b}^* = \dfrac{h\mu^2(n_{1b} + n_{1s} + 2Q)}{2(1 - \mu^2)}$，$n_{2s}^* = \dfrac{h\mu(2Q + n_{1b} + n_{1s})}{2(1 - \mu^2)}$；

平台新业务最优利润为 $\pi_2^* = \dfrac{h^2\mu^2(2Q + n_{1b} + n_{1s})^2}{4(1 - \mu^2)}$。

证明 由式（4-4）得

$$
\begin{cases}
\dfrac{\partial \pi_2}{\partial p_{2b}} = \dfrac{2Qh\mu^2 + h\mu^2 n_{1b} + h\mu^2 n_{1s} - \mu p_{2s} - p_{2b}}{1 - \mu^2} - \dfrac{p_{2b}}{1 - \mu^2} - \dfrac{\mu p_{2s}}{1 - \mu^2} \\[3mm]
\dfrac{\partial \pi_2}{\partial p_{2s}} = \dfrac{2Qh\mu + h\mu n_{1b} + h\mu n_{1s} - \mu p_{2b} - p_{2s}}{1 - \mu^2} - \dfrac{\mu p_{2b}}{1 - \mu^2} - \dfrac{p_{2s}}{1 - \mu^2}
\end{cases}
$$

继而可得黑塞矩阵如下：

$$H = \begin{bmatrix} \dfrac{\partial^2 \pi_2}{\partial^2 p_{2b}} & \dfrac{\partial^2 \pi_2}{\partial p_{2b} \partial p_{2s}} \\[3mm] \dfrac{\partial^2 \pi_2}{\partial p_{2s} \partial p_{2b}} & \dfrac{\partial^2 \pi_2}{\partial^2 p_{2s}} \end{bmatrix} = \begin{bmatrix} \dfrac{2}{\mu^2 - 1} & \dfrac{2\mu}{\mu^2 - 1} \\[3mm] \dfrac{2\mu}{\mu^2 - 1} & \dfrac{2}{\mu^2 - 1} \end{bmatrix}$$

黑塞矩阵负定的条件为 $|H_1| = \dfrac{2}{\mu^2 - 1} < 0$，$|H_2| = \dfrac{4 - 4\mu^2}{(\mu^2 - 1)^2} > 0$。由 $\mu \in (0,1)$ 知黑塞矩阵负定恒成立。因此，平台新业务的利润函数为凹函数。

分别令 $\dfrac{\partial \pi_2}{\partial p_{2b}} = 0, \dfrac{\partial \pi_2}{\partial p_{2s}} = 0$，可得均衡时定价为

$$p_{2b}^* = 0$$

$$p_{2s}^* = \dfrac{h\mu (n_{1b} + n_{1s} + 2Q)}{2}$$

代入式（4-3）可得均衡需求为

$$n_{2b}^* = \dfrac{h\mu^2 (n_{1b} + n_{1s} + 2Q)}{2(1 - \mu^2)}$$

$$n_{2s}^* = \dfrac{h\mu (2Q + n_{1b} + n_{1s})}{2(1 - \mu^2)}$$

代入式（4-4）可得均衡利润为

$$\pi_2^* = \dfrac{h^2 \mu^2 (2Q + n_{1b} + n_{1s})^2}{4(1 - \mu^2)}$$

证毕。

4.2.2　平台总利润的模型

根据式（4-1），令 $u_{1b} = 0$ 和 $u_{1s} = 0$，得

$$\begin{cases} n_{1b} = \dfrac{Q\mu^2 + Q\mu - p_{1s}\mu - p_{1b}}{1 - \mu^2} \\[3mm] n_{1s} = \dfrac{Q\mu^2 + Q\mu - p_{1b}\mu - p_{1s}}{1 - \mu^2} \end{cases} \tag{4-5}$$

由式（4-5），可得 $\dfrac{\partial n_{1b}}{\partial p_{1b}} = \dfrac{-1}{1 - \mu^2} < 0$，$\dfrac{\partial n_{1b}}{\partial p_{1s}} = \dfrac{-\mu}{1 - \mu^2} < 0$，$\dfrac{\partial n_{1s}}{\partial p_{1b}} = \dfrac{-\mu}{1 - \mu^2} < 0$，

$\dfrac{\partial n_{1s}}{\partial p_{1s}} = \dfrac{-1}{1 - \mu^2} < 0$。

推论4-2 原业务中买方和卖方的数量随平台对两边定价的增加而减少。

推论4-2表明,与推论4-1类似,由于间接网络外部性的影响,平台两边的用户数量会相互影响,且平台定价越低,加入两边的用户数量越多。

平台总利润最大化的模型为

$$\max_{p_{1b},p_{1s}} \pi = p_{1b}n_{1b} + p_{1s}n_{1s} + \pi_2^*$$

$$\text{s.t.} \begin{cases} n_{1b} \geq 0 \\ n_{1s} \geq 0 \end{cases} \tag{4-6}$$

将式(4-5)代入式(4-6),优化求解可得平台原业务的最优定价、均衡用户数量和最优利润,具体见命题4-2。

命题4-2 平台对原业务两边的最优定价为

$$p_{1b}^* = \frac{\mu Q\left(h^2\mu - \mu^3 + \mu^2 + \mu - 1\right)}{h^2\mu^2 - 2\mu^3 + 2\mu^2 + 2\mu - 2}$$

$$p_{1s}^* = \frac{\mu Q\left(h^2\mu - \mu^3 + \mu^2 + \mu - 1\right)}{h^2\mu^2 - 2\mu^3 + 2\mu^2 + 2\mu - 2}$$

均衡时两边用户数量分别为

$$n_{1b}^* = \frac{\mu Q\left(h^2\mu - \mu^2 + 1\right)}{-h^2\mu^2 + 2\mu^3 - 2\mu^2 - 2\mu + 2}$$

$$n_{1s}^* = \frac{\mu Q\left(h^2\mu - \mu^2 + 1\right)}{-h^2\mu^2 + 2\mu^3 - 2\mu^2 - 2\mu + 2}$$

平台原业务最优利润为

$$\pi^* = \frac{\mu^2 Q^2\left(2h^2 + 1 - \mu^2\right)}{-h^2\mu^2 + 2\mu^3 - 2\mu^2 - 2\mu + 2}$$

证明 由式(4-6)得

$$\begin{cases} \dfrac{\partial \pi}{\partial p_{1b}} = \dfrac{Q\mu^2 + Q\mu - \mu p_{1s} - p_{1b}}{1 - \mu^2} - \dfrac{p_{1b}}{1 - \mu^2} - \dfrac{\mu p_{1s}}{1 - \mu^2} \\ \dfrac{\partial \pi}{\partial p_{1s}} = \dfrac{Q\mu^2 + Q\mu - \mu p_{1b} - p_{1s}}{1 - \mu^2} - \dfrac{p_{1s}}{1 - \mu^2} - \dfrac{\mu p_{1b}}{1 - \mu^2} \end{cases}$$

进一步求利润函数关于(p_{1b}, p_{1s})的黑塞矩阵可得

$$H = \begin{bmatrix} \dfrac{\partial^2 \pi}{\partial^2 p_{1b}} & \dfrac{\partial^2 \pi}{\partial p_{1b} \partial p_{1s}} \\[3mm] \dfrac{\partial^2 \pi}{\partial p_{1s} \partial p_{1b}} & \dfrac{\partial^2 \pi}{\partial^2 p_{1s}} \end{bmatrix} = \begin{bmatrix} \dfrac{h^2 \mu^2 - 4\mu^2 + 8\mu - 4}{2(1-\mu^2)(\mu-1)^2} & \dfrac{h^2 \mu^2 - 4\mu^3 + 8\mu^2 - 4\mu}{2(1-\mu^2)(\mu-1)^2} \\[3mm] \dfrac{h^2 \mu^2 - 4\mu^3 + 8\mu^2 - 4\mu}{2(1-\mu^2)(\mu-1)^2} & \dfrac{h^2 \mu^2 - 4\mu^2 + 8\mu - 4}{2(1-\mu^2)(\mu-1)^2} \end{bmatrix}$$

要使得平台总利润函数为凹函数，黑塞矩阵需满足负定条件，即

$$\begin{cases} |H_1| = \dfrac{h^2 \mu^2 - 4\mu^2 + 8\mu - 4}{2(1-\mu^2)(\mu-1)^2} < 0 \\[4mm] |H_2| = \dfrac{(h^2 \mu^2 - 4\mu^2 + 8\mu - 4)^2 - (h^2 \mu^2 - 4\mu^3 + 8\mu^2 - 4\mu)^2}{2(1-\mu^2)^2(\mu-1)^4} > 0 \end{cases}$$

易证：

$$\begin{cases} h^2 \mu^2 - 4\mu^2 + 8\mu - 4 < 0 \\ (h^2 \mu^2 - 4\mu^2 + 8\mu - 4)^2 - (h^2 \mu^2 - 4\mu^3 + 8\mu^2 - 4\mu)^2 > 0 \end{cases}$$

则黑塞矩阵负定条件满足。令 $\dfrac{\partial \pi}{\partial p_{1b}} = 0$，$\dfrac{\partial \pi}{\partial p_{1s}} = 0$，可得均衡时定价为

$$p_{1b}^* = \frac{\mu Q(h^2 \mu - \mu^3 + \mu^2 + \mu - 1)}{h^2 \mu^2 - 2\mu^3 + 2\mu^2 + 2\mu - 2}$$

$$p_{1s}^* = \frac{\mu Q(h^2 \mu - \mu^3 + \mu^2 + \mu - 1)}{h^2 \mu^2 - 2\mu^3 + 2\mu^2 + 2\mu - 2}$$

代入式（4-5），可得均衡需求为

$$n_{1b}^* = \frac{\mu Q(h^2 \mu - \mu^2 + 1)}{-h^2 \mu^2 + 2\mu^3 - 2\mu^2 - 2\mu + 2}$$

$$n_{1s}^* = \frac{\mu Q(h^2 \mu - \mu^2 + 1)}{-h^2 \mu^2 + 2\mu^3 - 2\mu^2 - 2\mu + 2}$$

代入式（4-6），可得均衡利润为

$$\pi^* = \frac{\mu^2 Q^2(2h^2 + 1 - \mu^2)}{-h^2 \mu^2 + 2\mu^3 - 2\mu^2 - 2\mu + 2}$$

证毕。

4.3　均　衡　分　析

垄断双边平台业务拓展时，平台对原业务和新业务两边用户的定价与跨市场网络外部性有关。对此，本节根据 4.2 节的模型结果，重点分析跨市场网络外部性对平台最优定价和平台最优利润的影响。

4.3.1　平台定价分析

本节重点分析跨市场网络外部性对平台最优定价的影响，相关结果总结在性质 4-1 中。

性质 4-1　平台对两业务的最优定价满足以下方面。

（1）当 $0 < h < \sqrt{\dfrac{1}{\mu} + \mu^2 - 1} - \mu$ 时，$p_{1b}^* > 0$，$p_{1s}^* > 0$；当 $h = \sqrt{\dfrac{1}{\mu} + \mu^2 - 1} - \mu$ 时，

$p_{1b}^* = p_{1s}^* = 0$；当 $\sqrt{\dfrac{1}{\mu} + \mu^2 - 1} - \mu < h < 1$ 时，$p_{1b}^* < 0$，$p_{1s}^* < 0$。

（2）$p_{2b}^* = 0$，$p_{2s}^* > 0$。

（3）$\dfrac{\partial p_{1b}^*}{\partial h} = \dfrac{\partial p_{1s}^*}{\partial h} < 0$，$\dfrac{\partial p_{2s}^*}{\partial h} > 0$。

证明　由命题 4-2 可知 $p_{1b}^* = p_{1s}^* = \dfrac{\mu Q\left(1 + \mu^3 - \mu - \mu^2 - h^2\mu\right)}{-h^2\mu^2 + 2\mu^3 - 2\mu^2 - 2\mu + 2}$，结合条件

$-h^2\mu^2 + 2\mu^3 - 2\mu^2 - 2\mu + 2 > 0$，易证性质 4-1（1）。

将命题 4-2 中 n_{1b}^* 和 n_{1s}^* 代入命题 4-1，可得

$$p_{2b}^* = 0$$

$$p_{2s}^* = \frac{h\mu Q\left(\mu^3 - 2\mu^2 - \mu + 2\right)}{-h^2\mu^2 + 2\mu^3 - 2\mu^2 - 2\mu + 2} > 0$$

此外，由命题 4-2 和命题 4-1 得

$$\frac{\partial p_{1b}^*}{\partial h} = \frac{\partial p_{1s}^*}{\partial h} = \frac{2Qh\mu^2\left(\mu^4 - 3\mu^3 + \mu^2 + 3\mu - 2\right)}{\left(-h^2\mu^2 + 2\mu^3 - 2\mu^2 - 2\mu + 2\right)^2} < 0$$

$$\frac{\partial p_{2s}^*}{\partial h} = \frac{Q\mu\left(\mu^3 - 2\mu^2 - \mu + 2\right)\left(h^2\mu^2 + 2\mu^3 - 2\mu^2 - 2\mu + 2\right)}{\left(-h^2\mu^2 + 2\mu^3 - 2\mu^2 - 2\mu + 2\right)^2} > 0$$

证毕。

性质 4-1（1）说明，当跨市场网络外部性较小时，平台对原业务两边用户收

取一定会员费；当跨市场网络外部性较大时，平台对原业务两边用户补贴。性质 4-1（2）说明，平台对新业务中与原业务存在跨市场网络外部性的一边不收费（即买家边），对另一边用户始终收取会员费。性质 4-1（3）说明，平台对原业务用户收取的会员费随着跨市场网络外部性的增加而减少，对新业务收取的会员费随着跨市场网络外部性的增加而增加。

对于平台原业务而言，随着跨市场网络外部性不断增强，原业务的用户数量越多，新业务的吸引力越强。此时，平台往往对原业务用户收取更低费用甚至补贴，进而吸引更多用户加入原业务，即平台可以在新业务上赚取利润。对平台新业务来说，与原业务存在跨市场网络外部性的一边不收费的原因在于，该边开始便有基础用户，产生的网络外部性较强。但是，由于间接网络外部性的存在，平台可对新业务另一边的用户收取会员费以赚取利润。

4.3.2 平台利润分析

本节重点分析跨市场网络外部性对平台总利润、原业务利润和新业务利润的影响。

性质 4-2 平台利润与跨市场网络外部性的关系如下。

（1）$\dfrac{\partial \pi^*}{\partial h}>0$，$\dfrac{\partial \pi_1^*}{\partial h}<0$，$\dfrac{\partial \pi_2^*}{\partial h}>0$。

（2）$\pi^*>0$，$\pi_2^*>0$；当 $0<h<\bar{h}$ 时，$\pi_1^*>0$；当 $h=\bar{h}$ 时，$\pi_1^*=0$；当 $\bar{h}<h<1$ 时，$\pi_1^*<0$。其中，$\bar{h}=\sqrt{\dfrac{1}{\mu}+\mu^2-1}-\mu$。

证明 由命题 4-2，得平台总利润为 $\pi^*=\dfrac{\mu^2 Q^2\left(2h^2+1-\mu^2\right)}{-h^2\mu^2+2\mu^3-2\mu^2-2\mu+2}>0$，原业务利润为

$$\pi_1^*=\dfrac{2Q^2\mu^2\left(h^2\mu-\mu^2+1\right)\left(1+\mu^3-\mu-\mu^2-h^2\mu\right)}{\left(-h^2\mu^2+2\mu^3-2\mu^2-2\mu+2\right)^2}$$

由 $0<\mu<1$，有 $h^2\mu-\mu^2+1>0$，继而可得，当 $1+\mu^3-\mu-\mu^2-h^2\mu>0$ 时，即 $0<h<\bar{h}$ 时，$\pi_1^*>0$；当 $h=\bar{h}$ 时，$\pi_1^*=0$；当 $\bar{h}<h<1$ 时，$\pi_1^*<0$。

将命题 4-2 中 n_{1b}^* 和 n_{1s}^* 代入命题 4-1，得平台新业务利润为

$$\pi_2^*=\dfrac{Q^2 h^2\mu^2(2-\mu)\left(\mu^3-\mu-2\mu^2+2\right)}{\left(-h^2\mu^2+2\mu^3-2\mu^2-2\mu+2\right)^2}$$

由 $0 < \mu < 1$，得 $\mu^3 - \mu - 2\mu^2 + 2 > 0$，继而可证 $\pi_2^* > 0$。此外，对于性质 4-2（1），易证：

$$\frac{\partial \pi^*}{\partial h} = \frac{2\mu^2 Q^2 h \left(4 + 4\mu^3 - \mu^4 - 3\mu^2 - 4\mu\right)}{\left(-h^2\mu^2 + 2\mu^3 - 2\mu^2 - 2\mu + 2\right)^2} > 0$$

$$\frac{\partial \pi_1^*}{\partial h} = \frac{4h^3\mu^4 Q^2 \left(4\mu^3 + 4 - 3\mu^2 - 4\mu - \mu^4\right)}{\left(h^2\mu^2 - 2\mu^3 + 2\mu^2 + 2\mu - 2\right)^3} < 0$$

$$\frac{\partial \pi_2^*}{\partial h} = \frac{2Q^2 h\mu^2 \left(2 - \mu\right)\left(\mu^3 - 2\mu^2 - \mu + 2\right)\left(2\mu^2 + 2\mu - 2 - h^2\mu^2 - 2\mu^3\right)}{\left(h^2\mu^2 - 2\mu^3 + 2\mu^2 + 2\mu - 2\right)^3} > 0$$

证毕。

性质 4-2（1）说明平台总利润和新业务利润随着跨市场网络外部性的增加而增加，平台原业务利润随着跨市场网络外部性的增加而减少。性质 4-2（2）说明平台总利润和新业务利润为正，而平台原业务的利润的正负性还依赖于间接网络外部性和跨市场网络外部性的关系。原因在于，在间接网络外部性一定的情况下，随着跨市场网络外部性的不断增强，原业务的用户数量越多，新业务的吸引力越强。此时，平台倾向于从新业务上赚取利润（即定高价），继而导致新业务利润提高，原业务利润降低。

性质 4-3　平台利润与用户基础的关系如下。

（1）$\dfrac{\partial \pi^*}{\partial Q} > 0$，$\dfrac{\partial \pi_2^*}{\partial Q} > 0$。

（2）当 $0 < h < \bar{h}$ 时，$\dfrac{\partial \pi_1^*}{\partial Q} > 0$；当 $h = \bar{h}$ 时，$\dfrac{\partial \pi_1^*}{\partial Q} = 0$；当 $\bar{h} < h < 1$ 时，$\dfrac{\partial \pi_1^*}{\partial Q} < 0$。

证明　由性质 4-2 证明有

$$\frac{\partial \pi^*}{\partial Q} = \frac{2Q\mu^2 \left(2h^2 + 1 - \mu^2\right)}{-h^2\mu^2 + 2\mu^3 - 2\mu^2 - 2\mu + 2}$$

$$\frac{\partial \pi_1^*}{\partial Q} = \frac{4Q\mu^2 \left(h^2\mu - \mu^2 + 1\right)\left(1 + \mu^3 - \mu - \mu^2 - h^2\mu\right)}{\left(-h^2\mu^2 + 2\mu^3 - 2\mu^2 - 2\mu + 2\right)^2}$$

$$\frac{\partial \pi_2^*}{\partial Q} = \frac{2Qh^2\mu^2 \left(2 - \mu\right)\left(\mu^3 - \mu - 2\mu^2 + 2\right)}{\left(-h^2\mu^2 + 2\mu^3 - 2\mu^2 - 2\mu + 2\right)^2}$$

由 $0 < \mu < 1$ 知 $2h^2 + 1 - \mu^2 > 0$，又 $-h^2\mu^2 + 2\mu^3 - 2\mu^2 - 2\mu + 2 > 0$，可得 $\dfrac{\partial \pi^*}{\partial Q} > 0$。由 $0 < \mu < 1$ 知 $h^2\mu - \mu^2 + 1 > 0$。此时，当 $1 + \mu^3 - \mu - \mu^2 - h^2\mu > 0$ 时，即

$0 < h < \overline{h}$ 时, $\dfrac{\partial \pi_1^*}{\partial Q} > 0$, 当 $h = \overline{h}$ 时, $\dfrac{\partial \pi_1^*}{\partial Q} = 0$, 当 $\overline{h} < h < 1$ 时, $\dfrac{\partial \pi_1^*}{\partial Q} < 0$ 。此外,

当 $0 < \mu < 1$ 时, $\mu^3 - \mu - 2\mu^2 + 2 > 0$, 可得 $\dfrac{\partial \pi_2^*}{\partial Q} > 0$ 。证毕。

性质 4-3（1）说明平台总利润和新业务利润随着用户基础的增加而增加。性质 4-3（2）说明平台原业务利润与用户基础的关系还依赖于跨市场网络外部性和间接网络外部性大小。原因在于,在间接网络外部性一定的情况下,随着跨市场网络外部性的增强,原业务的用户数量越多,新业务的吸引力越强。此时,原业务的用户基础越多,平台更倾向于从新业务上赚取利润,继而导致原业务利润的降低。

4.4　本　章　小　结

本章构建序贯博弈模型,研究了已有用户基础的平台进行业务拓展时的定价决策与平台最优利润。主要工作和结论如下。

（1）分析了垄断平台业务拓展时对原业务和新业务的定价。研究发现,当跨市场网络外部性较小时,平台对原业务两边用户收取一定会员费;当跨市场网络外部性较大时,平台对原业务两边用户补贴。平台对新业务中与原业务存在跨市场网络外部性的一边不收费,对另一边用户始终收取会员费。平台对原业务用户收取的会员费随着跨市场网络外部性的增加而减少,对新业务用户收取的会员费随着跨市场网络外部性的增加而增加。

（2）探讨了平台业务拓展时总利润、原业务利润和新业务利润的变化。结果表明,平台总利润和新业务利润随着跨市场网络外部性的增加而增加,平台原业务利润随着跨市场网络外部性的增加而减少。平台总利润和新业务利润总是为正,而平台原业务利润的正负性还依赖于间接网络外部性和跨市场网络外部性的关系。在间接网络外部性一定的情况下,跨市场网络外部性较小时,平台原业务利润为正;跨市场网络外部性不断增加时,平台原业务利润随着跨市场网络外部性的增加而减少。

第5章 竞争市场下平台的业务拓展决策

第 4 章在新市场不存在在位平台下研究了原市场在位平台业务拓展时的定价决策与利润变化。本章考虑新市场存在在位平台的情形，探讨原市场在位平台与新市场在位平台的跨市场竞争。

首先，构建两个竞争平台的利润最优模型，探讨原市场在位平台的市场认知度决策和两个平台的定价决策。其次，分析间接网络外部性和跨市场网络外部性如何影响平台最优定价、均衡数量和最优利润。

5.1 问题描述及相关假设

5.1.1 问题描述

市场存在两个平台，双边平台 A 在它原业务（表示为业务 1）的基础上拓展新业务（表示为业务 2），与在位平台 B（经营业务 2）进行竞争。在原业务市场中，平台 A 的两边用户为买家和卖家，其对买家不收费，对卖家收取会员费，表示为 p_{1s}^A（如美团网对其团购业务的用户不收费，而对入驻的商家收取一定的会员费）。平台 A 和平台 B 对业务 2 的定价分别表示为 p_2^A 与 p_2^B。此外，业务 1 和业务 2 之间存在跨市场网络外部性，即平台 A 上有 h_0 比例的用户对其业务 2 有认知。在业务 2 市场中，平台 A 决策业务 2 的市场认知度（δ）与在位平台 B 竞争，相应需要付出的成本表示为 $C(\delta)$。

博弈时序包含三个阶段：阶段 1，平台 A 决策业务 1 的定价 p_{1s}^A；阶段 2，平台 A 决策业务 2 的市场认知度 δ；阶段 3，平台 A 和平台 B 在业务 2 进行价格竞争。

5.1.2 本章假设

假设 5-1 业务 2 市场全覆盖假设。在业务 2 市场，用户要么加入平台 A 的业务 2，要么加入平台 B 的业务 2。

假设 5-2 业务 1 的忠诚用户假设。平台 A 业务 1 上的忠诚用户才有可能加

入平台 A 的业务 2，比例表示为 h_0。

假设 5-3 市场认知度成本函数假设。假设 $C(\delta)$ 在 $\delta \in \left(h_0 n_{1b}^A, 1\right)$ 是关于 δ 的增凸函数。为简化模型计算，进一步假设 $C(\delta) = \frac{1}{2}\left(\delta - h_0 n_{1b}^A\right)^2$。此外，为了排除一些无关紧要的情况，假设 $h_0 n_{1b}^A \leqslant \frac{2}{3}$，即平台 A 业务 2 的初始市场认知度相对较低，以确保平台 B 的市场认知度比平台 A 突出。

5.2 模 型 构 建

本节将构建三阶段动态博弈模型，并通过逆向归纳法进行求解。

5.2.1 用户效用函数

在业务 1 市场中，两边的用户效用分别表示为

$$\begin{cases} u_{1b}^A = \alpha n_{1s}^A - f \\ u_{1s}^A = v + \alpha n_{1b}^A - p_{1s}^A \end{cases} \tag{5-1}$$

其中，买方（b 边）异质性体现在平台使用成本 f；卖方（s 边）异质性体现在平台所带来的固定价值 v；v 和 f 均服从 $[0,1]$ 上的均匀分布；此外，在业务 1 市场中，买卖双方间存在间接网络外部性，其参数表示为 α。

在业务 2 市场中，平台 A 和平台 B 进行价格竞争，加入两个平台的用户效用分别表示为

$$\begin{cases} u_2^A = k v_0 - p_2^A \\ u_2^B = v_0 - p_2^B \end{cases} \tag{5-2}$$

其中，v_0 为一个固定价值；k 为用户从平台 A 获得效用的异质性，且 k 服从 $[0,1]$ 上的均匀分布。不失一般性地，参考 Chen 和 Guo（2022）的研究，假设 $v_0 = 1$。

此外，当平台 A 拓展业务 2 与在位平台 B 竞争时，激烈的市场竞争使得市场容量增大为 $1 + \lambda (\lambda \leqslant 1)$。具体来说，$\delta + \lambda$ 的用户在两个平台之间进行选择，并最终决定加入其中一个平台；$1 - \delta$ 的用户代表在位平台 B 的信息优势，它们是在位平台 B 的独占用户。根据式（5-2），$\delta + \lambda$ 的用户中愿意加入平台 A 的条件为 $u_2^A > u_2^B$，即

$$k - p_2^A > 1 - p_2^B$$

$\delta + \lambda$ 的用户中愿意加入平台 B 的条件为 $u_2^A < u_2^B$，即

$$k - p_2^A < 1 - p_2^B$$

由于 k 服从 $[0,1]$ 上的均匀分布，两个平台在业务 2 上的用户数量可表示为

$$
\begin{cases}
n_2^A = (\delta + \lambda)\left(p_2^B - p_2^A\right) \\
n_2^B = (1 - \delta) + (\delta + \lambda)\left[1 - \left(p_2^B - p_2^A\right)\right]
\end{cases}
\tag{5-3}
$$

其中，$p_2^B, p_2^A \in [0,1]$。

5.2.2　平台利润函数及决策

在阶段 3，根据式（5-3），平台 A 和平台 B 在业务 2 上的利润最大化的模型为

$$
\max_{p_2^A} \pi_2^A = p_2^A\left[(\delta + \lambda)\left(p_2^B - p_2^A\right)\right] - \frac{1}{2}\left(\delta - h_0 n_{1b}^A\right)^2
$$
$$
\max_{p_2^B} \pi_2^B = p_2^B\left\{(1 - \delta) + (\delta + \lambda)\left[1 - \left(p_2^B - p_2^A\right)\right]\right\}
\tag{5-4}
$$

求解式（5-4），可得两个平台在业务 2 上的最优定价、均衡用户数量和最优利润，具体见命题 5-1。

命题 5-1　两个平台在业务 2 上的最优定价为

$$
p_2^{A**} = \begin{cases}
\dfrac{1 + \lambda}{3(\delta + \lambda)}, & \delta > \dfrac{2 - \lambda}{3} \\[3mm]
\dfrac{1}{2}, & 其他
\end{cases}
$$

$$
p_2^{B**} = \begin{cases}
\dfrac{2(1 + \lambda)}{3(\delta + \lambda)}, & \delta > \dfrac{2 - \lambda}{3} \\[3mm]
1, & 其他
\end{cases}
$$

均衡用户数量为

$$
n_2^{A**} = \begin{cases}
\dfrac{1 + \lambda}{3}, & \delta > \dfrac{2 - \lambda}{3} \\[3mm]
\dfrac{\delta + \lambda}{2}, & 其他
\end{cases}
$$

$$
n_2^{B**} = \begin{cases}
\dfrac{2 + 2\lambda}{3}, & \delta > \dfrac{2 - \lambda}{3} \\[3mm]
\dfrac{2 + \lambda - \delta}{2}, & 其他
\end{cases}
$$

最优利润为

$$
\pi_2^{A**} = \begin{cases} \dfrac{(1+\lambda)^2}{9\delta} - \dfrac{1}{2}\left(\delta - h_0 n_{1b}^A\right)^2, & \delta > \dfrac{2-\lambda}{3} \\[4mm] \dfrac{\delta+\lambda}{4} - \dfrac{1}{2}\left(\delta - h_0 n_{1b}^A\right)^2, & \text{其他} \end{cases}
$$

$$
\pi_2^{B**} = \begin{cases} \dfrac{4(1+\lambda)^2}{9(\delta+\lambda)}, & \delta > \dfrac{2-\lambda}{3} \\[4mm] \dfrac{2+\lambda-\delta}{2}, & \text{其他} \end{cases}
$$

证明　由式（5-4）得

$$
\begin{cases} \dfrac{\partial \pi_2^A}{\partial p_2^A} = (\delta+\lambda)\left(p_2^B - 2p_2^A\right) \\[4mm] \dfrac{\partial \pi_2^B}{\partial p_2^B} = (1-\delta) + (\delta+\lambda)\left[1 - \left(2p_2^B - p_2^A\right)\right] \end{cases}
$$

易证 π_2^A 是关于 p_2^A 的凹函数，π_2^B 是关于 p_2^B 的凹函数。令 $\dfrac{\partial \pi_2^A}{\partial p_2^A} = 0$，$\dfrac{\partial \pi_2^B}{\partial p_2^B} = 0$，可得最优定价为 p_2^{A**} 和 p_2^{B**}。将最优定价代入式（5-3）和式（5-4），可得均衡用户数量 n_2^{A**}、n_2^{B**} 和最优利润 π_2^{A**}、π_2^{B**}。证毕。

在阶段2，平台A决策业务2的市场认知度 δ，具体结论见命题5-2。

命题5-2　对于平台A的市场认知度决策，包括以下方面。

（1）即使不需要任何成本，当 $\delta > \dfrac{2-\lambda}{3}$ 时，平台A也不会提高其业务2的市场认知度。

（2）平台A的最优市场认知度决策为

$$
\delta^{**} = \begin{cases} \dfrac{1}{4} + h_0 n_{1b}^A, & h_0 n_{1b}^A \leqslant \dfrac{5}{12} - \dfrac{\lambda}{3} \\[4mm] \dfrac{2-\lambda}{3}, & \text{其他} \end{cases}
$$

证明　当 $\delta > \dfrac{2-\lambda}{3}$ 时，$\dfrac{\partial \pi_2^{A**}}{\partial \delta} = -\dfrac{9(1+\lambda)}{(9\delta+9\lambda)^2} - \left(\delta - h_0 n_{1b}^A\right) < 0$。因此，即使不需要任何成本，平台A也不会再提高其业务2的市场认知度；当 $\delta \leqslant \dfrac{2-\lambda}{3}$ 时，

$\dfrac{\partial \pi_2^{A**}}{\partial \delta} = \dfrac{1}{4} - \delta + h_0 n_{1b}^A$。令 $\dfrac{\partial \pi_2^{A**}}{\partial \delta} = 0$，可得 $\delta^* = \dfrac{1}{4} + h_0 n_{1b}^A$，结合 $\delta \leqslant \dfrac{2-\lambda}{3}$ 可得 δ^{**}。证毕。

命题5-2说明，当市场认知度超过一定阈值时（$\delta > \dfrac{2-\lambda}{3}$），平台A没有动机来提高其业务2的市场认知度；而当业务2的初始市场认知度小于一定阈值时（$h_0 n_{1b}^A \leqslant \dfrac{5}{12} - \dfrac{\lambda}{3}$），平台A有动机提高其业务2的市场认知度。原因在于，当业务2的市场认知度大于一定阈值时，平台A在业务2上的最优利润随市场认知度的增加而降低。因此，平台A没有动机来提高其业务2的市场认知度。但是，当业务2的初始市场认知度小于一定阈值时，平台A的最优定价不变，而其均衡用户数量随着市场认知度的增加而增加，此时它有动机来提高其市场认知度。

在阶段1，平台A决策价格为p_{1s}^A。由式（5-1）得

$$n_{1b}^A = \alpha n_{1s}^A$$

$$n_{1s}^A = 1 + \alpha n_{1b}^A - p_{1s}^A$$

化简可得

$$n_{1b}^A = \frac{\alpha\left(p_{1s}^A - 1\right)}{\alpha^2 - 1}, \quad n_{1s}^A = \frac{p_{1s}^A - 1}{\alpha^2 - 1} \tag{5-5}$$

继而平台A的总利润最大化函数可表示为

$$\max_{p_{1s}^A} \pi^A = \pi_2^{A**} + p_{1s}^A \frac{p_{1s}^A - 1}{\alpha^2 - 1} \tag{5-6}$$

求解式（5-6），可得平台 A 在业务 1 上的最优定价、均衡用户数量和最优利润，具体见命题 5-3。

命题5-3　平台A业务1的最优定价为

$$p_{1s}^{A**} = \begin{cases} \dfrac{4 - h_0\alpha}{8}, & h_0 n_{1b}^A < \dfrac{5}{12} - \dfrac{\lambda}{3} \\[3mm] 1 - \dfrac{5\left(1-\alpha^2\right) - 4\lambda\left(1-\alpha^2\right)}{12\alpha h_0}, & h_0 n_{1b}^A = \dfrac{5}{12} - \dfrac{\lambda}{3} \text{且} J > 0 \\[3mm] \dfrac{\begin{pmatrix} 2\alpha^3 h_0 + 3\alpha^2 h_0^2 - 3\alpha^2 - 2\alpha h_0 \\ +3 + \alpha h_0\lambda - \lambda\alpha^3 h_0 \end{pmatrix}}{3\left(2 + \alpha^2 h_0^2 - 2\alpha^2\right)}, & \dfrac{5}{12} - \dfrac{\lambda}{3} < h_0 n_{1b}^A < \dfrac{2-\lambda}{3} \\[3mm] 1 - \dfrac{2\left(1-\alpha^2\right) - \lambda\left(1-\alpha^2\right)}{3\alpha h_0}, & h_0 n_{1b}^A = \dfrac{2-\lambda}{3} \text{且} K > 0 \end{cases}$$

其中，$\begin{cases} J = 3\alpha^2 h_0^2 + 10\alpha^2 + 12\alpha h_0 - 10 + 8\lambda\left(1-\alpha^2\right) \\ K = 4\alpha^2 + 3\alpha h_0 - 4 + 2\lambda\left(1-\alpha^2\right) \end{cases}$。

平台A业务1的均衡用户数量为

$$n_{1s}^{A**} = \begin{cases} \dfrac{4+\alpha h_0}{8\left(1-\alpha^2\right)}, & h_0 n_{1b}^A < \dfrac{5}{12}-\dfrac{\lambda}{3} \\[3mm] \dfrac{5-4\lambda}{12\alpha h_0}, & h_0 n_{1b}^A = \dfrac{5}{12}-\dfrac{\lambda}{3} \text{且} J>0 \\[3mm] \dfrac{3+2\alpha h_0 - \lambda\alpha h_0}{3\left(\alpha^2 h_0{}^2 - 2\alpha^2 + 2\right)}, & \dfrac{5}{12}-\dfrac{\lambda}{3} < h_0 n_{1b}^A < \dfrac{2-\lambda}{3} \\[3mm] \dfrac{2-\lambda}{3\alpha h_0}, & h_0 n_{1b}^A = \dfrac{2-\lambda}{3} \text{且} K>0 \end{cases}$$

平台A最优利润为

$$\pi^{A**} = \begin{cases} \dfrac{L_1}{64\left(1-\alpha^2\right)}, & h_0 n_{1b}^A < \dfrac{5}{12}-\dfrac{\lambda}{3} \\[3mm] \dfrac{L_2}{288\alpha^2 h_0{}^2}, & h_0 n_{1b}^A = \dfrac{5}{12}-\dfrac{\lambda}{3} \text{且} J>0 \\[3mm] \dfrac{L_3}{18\left(\alpha^2 h_0{}^2 - 2\alpha^2 + 2\right)}, & \dfrac{5}{12}-\dfrac{\lambda}{3} < h_0 n_{1b}^A < \dfrac{2-\lambda}{3} \\[3mm] \dfrac{L_4}{18\alpha^2 h_0{}^2}, & h_0 n_{1b}^A = \dfrac{2-\lambda}{3} \text{且} K>0 \end{cases}$$

其中：

$$L_1 = \alpha^2 h_0{}^2 - 16\lambda\alpha^2 - 2\alpha^2 + 8\alpha h_0 + 16\lambda + 18$$

$$L_2 = (32\alpha^2 - 32)\lambda^2 + (48\alpha^2 h_0{}^2 - 80\alpha^2 - 96\alpha h_0 + 80)\lambda + 39\alpha^2 h_0{}^2 + 50\alpha^2 + 120\alpha h_0 - 50$$

$$L_3 = 3\lambda\alpha^2 h_0{}^2 + 2\lambda^2\alpha^2 + 3\alpha^2 h_0{}^2 - 14\lambda\alpha^2 - 6\lambda\alpha h_0 - 2\lambda^2 + 2\alpha^2 + 12\alpha h_0 + 14\lambda + 7$$

$$L_4 = 3\lambda\alpha^2 h_0{}^2 + 2\lambda^2\alpha^2 + 3\alpha^2 h_0{}^2 - 8\lambda\alpha^2 - 6\lambda\alpha h_0 - 2\lambda^2 + 8\alpha^2 + 12\alpha h_0 + 8\lambda - 8$$

证明　当$h_0 n_{1b}^A \leqslant \dfrac{5}{12}-\dfrac{\lambda}{3}$时，

$$\max_{p_{1s}^A} \pi^A = \max\left[p_{1s}^A \frac{p_{1s}^A - 1}{\alpha^2 - 1} + \frac{h_0 \dfrac{\alpha\left(p_{1s}^A - 1\right)}{\alpha^2 - 1} + \lambda}{4} + \frac{1}{32} \right]$$

$$\text{s.t.}\quad h_0 \frac{\alpha\left(p_{1s}^A - 1\right)}{\alpha^2 - 1} \leqslant \frac{5}{12}-\frac{\lambda}{3}$$

构建拉格朗日函数如下：

$$L\left(p_{1s}^A\right) = p_{1s}^A \frac{p_{1s}^A - 1}{\alpha^2 - 1} + \frac{h_0 \dfrac{\alpha\left(p_{1s}^A - 1\right)}{\alpha^2 - 1} + \lambda}{4} + \frac{1}{32} - \chi\left(h_0 \frac{\alpha\left(p_{1s}^A - 1\right)}{\alpha^2 - 1} - \frac{5}{12} + \frac{\lambda}{3}\right)$$

由最优化原理可知，平台A的最优定价需满足如下条件：

$$\begin{cases} \dfrac{\partial L\left(p_{1s}^A\right)}{\partial p_{1s}^A} = 0 \\[3mm] h_0 \dfrac{\alpha\left(p_{1s}^A - 1\right)}{\alpha^2 - 1} - \dfrac{5}{12} + \dfrac{\lambda}{3} \leqslant 0 \\[3mm] \chi\left(h_0 \dfrac{\alpha\left(p_{1s}^A - 1\right)}{\alpha^2 - 1} - \dfrac{5}{12} + \dfrac{\lambda}{3}\right) = 0 \\[3mm] \chi \geqslant 0 \end{cases}$$

当 $\chi \neq 0$ 时，得 $h_0 \dfrac{\alpha\left(p_{1s}^A - 1\right)}{\alpha^2 - 1} - \dfrac{5}{12} + \dfrac{\lambda}{3} = 0$，继而有 $p_{1s}^{A**} = 1 - \dfrac{4\lambda\alpha^2 - 5\alpha^2 - 4\lambda + 5}{12\alpha h_0}$

和 $\chi^{**} = \dfrac{J}{12\alpha^2 h_0^{\,2}}$，且当 $J > 0$ 时，$\chi^{**} > 0$。代入式（5-5）和式（5-6），可进一步

求得该情形下的 n_{1s}^{A**} 和 π^{A**}，如命题5-3所示。

当 $\chi = 0$ 时，可得 $\dfrac{\partial L\left(p_{1s}^A\right)}{\partial p_{1s}^A} = \dfrac{2p_{1s}^A - 1}{\alpha^2 - 1} + \dfrac{\alpha h_0}{4\left(\alpha^2 - 1\right)}$ 及 $\dfrac{\partial^2 L\left(p_{1s}^A\right)}{\partial^2 p_{1s}^A} = \dfrac{2}{\alpha^2 - 1}$。存在最

大值的条件为 $\dfrac{\partial^2 L\left(p_{1s}^A\right)}{\partial^2 p_{1s}^A} = \dfrac{2}{\alpha^2 - 1} < 0$，即 $\alpha \in (0,1)$。此时，$p_{1s}^{A**} = \dfrac{4 - h_0\alpha}{8}$，代入式

（5-5）和式（5-6），可得该情形下的 n_{1s}^{A**} 和 π^{A**}，如命题5-3所示。

当 $\dfrac{5}{12} - \dfrac{\lambda}{3} < h_0 n_{1b}^A \leqslant \dfrac{2-\lambda}{3}$ 时，

$$\max_{p_{1s}^A} \pi^A = \max\left[p_{1s}^A \frac{p_{1s}^A - 1}{\alpha^2 - 1} + \frac{1+\lambda}{6} - \frac{1}{2}\left(\frac{2-\lambda}{3} - h_0 \frac{\alpha\left(p_{1s}^A - 1\right)}{\alpha^2 - 1}\right)^2 \right]$$

$$\text{s.t.} \quad h_0 \frac{\alpha\left(p_{1s}^A - 1\right)}{\alpha^2 - 1} \leqslant \frac{2-\lambda}{3}$$

构建拉格朗日函数如下：

$$L\left(p_{1s}^A\right) = p_{1s}^A \frac{p_{1s}^A - 1}{\alpha^2 - 1} + \frac{1+\lambda}{6} - \frac{1}{2}\left(\frac{2-\lambda}{3} - h_0 \frac{\alpha\left(p_{1s}^A - 1\right)}{\alpha^2 - 1}\right)^2 - \chi\left(h_0 \frac{\alpha\left(p_{1s}^A - 1\right)}{\alpha^2 - 1} - \frac{2-\lambda}{3}\right)$$

由最优化原理可知，平台 A 的最优定价需满足如下条件：

$$\begin{cases} \dfrac{\partial L\left(p_{1s}^A\right)}{\partial p_{1s}^A} = 0 \\[3mm] h_0 \dfrac{\alpha\left(p_{1s}^A - 1\right)}{\alpha^2 - 1} - \dfrac{2-\lambda}{3} \leqslant 0 \\[3mm] \chi\left(h_0 \dfrac{\alpha\left(p_{1s}^A - 1\right)}{\alpha^2 - 1} - \dfrac{2-\lambda}{3} \right) = 0 \\[3mm] \chi \geqslant 0 \end{cases}$$

类似地，同 $h_0 n_{1b}^A \leqslant \dfrac{5}{12} - \dfrac{\lambda}{3}$ 中的证明，对 $\chi \neq 0$ 和 $\chi = 0$ 分类讨论，可得两种情况下的最优定价、均衡用户数量和最优利润。综上，可得命题5-3。证毕。

5.3　均　衡　分　析

本节根据 5.2 节的均衡结果，重点分析平台 A 的市场认知度决策和两个平台的定价决策。

5.3.1　业务 2 均衡分析

由命题5-1～命题5-3，可得性质5-1。

性质5-1　两个平台在业务2上的最优决策和最优利润满足如下条件。

（1）当 $\delta > \dfrac{2-\lambda}{3}$ 时，$\dfrac{\partial p_2^{B**}}{\partial \delta} < 0$，$\dfrac{\partial p_2^{A**}}{\partial \delta} < 0$，$\dfrac{\partial \pi_2^{B**}}{\partial \delta} < 0$，$\dfrac{\partial \pi_2^{A**}}{\partial \delta} < 0$。

（2）当 $\delta \leqslant \dfrac{2-\lambda}{3}$ 时，$p_2^{A**} = \dfrac{1}{2}$，$p_2^{B**} - 1$，$\dfrac{\partial n_2^{B**}}{\partial \delta} < 0$，$\dfrac{\partial n_2^{A**}}{\partial \delta} > 0$。

证明　当 $\delta > \dfrac{2-\lambda}{3}$ 时有

$$\begin{cases} \dfrac{\partial p_2^{A**}}{\partial \delta} = -\dfrac{3(1+\lambda)}{(3\delta + 3\lambda)^2} < 0, & \dfrac{\partial p_2^{B**}}{\partial \delta} = -\dfrac{6(1+\lambda)}{(3\delta + 3\lambda)^2} < 0 \\[4mm] \dfrac{\partial \pi_2^{A**}}{\partial \delta} = -\dfrac{(1+\lambda)^2}{9\delta^2} + h_0 n_{1b}^A - \delta < 0, & \dfrac{\partial \pi_2^{B**}}{\partial \delta} = -\dfrac{4(1+\lambda)^2}{9\delta^2} < 0 \end{cases}$$

当 $\delta \leqslant \dfrac{2-\lambda}{3}$ 时有

$$\begin{cases} p_2^{A**} = \dfrac{1}{2}, \quad p_2^{B**} = 1 \\ \dfrac{\partial n_2^{A**}}{\partial \delta} = \dfrac{1}{2} > 0, \quad \dfrac{\partial n_2^{B**}}{\partial \delta} = -\dfrac{1}{2} < 0 \end{cases}$$

证毕。

从性质5-1可以看出，当市场认知度大于一定阈值时（ $\delta > \dfrac{2-\lambda}{3}$ ），两个平台在业务2上的最优定价和利润随着平台A市场认知度的增加而降低。而当市场认知度小于一定阈值时（ $\delta \leqslant \dfrac{2-\lambda}{3}$ ），两个平台在业务2上的最优定价则是固定的。此外，平台A的均衡用户数量随着市场认知度的增加而增加，而在位平台B的均衡用户数量随着平台A市场认知度的增加而减少。

其背后的管理学启示在于，当市场认知度大于一定阈值时，平台 A 的市场认知度比较大，此时两个平台在业务 2 上竞争激烈。基于此，两个平台在业务 2 上的最优价格和利润随着平台 A 市场认知度的增加而降低。但是，当市场认知度小于一定阈值时，平台 A 的市场并不足以威胁到在位平台 B，两个平台在业务 2 上的最优定价是固定的。此时，在位平台 B 始终可以定高价，平台 A 则定一个较低价格。

5.3.2 业务 1 均衡分析

由命题5-3，可得性质5-2。

性质5-2 平台A在业务1上的最优定价满足如下条件。

（1）当 $h_0 n_{1b}^A < \dfrac{5}{12} - \dfrac{\lambda}{3}$ 时， $\dfrac{\partial p_{1s}^{A**}}{\partial h_0} < 0$ ， $\dfrac{\partial p_{1s}^{A**}}{\partial \alpha} < 0$ 。

（2）当 $\dfrac{5}{12} - \dfrac{\lambda}{3} < h_0 n_{1b}^A < \dfrac{2-\lambda}{3}$ 时，如果 $M^1 > 0$ ，则 $\dfrac{\partial p_{1s}^{A**}}{\partial h_0} > 0$ ，如果 $M^1 < 0$ ，则 $\dfrac{\partial p_{1s}^{A**}}{\partial h_0} < 0$ 。

（3）当 $\dfrac{5}{12} - \dfrac{\lambda}{3} < h_0 n_{1b}^A < \dfrac{2-\lambda}{3}$ 时，如果 $M^2 > 0$ ，则 $\dfrac{\partial p_{1s}^{A**}}{\partial \alpha} > 0$ ；如果 $M^2 < 0$ ，则 $\dfrac{\partial p_{1s}^{A**}}{\partial \alpha} < 0$ 。

其中， $\begin{cases} M^1 = -\lambda \alpha^2 h_0^2 + 2\alpha^2 h_0^2 - 2\lambda \alpha^2 + 2\lambda + 4\alpha^2 - 4 + 6\alpha h_0 \\ M^2 = 2(\lambda - 2)(1 - \alpha^2)^2 + \alpha^2 h_0^2 (2 - \lambda)(1 + \alpha^2) + 6\alpha h_0 \end{cases}$ 。

证明 由命题5-3，得出如下结果。

（1）当 $h_0 n_{1b}^A < \dfrac{5}{12} - \dfrac{\lambda}{3}$ 时，$\dfrac{\partial p_{1s}^{A**}}{\partial h_0} = \dfrac{-\alpha}{8} < 0$，$\dfrac{\partial p_{1s}^{A**}}{\partial \alpha} = \dfrac{-h_0}{8} < 0$。

（2）当 $\dfrac{5}{12} - \dfrac{\lambda}{3} < h_0 n_{1b}^A < \dfrac{2-\lambda}{3}$ 时有

$$\frac{\partial p_{1s}^{A**}}{\partial h_0} = \frac{\alpha\left(1-\alpha^2\right) M^1}{3\left(\alpha^2 h_0{}^2 - 2\alpha^2 + 2\right)^2}$$

$$\frac{\partial p_{1s}^{A**}}{\partial \alpha} = \frac{h_0 M^2}{3\left(\alpha^2 h_0{}^2 - 2\alpha^2 + 2\right)^2}$$

证毕。

性质5-2表明，当初始市场认知度小于一定阈值时（ $h_0 n_{1b}^A < \dfrac{5}{12} - \dfrac{\lambda}{3}$ ），平台 A 在业务1的最优定价随着跨市场网络外部性和间接网络外部性的增加而降低。原因在于，初始市场认知度较小时，平台 A 在业务1上定低价有利于吸引更多用户加入业务2，从而在业务2上赚取更多利润。

当初始市场认知度大于一定阈值时（ $\dfrac{5}{12} - \dfrac{\lambda}{3} < h_0 n_{1b}^A < \dfrac{2-\lambda}{3}$ ），平台 A 在业务 1 上的最优定价与跨市场网络外部性和间接网络外部性的关系则相对复杂。具体来说，当间接网络外部性较大时，平台 A 在业务 1 上的最优定价随着跨市场网络外部性的增大而先提高后降低；当间接网络外部性较小时，平台 A 在业务 1 上的最优定价随着跨市场网络外部性的增大而降低。

原因在于，当间接网络外部性较大时，业务 1 两边用户数量随着间接网络外部性的增大而增加得迅速。此时，若跨市场网络外部性较小，随着跨市场网络外部性的增加，平台 A 可定低价以吸引更多用户加入平台，而在业务 2 上赚取更多利润。但是，当跨市场网络外部性较大时，平台 A 在业务 2 上的用户已经足够多，此时对业务 1 的定价随着跨市场网络外部性的增大而增大，需同时兼顾两种业务的利润。当间接网络外部性较小时，业务 1 两边用户数量随着间接网络外部性的增大而增加得较为缓慢。此时，随着跨市场网络外部性的增加，平台 A 应定低价以吸引更多用户加入平台，而在业务 2 上赚取更多利润。

性质 5-3 与平台 B 在业务 2 市场垄断的情形相比，竞争情形下平台 B 的利润变化如下。

（1）当 $\delta \leqslant \dfrac{2-\lambda}{3}$ 且 $\lambda < \delta$ 时，$\pi_2^{B**} < \pi_2^{MB**}$。

（2）当 $\delta \leqslant \dfrac{2-\lambda}{3}$ 且 $\lambda \geqslant \delta$ 时，$\pi_2^{B**} \geqslant \pi_2^{MB**}$。

（3）当 $\delta > \dfrac{2-\lambda}{3}$ 且 $\dfrac{4(1+\lambda)^2}{9(\delta+\lambda)} < 1$ 时，$\pi_2^{B**} < \pi_2^{MB**}$。

（4）当 $\delta > \dfrac{2-\lambda}{3}$ 且 $\dfrac{4(1+\lambda)^2}{9(\delta+\lambda)} \geqslant 1$ 时，$\pi_2^{B**} \geqslant \pi_2^{MB**}$。

其中，π_2^{MB**} 为在位平台 B 在业务 2 市场垄断时的利润。

证明　平台 B 在业务 2 市场垄断时，平台 A 没有拓展业务与其竞争，即 $u_2^B = 1 - p_2^B$，平台 B 此时占据所有的业务 2 市场，即 $\pi_2^{MB**} = 1$。由命题 5-1 可知，平台业务 2 的利润为

$$
\pi_2^{B**} = \begin{cases} \dfrac{4(1+\lambda)^2}{9(\delta+\lambda)}, & \delta > \dfrac{2-\lambda}{3} \\[3mm] \dfrac{2+\lambda-\delta}{2}, & \text{其他} \end{cases}
$$

结合 $\pi_2^{MB**} = 1$ 既得证。证毕。

性质 5-3 中（1）和（2）说明，如果 $\delta \leqslant \dfrac{2-\lambda}{3}$，即平台 A 的市场认知度小于一定阈值，与垄断情形相比，当竞争带来的市场份额大于两个平台在业务 2 上的竞争市场份额时（$\lambda \geqslant \delta$），竞争情形下平台 B 的利润更高。否则，垄断情形下平台 B 的利润更高。类似地，性质 5-3 中（3）和（4）说明，如果 $\delta > \dfrac{2-\lambda}{3}$，即平台 A 的市场认知度大于一定阈值，与垄断情形相比，当竞争带来的市场份额远大于两个平台在业务 2 上的竞争市场份额时（$\dfrac{4(1+\lambda)^2}{9(\delta+\lambda)} \geqslant 1$），竞争情形下平台 B 的利润更高，否则，垄断情形下平台 B 的利润更高。

5.4　本　章　小　结

本章构建序贯博弈模型，探讨潜在进入平台业务拓展时与在位平台进行价格竞争下的最优决策，主要工作和结论如下。

（1）分析了潜在进入平台拓展业务时的市场认知度决策。研究表明，即使不需要任何成本，当市场认知度大于一定阈值时，拓展业务的平台也不会再提高其新业务的市场认知度。

（2）分析了业务拓展下两个平台竞争业务的定价、用户数量和利润变化。结果发现，当市场认知度大于一定阈值时，两个平台在竞争业务上的最优定价和最

优利润随着业务拓展平台市场认知度的增加而降低；当市场认知度小于一定阈值时，两个平台竞争业务的最优定价是固定的。此外，业务拓展平台新业务的均衡用户数量随着市场认知度的增加而增加，而在位平台的均衡用户数量随着其竞争对手市场认知度的增加而降低。

（3）探讨了跨市场网络外部性和间接网络外部性对业务拓展平台定价的影响。研究发现，当该平台的初始市场认知度小于一定阈值时，平台原业务的最优定价随着跨市场网络外部性和间接网络外部性的增加而降低；当该平台的初始市场认知度大于一定阈值时，平台原业务的最优定价与跨市场网络外部性和间接网络外部性的关系则相对复杂。具体而言，当间接网络外部性较大时，平台原业务的最优定价随着跨市场网络外部性的增大而先提高后降低；当间接网络外部性较小时，平台原业务的最优定价随着跨市场网络外部性的增大而降低。

（4）分析了市场份额增大对在位平台利润的影响。研究发现，当业务拓展平台的市场认知度小于一定阈值时，与垄断情形相比，如果竞争带来的市场份额大于两个平台原有的竞争市场份额，竞争情形下在位平台利润更高；否则，垄断情形下在位平台的利润更高。当业务拓展平台的市场认知度大于一定阈值时，与垄断情形相比，如果竞争带来的市场份额远大于两个平台原有的竞争市场份额，竞争情形下在位平台利润更高；否则，垄断情形下在位平台的利润更高。

第三篇　信息不对称下垄断平台定价

　　本篇包括第 6 章、第 7 章、第 8 章和第 9 章，主要对信息不对称下垄断双边平台的定价决策进行研究。其中，在两边用户之间信息不对称下，第 6 章和第 7 章基于用户预期行为分别探讨垄断平台的静态定价和动态定价；在平台和用户之间信息不对称下，第 8 章和第 9 章分别基于用户支付意愿信息不对称和参照价格研究垄断平台的定价决策。

第6章　考虑用户预期的垄断平台静态定价

第二篇从市场结构分析、新平台的启动策略、在位平台的业务拓展等三个方面探讨了平台的市场进入。第三篇和第四篇分别基于垄断市场和竞争市场探讨信息不对称下的平台定价问题。在用户存在预期行为下，本章和第7章分别探讨垄断平台的静态定价和动态定价。

首先，在成员异质性和交易异质性下构建平台利润最优的模型。其次，分析并对比两种情形的平台最优定价和用户数量。最后，探讨预期实现均衡的动态实现过程。

6.1　问　题　描　述

考虑市场上存在一个垄断平台，平台向卖家收取会员费 p^s，向买家收取会员费 p^b。平台上买家和卖家的数量分别为 n^b 与 n^s。考虑到两边用户之间的间接网络外部性，买家和卖家的需求函数可表示为

$$n^b = D^b(n^s, p^b)$$
$$n^s = D^s(n^b, p^s)$$

其中，用户需求函数在会员费给定下是凹函数，即 $D^b_{n^s n^s} \leq 0$，$D^s_{n^b n^b} \leq 0$。在上述一般需求函数下，需求函数具体形式与用户异质性类型有关。对此，本章参考 Weyl（2010）的研究，将用户异质性分为成员异质性和交易异质性。在成员异质性下，用户的固有效用是异质的；在交易异质性下，间接网络外部性是异质的。

不失一般性地，令平台边际成本为零，则平台利润函数为

$$\pi^p = p^b n^b + p^s n^s$$

此外，假设两边用户之间存在信息不对称，具体讨论三种情形。

情形一：买家和卖家均不知晓对方信息。

情形二：买家不知晓卖家信息，但卖家知晓买家信息。

情形三：买家和卖家均知晓对方信息。

依据信息是否完全，参考 Hagiu 和 Halaburda（2014）的研究，将用户分为两类，分别为响应预期用户和消极预期用户。响应预期用户具有完全信息，它们可根

据现有信息准确预期到另一边用户的数量，即 n^b 和 n^s。消极预期用户具有不完全信息，即无法知晓另一边用户的信息。消极预期卖家对买家数量的预期用 n^{be} 表示，消极预期买家对卖家数量的预期用 n^{se} 表示。在情形一和情形二中，与第 2 章相同，探讨的是预期实现均衡。具体来说，均衡需满足理性约束条件，即 $n^{be} = n^b$，$n^{se} = n^s$。

6.2　成员异质性

在成员异质性下，用户的固有效用是异质的。参考 Katz 和 Shapiro（1985）的研究，假设买家和卖家的效用函数为

$$U^b = \alpha^b + v^b(n^s) - p^b$$
$$U^s = \alpha^s + v^s(n^b) - p^s$$

其中，$v^b(n^s)$ 和 $v^s(n^b)$ 为凹函数；α^b 和 α^s 服从同一均匀分布。不失一般性地，买家和卖家的需求函数可分别表示为[①]

$$n^b = D^b(n^s, p^b) = v^b(n^s) - p^b \tag{6-1}$$

和

$$n^s = D^s(n^b, p^s) = v^s(n^b) - p^s \tag{6-2}$$

下面分别分析三种情形下的平台最优定价。

情形一：买家和卖家均不知晓对方信息。

此时，两边用户均消极预期，式（6-1）和式（6-2）改写为 $n^b = v^b(n^{se}) - p^b$，$n^s = v^s(n^{be}) - p^s$。

对于平台而言，n^{se} 和 n^{be} 为常数，继而可证 π^p 是关于 (p^b, p^s) 的凹函数。在本章分析中，下标均表示偏导数。对 π^p 一阶求导，并令其为零，得

$$\pi^p_{p^b} = n^b - p^b = 2n^b - v^b(n^{se}) = 0$$
$$\pi^p_{p^s} = n^s - p^s = 2n^s - v^s(n^{be}) = 0$$

联立求解，得最优反应函数为

$$n^b(n^{se}) = \frac{v^b(n^{se})}{2}, \ n^s(n^{be}) = \frac{v^s(n^{be})}{2} \tag{6-3}$$

再根据理性约束条件 $n^b = n^{be}$，$n^s = n^{se}$，得引理 6-1。

引理 6-1　在成员异质性情形中，当两边用户均消极预期时，均衡用户数量

[①] 由于 $v^b(n^s)$ 和 $v^s(n^b)$ 的线性增函数不影响凹凸性，且两边用户需求函数乘以相同的系数不影响平台最优定价，可得式（6-1）和式（6-2）。

满足 $n^{b*} = \dfrac{v^b(n^{s*})}{2}$，$n^{s*} = \dfrac{v^s(n^{b*})}{2}$。其中，*表示均衡状态，下文类似。

情形二：买家不知晓卖家信息，但卖家知晓买家信息。

此时，买家消极预期，卖家响应预期，式（6-1）和式（6-2）改写为
$$n^b = v^b(n^{se}) - p^b，\quad n^s = v^s(n^b) - p^s。$$

与情形一不同，情形二下 π^p 不一定为凹函数。为确保驻点处平台利润最优，π^p 在驻点某领域内需为 (p^b, p^s) 的凹函数。由于 $v^b(n^s)$ 和 $v^s(n^b)$ 均为凹函数，易证 $\pi^p_{p^b p^b} = n^s v^s_{n^b n^b} - 2 < 0$，$\pi^p_{p^s p^s} = -2 < 0$，继而凹性条件仅需满足：
$$\pi^p_{p^b p^b} \pi^p_{p^s p^s} - \pi^p_{p^b p^s} \pi^p_{p^s p^b} = 4 - 2n^s v^s_{n^b n^b} - (v^s_{n^b})^2 \geqslant 0$$

对 π^p 进行一阶求导，并令其为零，得
$$\pi^p_{p^b} = n^b - p^b - p^s v^s_{n^b} = 2n^b - v^b(n^{se}) - p^s v^s_{n^b} = 0$$
$$\pi^p_{p^s} = n^s - p^s = 2n^s - v^s(n^b) = 0$$

联立求解，得最优反应函数为
$$n^b(n^{se}) = \frac{v^b(n^{se})}{2} + \frac{v^s(n^b(n^{se})) v^s_{n^b}}{4}，\quad n^s(n^b) = \frac{v^s(n^b)}{2} \tag{6-4}$$

再依据理性约束条件 $n^s = n^{se}$，得引理 6-2。

引理 6-2　在成员异质性情形中，当卖家响应预期，买家消极预期时，均衡用户数量满足 $n^{b*} = \dfrac{v^b(n^{s*})}{2} + \dfrac{v^s(n^{b*}) v^s_{n^b}}{4}$，$n^{s*} = \dfrac{v^s(n^{b*})}{2}$。

其中，$4 - 2n^{s*} v^s_{n^b n^b} - (v^s_{n^b})^2 \geqslant 0$。

情形三：买家和卖家均知晓对方信息。

此时，买家和卖家均响应预期，式（6-1）和式（6-2）的形式不变。在完全信息下，给定平台定价，用户数量出现多重均衡，而给定用户数量，平台定价唯一。为了避免多重均衡的讨论，下面以用户数量作为决策变量[①]。此外，为了确保驻点处平台利润最优，π^p 在驻点的某领域内需为 (n^b, n^s) 的凹函数。由于 $v^b(n^s)$ 和 $v^s(n^b)$ 均为凹函数，易证 $\pi^p_{n^b n^b} = n^s v^s_{n^b n^b} - 2 < 0$，$\pi^p_{n^s n^s} = n^b v^b_{n^s n^s} - 2 < 0$，继而凹性条件仅需满足：
$$\pi^p_{n^b n^b} \pi^p_{n^s n^s} - \pi^p_{n^b n^s} \pi^p_{n^s n^b} = (v^s_{n^b n^b} n^s - 2)(v^b_{n^s n^s} n^b - 2) - (v^s_{n^b} + v^b_{n^s})^2 \geqslant 0$$

对 π^p 进行一阶求导，并令其为零，得

$$\pi_{n^b}^p = p^b - n^b + v_{n^b}^s n^s = v^b(n^s) - 2n^b + n^s v_{n^b}^s = 0$$

$$\pi_{n^s}^p = p^s - n^s + v_{n^s}^b n^b = v^s(n^b) - 2n^s + n^b v_{n^s}^b = 0$$

联立求解，得最优反应函数为

$$n^b(n^s) = \frac{v^b(n^s) + n^s v_{n^b}^s}{2}, \ \ n^s(n^b) = \frac{v^s(n^b) + n^b v_{n^s}^b}{2} \tag{6-5}$$

引理 6-3　在成员异质性情形中，当两边用户均响应预期时，均衡用户数量满足 $n^{b*} = \dfrac{v^b(n^{s*}) + n^{s*} v_{n^b}^s}{2}$，$n^{s*} = \dfrac{v^s(n^{b*}) + n^{b*} v_{n^s}^b}{2}$。

其中，$(v_{n^b n^b}^{s*} n^{s*} - 2)(v_{n^s n^s}^{b*} n^{b*} - 2) \geqslant (v_{n^b}^{s*} + v_{n^s}^{b*})^2$。

对比情形一、情形二和情形三下均衡用户数量，可得命题 6-1。

命题 6-1　在成员异质性下，平台均衡用户数量满足：

$$n^{i*}(PP) \leqslant n^{i*}(RP) \leqslant n^{i*}(RR), \ \ i = b, s$$

其中，PP 为两边用户均消极预期；RP 为卖家响应预期，买家消极预期；RR 为两边用户均响应预期。

证明　在情形一中，从静态框架来看，由于给定用户预期下平台利润函数为凹函数，在点 A 和点 A' 处（图 6-1），平台利润均最优。但是，在动态框架下，点 A' 处的均衡并不稳定（见 6.5 节分析）。基于此，最优均衡点为点 A。

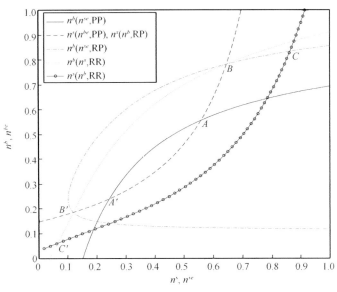

图 6-1　成员异质性下平台均衡用户数量的对比（多重均衡情形）

多重均衡的存在与效用函数形式及参数选择有关。在一定条件下，点 A'、点 B' 和点 C' 可能不存在

在情形二中，由式（6-4）有

$$n_{n^{se}}^b(n^{se}, \mathrm{RP}) = \frac{v_{n^{se}}^b}{2} + \frac{v_{n^b}^s n_{n^{se}}^b(n^{se}, \mathrm{RP}) v_{n^b}^s + v^s(n^b) v_{n^b n^b}^s n_{n^{se}}^b(n^{se}, \mathrm{RP})}{4}$$

继而由凹性条件，得 $n_{n^{se}}^b(n^{se}, \mathrm{RP}) = \dfrac{2v_{n^{se}}^b}{4 - (v_{n^b}^s)^2 - 2n^s v_{n^b n^b}^s} > 0$。因此，尽管点 B

和点 B' 均满足一阶条件，但最优均衡点为点 B。又因为 $n^s(n^b, \mathrm{RP}) = \dfrac{v^s(n^b)}{2}$ 为增函

数，且 $n^b(n^{se}, \mathrm{PP}) < n^b(n^{se}, \mathrm{RP})$，可证 $n^{i*}(\mathrm{PP}) \leqslant n^{i*}(\mathrm{RP})$，$i = b, s$。

在情形三中，由式（6-5），易证 $n_{n^s}^b(n^s, \mathrm{RR}) = (v_{n^b}^s + v_{n^s}^s)/(2 - v_{n^b n^b}^s n^s) > 0$，

$n_{n^b}^s(n^b, \mathrm{RR}) = (v_{n^b}^s + v_{n^s}^s)/(2 - v_{n^s n^s}^b n^b) > 0$。继而由凹性条件：

$$\pi_{n^b n^b}^p \pi_{n^s n^s}^p - \pi_{n^b n^s}^p \pi_{n^s n^b}^p = (v_{n^b n^b}^s n^s - 2)(v_{n^s n^s}^b n^b - 2) - (v_{n^b}^s + v_{n^s}^b)^2 \geqslant 0$$

得 $n_{n^s}^b(n^s, \mathrm{RR}) n_{n^b}^s(n^b, \mathrm{RR}) < 1$。因此，最优均衡点为点 C。对比式（6-5）和式（6-4），

情形二的均衡点在曲线 $n^b(n^s, \mathrm{RR})$ 上，即曲线 $n^b(n^s, \mathrm{RR})$ 经过点 B 和点 B'，如图

6-1 所示。又因为 $n^s(n^b, \mathrm{RR}) > n^s(n^b, \mathrm{RP})$，可证 $n^{i*}(\mathrm{RP}) \leqslant n^{i*}(\mathrm{RR})$，$i = b, s$。证毕。

命题 6-1 的结果表明，在成员异质性下，当一边用户由信息完全变为信息不完全时，买家和卖家的均衡数量均会减少。也就是说，针对用户信息是否完全，平台的数量决策不满足跷跷板原理，即要么同时增加两边用户的数量，要么同时减少两边用户的数量。

6.3　交易异质性

在交易异质性下，间接网络外部性是异质的。参考 Gabszewicz 和 Wauthy（2014）与 Evans 和 Schmalensee（2010）的研究，假设买家和卖家的效用函数分别为 $U^b = \theta n^s - p^b$ 与 $U^s = \gamma n^b - p^s$。其中，θ 和 γ 服从均匀分布，即 $\theta \sim U(0, B)$，$\gamma \sim U(0, S)$。继而可得买家和卖家的需求函数分别为

$$n^b = D^b(n^s, p^b) = 1 - \frac{p^b}{Bn^s} \tag{6-6}$$

和

$$n^s = D^s(n^b, p^s) = 1 - \frac{p^s}{Sn^b} \tag{6-7}$$

此外，为了避免角解的讨论，如 $n^{b*} = 1$ 或 $n^{s*} = 1$，本节假设 $\dfrac{S}{2} \leqslant B \leqslant 2S$。

情形一：买家和卖家均不知晓对方信息。

此时，两边用户均消极预期，式（6-6）和式（6-7）改写为 $n^b = 1 - \dfrac{p^b}{Bn^{se}}$，

$n^s = 1 - \dfrac{p^s}{Sn^{be}}$。

易证 π^p 是关于 (p^b, p^s) 的凹函数。对 π^p 进行一阶求导，并令其为零，得

$$\pi^p_{p^b} = n^b + p^b(-\frac{1}{Bn^{se}}) = 2n^b - 1 = 0$$

$$\pi^p_{p^s} = n^s + p^s(-\frac{1}{Sn^{be}}) = 2n^s - 1 = 0$$

联立求解，得最优反应函数为

$$n^b(n^{se}) = \frac{1}{2}, \ n^s(n^{be}) = \frac{1}{2} \tag{6-8}$$

再依据理性约束条件 $n^b = n^{be}$，$n^s = n^{se}$，得引理 6-4。

引理 6-4 在交易异质性情形中，当两边用户均消极预期时，平台最优定价和用户数量为 $p^{b*} = \dfrac{B}{4}$，$p^{s*} = \dfrac{S}{4}$，$n^{b*} = n^{s*} = \dfrac{1}{2}$。

情形二：买家不知晓卖家信息，但卖家知晓买家信息。

此时，买家消极预期，卖家响应预期，式（6-6）和式（6-7）改写为 $n^b = 1 - \dfrac{p^b}{Bn^{se}}$，

$n^s = 1 - \dfrac{p^s}{Sn^b}$。

由于 $\pi^p_{p^b p^b} = \dfrac{-2}{Bn^{se}}\left(1 + \dfrac{(p^s)^2}{S(n^b)^3 Bn^{se}}\right) < 0$，$\pi^p_{p^b p^b}\pi^p_{p^s p^s} - \pi^p_{p^b p^s}\pi^p_{p^s p^b} = \dfrac{4}{BSn^b n^{se}} > 0$，

则 π^p 是关于 (p^b, p^s) 的凹函数。对 π^p 进行一阶求导，并令其为零，得

$$\pi^p_{p^b} = n^b + p^b\left(-\frac{1}{Bn^{se}}\right) + p^s\frac{p^s}{S(n^b)^2}\left(-\frac{1}{Bn^{se}}\right) = 2n^b - 1 - \frac{S(1-n^s)^2}{Bn^{se}} = 0$$

$$\pi^p_{p^s} = n^s + p^s\left(-\frac{1}{Sn^b}\right) = 2n^s - 1 = 0$$

联立求解，得最优反应函数为

$$n^b(n^{se}) = \frac{1}{2} + \frac{S}{8Bn^{se}}, \ n^s(n^b) = \frac{1}{2} \tag{6-9}$$

再依据理性约束条件 $n^s = n^{se}$，得引理 6-5。

引理 6-5 在交易异质性情形中，当卖家响应预期而买家消极预期时，平台

最优定价和用户数量为 $p^{b*}=\dfrac{B}{4}-\dfrac{S}{8}$，$p^{s*}=\dfrac{S}{4}+\dfrac{S^2}{8B}$，$n^{b*}=\dfrac{1}{2}+\dfrac{S}{4B}$，$n^{s*}=\dfrac{1}{2}$。

情形三：买家和卖家均知晓对方信息。

此时，买家和卖家均响应预期，式（6-6）和式（6-7）的形式不变。同 6.2 节情形三，为了避免多重均衡的讨论，下面以用户数量作为决策变量。此外，为确保驻点处平台利润最优，π^p 在驻点某领域内需为 (n^b,n^s) 的凹函数。对 π^p 进行一阶求导，并令其为零，得

$$\pi^p_{n^b}=-Bn^sn^b+p^b+S(1-n^s)n^s=0$$
$$\pi^p_{n^s}=-Sn^bn^s+p^s+B(1-n^b)n^b=0$$

联立求解，得最优反应函数为

$$n^b(n^s)=\frac{1}{2}+\frac{S(1-n^s)}{2B},\ n^s(n^b)=\frac{1}{2}+\frac{B(1-n^b)}{2S}\qquad（6\text{-}10）$$

对式（6-10）求解，可得 $n^b=\dfrac{B+S}{3B}$，$n^s=\dfrac{B+S}{3S}$。代入 $\pi^p_{n^bn^b}\pi^p_{n^sn^s}-\pi^p_{n^bn^s}\pi^p_{n^sn^b}$，有

$$\pi^p_{n^bn^b}\pi^p_{n^sn^s}-\pi^p_{n^bn^s}\pi^p_{n^sn^b}=\frac{(B+S)^2}{3}>0$$

又因为 $\pi^p_{n^sn^s}=-2Sn^b<0$，$\pi^p_{n^bn^b}=-2Bn^s<0$，可得引理 6-6。

引理 6-6　在交易异质性情形中，当两边用户均响应预期时，平台最优定价和用户数量为 $p^{b*}=\dfrac{(B+S)(2B-S)}{9S}$，$p^{s*}=\dfrac{(B+S)(2S-B)}{9B}$，$n^{b*}=\dfrac{B+S}{3B}$，$n^{s*}=\dfrac{B+S}{3S}$。

对比引理 6-4、引理 6-5 和引理 6-6，由 $\dfrac{1}{2}\leqslant\dfrac{B}{S}\leqslant 2$，可得命题 6-2。

命题 6-2　在交易异质性下，平台最优定价和用户数量满足：

$p^{b*}(\mathrm{PP})\geqslant p^{b*}(\mathrm{RP})$，$n^{b*}(\mathrm{PP})\leqslant n^{b*}(\mathrm{RP})$，$p^{s*}(\mathrm{PP})\leqslant p^{s*}(\mathrm{RP})$，$n^{s*}(\mathrm{PP})\geqslant n^{s*}(\mathrm{RP})$

$p^{b*}(\mathrm{RP})\leqslant p^{b*}(\mathrm{RR})$，$n^{b*}(\mathrm{RP})\geqslant n^{b*}(\mathrm{RR})$，$p^{s*}(\mathrm{RP})\geqslant p^{s*}(\mathrm{RR})$，$n^{s*}(\mathrm{RP})\leqslant n^{s*}(\mathrm{RR})$

命题 6-2 表明，在交易异质性下，对比情形一和情形二，当卖家由消极预期变为响应预期时，平台应对买家定低价以吸引更多买家，而对卖家定高价以减少卖家的加入；对比情形二和情形三，当买家由消极预期变为响应预期时，平台应对卖家定低价以吸引更多卖家，而对买家定高价以减少买家的加入。综上，在交易异质性下，当一边用户由消极预期变为响应预期时，平台定价决策会对该边用户不利，但却有利于另一边用户，即平台最优决策满足跷跷板原理。

6.4　用户异质性与平台定价决策

由 6.2 节和 6.3 节分析可知，在成员异质性和交易异质性下，平台定价决策既有区别也存在共性。对于共性结论，对比命题 6-1 和命题 6-2，可得命题 6-3。

命题 6-3　无论是成员异质性情形还是交易异质性情形，平台均衡用户数量满足 $n^{b^*}(\mathrm{PP}) \leqslant n^{b^*}(\mathrm{RP})$，$n^{s^*}(\mathrm{RP}) \leqslant n^{s^*}(\mathrm{RR})$。

命题 6-3 表明，与用户异质性类型无关，当买家（或卖家）由消极预期变为响应预期时，平台应吸引更多的卖家（或买家）。也就是说，当一边用户具有完全信息（即变为响应预期）时，平台增加另一边用户数量的利润更高。原因在于，由于间接网络外部性的影响，当一边用户具有完全信息时，平台增加另一边用户数量的同时也增加了信息完全用户的数量。因此，在双边市场中，信息完全的用户会提高另一边用户的价值。

此外，对于由消极预期变为响应预期的用户，用户异质性类型会影响平台策略。对比命题 6-1 和命题 6-2，可得命题 6-4。

命题 6-4　对于由消极预期变为响应预期的用户，成员异质性下平台会增加该边用户的数量，而交易异质性下平台会减少该边用户的数量。

命题 6-4 表明，在成员异质性和交易异质性下，对于由消极预期变为响应预期的用户，平台关于其数量的决策相反。原因在于，在成员异质性情形中，式（6-3）~式（6-5）中最优反应函数均为增函数，而在交易异质性情形中，式（6-8）~式（6-10）中最优反应函数均为非增函数。从多产品定价的角度来说：在成员异质性下，两边用户相对于平台而言是互补品；在交易异质性下，两边用户相对于平台而言是替代品。

基于此，在成员异质性下，平台会同时增加两边用户的数量；在交易异质性下，平台会增加一边用户的数量而减少另一边用户的数量。

此外，无论哪种异质性情形，均有推论 6-1。

推论 6-1　无论是成员异质性情形还是交易异质性情形，平台最优利润满足：

$$\pi^{p^*}(\mathrm{RR}) \geqslant \max(\pi^{p^*}(\mathrm{PP}), \pi^{p^*}(\mathrm{RP}))$$

证明　在情形三中，平台可选择任意的用户数量。情形一和情形二的均衡用户数量只是情形三的潜在策略，易得 $\pi^{p^*}(\mathrm{RR}) \geqslant \max(\pi^{p^*}(\mathrm{PP}), \pi^{p^*}(\mathrm{RP}))$。证毕。

推论 6-1 表明，在垄断市场下，与用户异质性类型无关，两边用户均信息完全时（情形三），平台最优利润最高。原因在于，当买家和卖家均知晓对方信息时，如不考虑用户数量实现的动态过程，平台定价实现对两边用户数量的任意选择，并不受用户预期的限制。也就是说，情形一和情形二的均衡用户数量仅是情形三中平台决策空间的子集。基于此，在垄断市场下，如果平台可通过信息披露

（Belleflamme and Peitz，2019a）、价格承诺（Hagiu，2006）等内生手段影响用户信息，使两边用户均信息完全是最优策略。

6.5　动态视角下的预期实现均衡

6.2 节～6.4 节探讨了不完全信息下的预期实现均衡。但是，静态模型却难以描述预期实现均衡中理性约束条件是如何实现的。当多重均衡存在时，静态模型也无法界定最终均衡是哪一个。为了解决这些问题，本节将从动态视角探讨成员异质性下的预期实现均衡。由于相关分析基本相同，下面以情形一为例。

考虑一个时间离散的动态模型，时间用 t 表示，$t=1,2,\cdots$。第 t 期末用户状态为 $\left[n^s(t),n^b(t)\right]$。第 t 期初用户状态为 $\left[n^{se}(t),n^{be}(t),n^s(t-1),n^b(t-1)\right]$。初始用户状态由"自然"决定，且满足 $n^{se}(1)=n^s(0)$，$n^{be}(1)=n^b(0)$。此外，假设用户预期的动态变化过程为 $n^{se}(t)=n^s(t-1)$，$n^{be}(t)=n^b(t-1)$，$t=2,3,\cdots$，即当期预期数量等于上一期实际数量。平台管理者在第 t 期会视 $n^{be}(t)$ 和 $n^{se}(t)$ 为常数，继而决定最优策略，即 6.2 节中的式（6-3）和式（6-4）。

在图 6-2 中，箭头方向显示了随着时间的流逝，市场是如何达到预期实现均衡的。具体来说，当用户初始预期较高时，平台会达到用户数量较高的均衡（即图 6-2 中的点 A）；当用户初始预期较低时，平台会经营失败，即图 6-2 中的原点。基于此，点 A' 处的均衡并不稳定。用户预期稍有改变，最终均衡要么向点 A 走，要么向原点走。对于这种均衡，同命题 6-1 的证明，可得

$$\underline{n}^{i*}(PP) \geqslant \underline{n}^{i*}(RP) \geqslant \underline{n}^{i*}(RR)，\quad i=b,s$$

其中，$(n^{b*}(PP),n^{s*}(PP))$、$(n^{b*}(RP),\underline{n}^{s*}(RP))$ 和 $(\underline{n}^{b*}(RR),\underline{n}^{s*}(RR))$ 分别为图 6-1 中的点 A'、点 B' 与点 C'。因此，从动态视角来看，信息完全的用户边数越多，平台越容易达到用户数量较高的均衡[①]。

需注意的是，本节分析存在一个重要前提，即平台不知晓用户预期是如何变化的，即 $n^{se}(t)=n^s(t-1)$，$n^{be}(t)=n^b(t-1)$，$t=1,2,\cdots$。如果平台知晓用户预期变化的方式，平台会对用户预期进行引导继而获得更高的利润。对此，本书将在第 7 章进行阐述，探讨平台的最优动态定价。

---

① 在情形三中，本章假设平台可实现用户数量的任意分配。但是，在动态环境中，要到达用户数量较高的均衡，初始用户数量仍需高于用户数量较少的均衡，详见第 3 章分析。

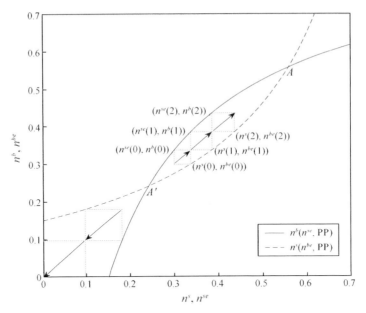

图 6-2　动态视角下的预期实现均衡

6.6　本　章　小　结

本章在静态模型下研究了用户预期行为对平台定价决策的影响。主要工作与结论如下。

（1）在成员异质性情形中，当一边用户由消极预期变为响应预期时，两边用户的最优数量均会增加；在交易异质性情形中，当一边用户由消极预期变为响应预期时，平台定价决策会对该边用户不利，但却有利于另一边用户。

（2）与用户异质性类型无关，当买家（或卖家）由消极预期变为响应预期时，平台应吸引更多的卖家（或买家），即一边用户具有完全信息时，平台应增加另一边用户的数量。因此，在双边市场中，信息完全的用户会提高另一边用户的价值。

（3）在成员异质性和交易异质性两种情形中，对于由消极预期变为响应预期的用户，平台关于其数量的决策相反。从多产品定价的角度来说，在成员异质性下，两边用户相对于平台而言是互补品；在交易异质性下，两边用户相对于平台而言是替代品。

第7章　考虑用户预期的垄断平台动态定价

第6章基于用户预期行为研究了垄断平台的静态定价。本章以第3章为基础，考虑用户数量会随时间的变化而变化，探讨用户存在预期行为下的垄断平台动态定价。

首先，基于用户预期行为构建用户需求函数和动态接入过程。其次，基于最优控制模型从理论上分析平台动态定价决策。最后，借助数值模拟对理论分析中的定价决策进行验证。

7.1　问题描述及模型构建

在双边市场中，平台会在不同时期制定不同的价格。例如，在网约车市场的早期阶段，Uber、滴滴等打车平台会对用户进行补贴。之后，随着用户数量的增多，这些网约车平台开始逐步提高价格。对此，本章将构建动态模型探讨垄断平台的动态定价。

具体来说，考虑市场上存在一个垄断双边平台，两边用户之间存在信息不对称，即一边用户会基于已有信息预期对边用户的数量。平台在 t 时刻对买家和卖家收取的会员费分别表示为 $p^b(t)$ 与 $p^s(t)$。$x(t)$ 和 $y(t)$ 分别表示 t 时刻买家与卖家的数量。下述分析中，符号没有歧义时，会省略时间 t，如 $x(t)$ 会表示为 x，$p^b(t)$ 会表示为 p^b。

7.1.1　用户支付意愿

买家 ξ 的支付意愿用 $W^b(\xi, y^e)$ 表示，假设为关于 ξ 和 y^e 的凹函数。y^e 表示买家 ξ 对卖家数量的预期，ξ 在 $[0,1]$ 上均匀分布。参考 Dhebar 和 Oren（1985）的研究，假设 ξ 较小的买家具有较高的支付意愿[①]，即 $W_1^b < 0$。其中，W_1^b 的下标

---

① W_1^b 的正负取决于如何定义参数 ξ，其正负并不影响结论。但是，在 Dhebar 和 Oren（1985）的假设下，需求函数的呈现更为简洁，有助于简化分析。

表示 $W^b(\xi, y^e)$ 对括号中第一项求偏导，下文类似。此外，卖家对买家的间接网络外部性为正，即 $W_2^b > 0$。买家对卖家数量的预期为 0 时，买家的支付意愿为 0，即 $W^b(\xi, 0) = 0$。最后，为了避免讨论角解，假设 $W^b(1, y^e) = 0$。

针对凹函数 $W^b(\xi, y^e)$，进一步假设 ξ 较小的买家从间接网络外部性中获益更多，即 $W_{12}^b \leqslant 0$[①]。该假设较为常见，如 Armstrong（2006）基于成员异质性的研究假设 $W_{12}^b = 0$，Rochet 和 Tirole（2003）基于交易异质性的研究假设 $W_{12}^b < 0$[②]。因此，$W^b(\xi, y^e)$ 综合了成员异质性和交易异质性的特征。具体来说，$\xi \in [0,1]$ 可用于表示收入超过买家 ξ 的买家所占的比例，即 ξ 越小的买家其收入水平越高。以网上交易平台为例，收入较高的买家所购买产品往往较多，继而从间接网络外部性中的获益也更多。

卖家 η 的支付意愿用 $W^s(\eta, x^e)$ 表示。其中，η 在 $[0,1]$ 上均匀分布，x^e 是卖家 η 对买家数量的预期，$W^s(\eta, x^e)$ 是关于 η 和 x^e 的凹函数。同理，假设 $W_1^s < 0$、$W_2^s > 0$、$W^s(\eta, 0) = 0$、$W^s(1, x^e) = 0$ 和 $W_{12}^s \leqslant 0$。以网上交易平台为例。$\eta \in [0,1]$ 对应于卖家的商铺规模、生产能力和运营能力等。η 越小，卖家能力越强，其从间接网络外部性中的获益也更多。

7.1.2　用户预期

在本章分析中，动态模型的构建以第 3 章平台启动问题为基础。在本章参数含义下，参考 3.1.2 节假设 3-1～假设 3-4，可得以下结论。

（1）初始用户的参数较小，满足 $\xi \leqslant x(0)$ 和 $\eta \leqslant y(0)$。

（2）在任意时刻 t，平台上买家的集合为 $\{\xi : 0 \leqslant \xi < \bar{\xi} = x(t)\}$，卖家的集合为 $\{\eta : 0 \leqslant \eta < \bar{\eta} = y(t)\}$。其中，$\bar{\xi}$ 和 $\bar{\eta}$ 表示边际买家与边际卖家的参数。

（3）给定 t 时刻的状态 $\Omega = \{p^b, p^s, x, y\}$，边际卖家加入平台的条件为

$$W^s(\bar{\eta}, x^e(\bar{\eta}, \beta, \Omega)) > p^s$$

其中，$x^e(\bar{\eta}, \beta, \Omega) = \beta x^e(\bar{\eta}, 1, \Omega) + (1 - \beta)x$。$x^e(\bar{\eta}, 1, \Omega)$ 为边际卖家所推断的买家数量，其满足：

$$x^e(\bar{\eta}, 1, \Omega) = \begin{cases} x^{e1}, & W^b(0, y) > p^b \\ 0, & W^b(0, y) \leqslant p^b \end{cases}$$

---

① 与 W_{12}^b 含义类似，W_{12}^b 表示 $W^b(\xi, y^e)$ 对括号中第一项和第二项求二阶偏导，下文类似。

② 从表面上来看，在 Rochet 和 Tirole（2003）的研究中，$W_{12}^b > 0$。但是，由于他们考虑的参数和本章考虑的 ξ 含义相反，转换成本章情形则为 $W_{12}^b < 0$。

其中，x^{e1} 满足 $W^b(x^{e1}, y) = p^b$。

同理，边际买家加入平台的条件为

$$W^b(\overline{\xi}, y^e(\overline{\xi}, \alpha, \Omega)) > p^b$$

其中，$y^e(\overline{\xi}, \alpha, \Omega) = \alpha y^e(\overline{\xi}, 1, \Omega) + (1-\alpha)y$，$y^e(\overline{\xi}, 1, \Omega)$ 为边际买家所推断的卖家的数量，其满足：

$$y^e(\overline{\xi}, 1, \Omega) = \begin{cases} y^{e1}, & W^s(0, x) > p^s \\ 0, & W^s(0, x) \leqslant p^s \end{cases}$$

其中，y^{e1} 满足 $W^s(y^{e1}, x) = p^s$。

与 3.1.2 节分析相同，边际用户的预期基于两边用户的数量。对边用户的数量会影响当期所获得的效用，本边用户的数量会影响未来所获得的效用。本边用户的影响源于用户信念，且一边用户权重系数越高，该边用户越偏好通过自己的信念进行决策。在非均衡状态下，基于本章参数的含义，市场存在两种情形。一种是潜在用户按参数由低到高的顺序加入平台，另一种是平台用户按参数由高到低的顺序退出平台。此外，与 6.5 节分析不同，在本章分析中，平台知晓用户预期变化的方式。

7.1.3　用户需求函数

由 7.1.2 节分析可知，在任意时刻，用户数量的动态变化取决于边际用户的决策。基于此，本节首先分析边际用户的支付意愿函数。由于两边用户支付意愿函数性质的对称性，下面以买家为例。

引理 7-1　$W^b(\overline{\xi}, \alpha y^e(\overline{\xi}, 1, \Omega) + (1-\alpha)y)$ 在 $\overline{\xi} \in \{\overline{\xi} \mid y^e(\overline{\xi}, 1, \Omega) > 0\}$ 上是关于 $\overline{\xi}$ 的凹函数，而在 $\overline{\xi} \in \{\overline{\xi} \mid \alpha y^e(\overline{\xi}, 1, \Omega) = 0\}$ 上是关于 $\overline{\xi}$ 的非增函数。

证明　当 $y^e(\overline{\xi}, 1, \Omega) > 0$ 时，有 $W^s(y^{e1}, \overline{\xi}) = p^s$。继而由 $W^s_{y^{e1}}(y^{e1}, \overline{\xi}) < 0$ 和 $W^s_{\overline{\xi}}(y^{e1}, \overline{\xi}) > 0$，得 $y^{e1}_{\overline{\xi}} > 0$[①]。此外，由于 $W^s(y^{e1}, \overline{\xi})$ 为凹函数且 $W^s_{y^{e1}\overline{\xi}}(y^{e1}, \overline{\xi}) \leqslant 0$，易证 $y^{e1}_{\overline{\xi}\overline{\xi}} < 0$。又因为 $W^b(\overline{\xi}, y^e(\overline{\xi}, \alpha, \Omega))$ 为关于 $\overline{\xi}$ 和 $y^e(\overline{\xi}, \alpha, \Omega)$ 的凹函数，由 $y^{e1}_{\overline{\xi}} > 0$ 和 $y^{e1}_{\overline{\xi}\overline{\xi}} < 0$，可证 $W^b_{\overline{\xi}, \overline{\xi}} < 0$。当 $\alpha y^e(\overline{\xi}, 1, \Omega) = 0$ 时，如果 $\alpha = 1$，易得 $W^b_{\overline{\xi}} = 0$，而如果 $\alpha \neq 1$，由 $W^b_1 < 0$，得 $W^b_{\overline{\xi}} < 0$。综上，有 $W^b_{\overline{\xi}} \leqslant 0$。证毕。

引理 7-1 表明，当 $\alpha \neq 0$ 且 $\overline{\xi}$ 较小时，边际用户的支付意愿可能随 $\overline{\xi}$ 的增加而增加，如图 7-1 所示。这似乎与 $W^b_1 < 0$，即 ξ 较小买家的支付意愿更高矛盾。原

---

① 在本章分析中，下标均表示偏导数。

因在于，当 $\alpha \neq 0$ 时，边际买家会基于买家数量推测卖家数量。$\overline{\xi}$ 较小时，买家数量较少，边际买家推测的卖家数量也较少，继而导致边际买家的支付意愿较低。当 $\alpha = 0$ 时，由于买家不推测卖家数量，边际买家的支付意愿随 $\overline{\xi}$ 的增加而减小。

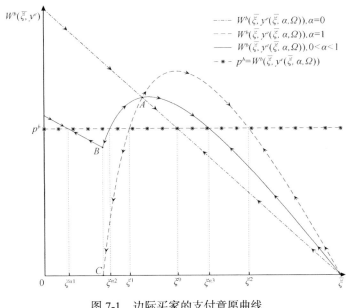

图 7-1　边际买家的支付意愿曲线

在图 7-1 中，箭头方向表示边际买家接入的动态过程。其中，当 $W^b(\overline{\xi}, y^e) > p^b$ 时，边际买家加入平台，而当 $W^b(\overline{\xi}, y^e) < p^b$ 时，边际买家退出平台。此外，由于 $W^b(\overline{\xi}, \alpha y^e(\overline{\xi}, 1, \Omega) + (1-\alpha)y)$ 在 $\overline{\xi} \in \{\overline{\xi} \mid y^e(\overline{\xi}, 1, \Omega) > 0\}$ 上是关于 $\overline{\xi}$ 的凹函数，平台可能存在多重均衡，即买家需求函数可能不连续。对此，下面结合图 7-1 分别就 $\alpha = 0$、$0 < \alpha < 1$ 和 $\alpha = 1$ 三种情形进行探讨。令 $d^b(\alpha, \Omega)$ 和 $d^s(\beta, \Omega)$ 分别表示买家的需求函数与卖家的需求函数。

（1）在短视情形，即 $\alpha = 0$ 中，由于 $W^b(\overline{\xi}, y)$ 是 $\overline{\xi}$ 的减函数，当 $x < \xi^0$ 时，买家数量会增长到 ξ^0；当 $x > \xi^0$ 时，买家数量会减少到 ξ^0，则有 $d^b(0, \Omega) = \xi^0$。

（2）当买家决策完全依赖本边数量，即 $\alpha = 1$ 时，可能存在两个均衡，即 ξ^1 和 ξ^2。由买家接入的动态过程得

$$d^b(1, \Omega) = \begin{cases} \xi^2, & x > \xi^1 \\ \xi^1, & x = \xi^1 \\ 0, & x < \xi^1 \end{cases}$$

（3）当 $0 < \alpha < 1$ 时，同理，由买家接入的动态过程得

$$d^b(\alpha,\Omega)=\begin{cases}\xi^{\alpha3}, & x>\xi^{\alpha2}\\ \xi^{\alpha2}, & x=\xi^{\alpha2}\\ \xi^{\alpha1}, & x<\xi^{\alpha2}\end{cases}$$

其中，$\xi^{\alpha1}$、$\xi^{\alpha2}$ 和 $\xi^{\alpha3}$ 是可能存在的三个均衡。

7.1.4　用户接入的动态过程和均衡

在买家边，同 3.1.3 节，参考 Bass（1969）的工作，假设：

$$\dot{x}=\frac{\mathrm{d}x}{\mathrm{d}t}=G^b(d^b(\alpha,\Omega)-x)$$

其中，$G^b(\cdot)$ 为买家数量变化速率的函数；$G^b(0)=0$；$G^{b'}(d^b(\alpha,\Omega)-x)=\dfrac{\partial G^b(d^b(\alpha,\Omega)-x)}{\partial(d^b(\alpha,\Omega)-x)}\geqslant 0$。

在卖家边，假设：

$$\dot{y}=\frac{\mathrm{d}y}{\mathrm{d}t}=G^s(d^s(\beta,\Omega)-y)$$

其中，$G^s(\cdot)$ 为卖家数量变化速率的函数；$G^s(0)=0$；$G^{s'}(d^s(\beta,\Omega)-y)=\dfrac{\partial G^s(d^s(\beta,\Omega)-y)}{\partial(d^s(\beta,\Omega)-y)}\geqslant 0$。

由 3.1.3 节分析可知，从长期来看，事后均衡应同时满足 $\dot{x}=0$ 和 $\dot{y}=0$，以及 $x^e(\bar{\eta},\beta,\Omega)=x$ 和 $y^e(\bar{\xi},\alpha,\Omega)=y$，继而可得引理 7-2。

引理 7-2　当且仅当 $W^b(x,y)=p^b$ 和 $W^s(y,x)=p^s$ 时，状态 $\Omega=\{p^b,p^s,x,y\}$ 为事后均衡。

引理 7-2 与命题 3-3 类似，即给定平台定价，市场均衡下的用户数量与用户预期方式无关。与命题 3-3 不同的是，在本章分析中，平台可决策会员费，而均衡价格与用户预期方式有关，具体分析见 7.3 节。

7.2　平台动态定价

由 7.1 节分析可知，最优化问题可表示为

$$\max \Pi=\int_0^{+\infty}\mathrm{e}^{-\delta t}\pi(t,\Omega)\mathrm{d}t$$

$$\text{s.t. } \dot{x}=G^b(d^b(\alpha,\Omega)-x)$$

$$\dot{y} = G^s (d^s (\beta, \Omega) - y)$$

$$x(0) = x^0, \quad y(0) = y^0$$

其中，$\pi(t, \Omega) = p^b x + p^s y - c(x, y)$，$c(x, y)$ 为成本函数；δ 为贴现率。在该问题中，由于平台可对一边用户补贴，而从另一边用户盈利（Armstrong，2006），且平台在市场初期补贴用户也较为常见，平台定价无须满足非负性。

本节基于最优控制理论（Seierstad and Sydsaeter，1987）来求解上述最优化问题。哈密顿函数表示如下：

$$H = e^{-\delta t} \pi(t, \Omega) + \lambda^1 G^b (d^b (\alpha, \Omega) - x) + \lambda^2 G^s (d^s (\beta, \Omega) - y)$$

其中，λ^1 和 λ^2 为共态变量。继而现值哈密顿函数可表示为

$$H^c = \pi(t, \Omega) + \theta^1 G^b (d^b (\alpha, \Omega) - x) + \theta^2 G^s (d^s (\beta, \Omega) - y)$$

其中，$\theta^1 = e^{\delta t} \lambda^1$；$\theta^2 = e^{\delta t} \lambda^2$。

根据最大值原理，最优轨迹 $(\tilde{p}^b(t), \tilde{p}^s(t), \tilde{x}(t), \tilde{y}(t))$ 需满足一阶条件[①]：

$$H^c_{p^b} = H^c_{p^s} = 0 \tag{7-1}$$

和共态方程：

$$\dot{\theta}^1 = -H^c_x + \delta \theta^1, \quad \dot{\theta}^2 = -H^c_y + \delta \theta^2 \tag{7-2}$$

在最终状态下，用户数量会达到一个稳定的均衡。最优轨迹还需满足横截条件 $\lim\limits_{t \to +\infty} H = 0$。为简化分析，本章不考虑均衡解为角解的情形[②]，则共态变量满足 $\lim\limits_{t \to +\infty} \lambda^1 = \lim\limits_{t \to +\infty} \lambda^2 = 0$。

令 $\Pi^\tau = \int_\tau^{+\infty} e^{-\delta t} \pi(t, \Omega) dt$，由式（7-1）和式（7-2），可证[③] $\lambda^1(\tau) = \dfrac{\partial \Pi^\tau}{\partial x(\tau)}$，

$\lambda^2(\tau) = \dfrac{\partial \Pi^\tau}{\partial y(\tau)}$。则共态变量表示状态变量（$x$ 或 y）的边际价值或影子价格。继而式（7-2）可化简为

$$\underbrace{\frac{\mathrm{d}}{\mathrm{d}t} \left(\frac{\partial (\Pi - \Pi^t)}{\partial x(t)} \right)}_{\substack{\text{边际利润损失} \\ \text{（当前）}}} = \underbrace{e^{-\delta t} (p^b - c_x)}_{\substack{\text{边际收益} \\ \text{（当前）}}} + \underbrace{\frac{\partial \Pi^t}{\partial y(t)} \frac{\partial \dot{y}}{\partial x(t)} + \frac{\partial \Pi^t}{\partial x(t)} \frac{\partial \dot{x}}{\partial x(t)}}_{\substack{\text{边际收益} \\ \text{（未来）}}} \tag{7-3}$$

和

---

① 在理论分析中，本章仅考虑最优解为内点解的情形。在 7.3 节，本章会通过数值分析讨论用户短视的情形，此时最优解为碰碰解。

② 不考虑角解时，最终状态的用户数量不存在限制［见 Chiang（1992）的第 9 章］。

③ 此证明可参见 Dorfman（1969）或 Kamien 和 Schwartz（1991）的研究。

$$\underbrace{\frac{\mathrm{d}}{\mathrm{d}t}\left(\frac{\partial(\Pi-\Pi^t)}{\partial y(t)}\right)}_{\substack{\text{边际利润损失}\\\text{（当前）}}}=\underbrace{\mathrm{e}^{-\delta t}(p^s-c_y)}_{\substack{\text{边际收益}\\\text{（当前）}}}+\underbrace{\frac{\partial \Pi^t}{\partial x(t)}\frac{\dot{x}}{\partial y(t)}+\frac{\partial \Pi^t}{\partial y(t)}\frac{\dot{y}}{\partial y(t)}}_{\substack{\text{边际收益}\\\text{（未来）}}} \tag{7-4}$$

式（7-3）和式（7-4）可用边际价值理论来说明。以买家边为例。在动态情形下，如果平台想要在 t 时刻吸引更多的用户，平台需要改变 t 时刻之前的定价决策。在最优轨迹下，平台在 t 时刻多吸引一单位的买家，t 时刻前的利润损失为 $\dfrac{\partial(\Pi-\Pi^t)}{\partial x(t)}$。因此，式（7-3）左侧的项表示边际利润损失，即平台在当前时刻所产生的利润损失。此外，平台不仅要关注当前时刻的边际收益，即式（7-3）右侧第一项，还要考虑未来的边际收益，即式（7-3）右侧第二项。原因在于，买家数量的增加会影响用户数量的增长速度（$\dot{x}$ 和 $\dot{y}$），继而影响平台未来的收益。综上，在任意时刻 t，平台定价不仅要考虑当前的损失和收益，还要考虑未来的收益。

为了与静态模型中的平台定价决策进行比较（Rochet and Tirole，2006；Armstrong，2006），下面对式（7-1）和式（7-2）进行化简。

由式（7-1）得

$$x+\theta^1 G^{b'}d_{p^b}^b+\theta^2 G^{s'}d_{p^b}^s=0 \tag{7-5}$$

和

$$y+\theta^1 G^{b'}d_{p^s}^b+\theta^2 G^{s'}d_{p^s}^s=0 \tag{7-6}$$

由 7.1.2 节和 7.1.3 节的分析可知，需求函数满足：

$$W^{be}(\bullet)\triangleq W^b(d^b(\alpha,\Omega),\ \alpha y^e(d^b(\alpha,\Omega),1,\Omega)+(1-\alpha)y)=p^b \tag{7-7}$$

和

$$W^{se}(\bullet)\triangleq W^s(d^s(\beta,\Omega),\ \beta x^e(d^s(\beta,\Omega),1,\Omega)+(1-\beta)x)=p^s \tag{7-8}$$

其中，$x^e(d^s(\beta,\Omega),1,\Omega)$ 和 $y^e(d^b(\alpha,\Omega),1,\Omega)$ 满足：

$$W^{b1}(\bullet)\triangleq W^b(x^e(d^s(\beta,\Omega),1,\Omega),\ d^s(\beta,\Omega))=p^b \tag{7-9}$$

和

$$W^{s1}(\bullet)\triangleq W^s(y^e(d^b(\alpha,\Omega),1,\Omega),\ d^b(\alpha,\Omega))=p^s \tag{7-10}$$

由式（7-2）、式（7-5）～式（7-10），可得命题 7-1。

命题 7-1　最优轨迹 $(\tilde{p}^b,\tilde{p}^s,\tilde{x},\tilde{y})$ 满足：

$$\frac{p^b-[\overbrace{c_x-\mathrm{e}^{\delta t}\lambda^1}^{\text{边际成本}}-\overbrace{yW_2^{se}}^{\text{间接网络效应}}-\overbrace{(\Delta W_1^b\theta^2 G_{p^b}^s+\Delta W_2^s\theta^1 G_{p^b}^b)}^{\text{预期偏差的影响}}]}{p^b}=\frac{1}{\underbrace{\varepsilon^b}_{\text{价格弹性}}} \tag{7-11}$$

和

$$\frac{p^s - [\overbrace{c_y - e^{\delta t}\lambda^2}^{\text{边际成本}} - \overbrace{xW_2^{be}}^{\text{间接网络效应}} - \overbrace{(\Delta W_1^s \theta^1 G_{p^s}^b + \Delta W_2^b \theta^2 G_{p^b}^s)}^{\text{预期偏差的影响}}]}{p^s} = \frac{1}{\underbrace{\varepsilon^s}_{\text{价格弹性}}} \quad (7\text{-}12)$$

其中，$\Delta W_i^b = W_i^{be} - W_i^{b1}$；$\Delta W_i^s = W_i^{se} - W_i^{s1}$，$i = 1, 2$；$\varepsilon^b = \dfrac{-p^b}{xW_1^{be}}$；$\varepsilon^s = \dfrac{-p^s}{yW_1^{se}}$。

证明 式（7-7）对 p^b 求导，可得 $W_1^{be} d_{p^b}^b(\alpha, \Omega) + W_2^{be}\alpha y_{d^b}^e d_{p^b}^b(\alpha, \Omega) = 1$。又由式（7-10），有 $W_1^{s1} y_{d^b}^e + W_2^{s1} = 0$，继而可得

$$d_{p^b}^b(\alpha, \Omega) = \frac{W_1^{s1}}{\Delta^\alpha} \quad (7\text{-}13)$$

其中，$\Delta^\alpha = W_1^{be} W_1^{s1} - \alpha W_2^{be} W_2^{s1}$。

同理，由式（7-7）～式（7-10），可证：

$$d_{p^s}^b = \frac{-\alpha W_2^{be}}{\Delta^\alpha}, \quad d_y^b = \frac{-(1-\alpha)W_2^{be} W_1^{s1}}{\Delta^\alpha} \quad (7\text{-}14)$$

$$d_{p^b}^s = \frac{-\beta W_2^{se}}{\Delta^\beta}, \quad d_{p^s}^s = \frac{W_1^{b1}}{\Delta^\beta}, \quad d_x^s = \frac{-(1-\beta)W_2^{se} W_1^{b1}}{\Delta^\beta}$$

其中，$\Delta^\beta = W_1^{b1} W_1^{se} - \beta W_2^{b1} W_2^{se}$[①]。

将式（7-13）和式（7-14）代入式（7-5）与式（7-6），可得

$$\theta^1 = \frac{(-xW_1^{b1} - \beta y W_2^{se})\Delta^\alpha}{G^{b'}\Delta^{\alpha\beta}} \quad (7\text{-}15)$$

和

$$\theta^2 = \frac{(-yW_1^{s1} - \alpha x W_2^{be})\Delta^\beta}{G^{s'}\Delta^{\alpha\beta}} \quad (7\text{-}16)$$

其中，$\Delta^{\alpha\beta} = W_1^{b1} W_1^{s1} - \alpha\beta W_2^{be} W_2^{se}$。

由式（7-15）和式（7-16），式（7-2）可改写为

$$p^b - c_x + xW_1^{be} + yW_2^{se} + \Delta W_1^b \theta^2 G_{p^b}^s + \Delta W_2^s \theta^1 G_{p^s}^b - \delta\theta^1 + \dot{\theta}^1 = 0$$

和

$$p^s - c_y + yW_1^{se} + xW_2^{be} + \Delta W_1^s \theta^1 G_{p^b}^b + \Delta W_2^b \theta^2 G_{p^b}^s - \delta\theta^2 + \dot{\theta}^2 = 0$$

整理可得命题 7-1。证毕。

命题 7-1 表明，与 Armstrong（2006）及 Rochet 和 Tirole（2006）中的结论类似，在动态情形中，任意时刻的最优会员费受边际成本、间接网络外部性和价格

---

① 需注意的是，x 仅影响 $\xi^{\alpha1}$、$\xi^{\alpha2}$ 和 $\xi^{\alpha3}$ 的选择，如图 7-1 所示。随着 x 的增长，需求函数 $d^b(\alpha, \Omega)$ 可能会跳跃。同理，在卖家边，$d^s(\beta, \Omega)$ 具有相同的性质。

弹性的影响。不同的是，这些因素的经济含义发生了变化。以买家边为例。t 时刻的边际成本不仅包括 c_x，还包括买家数量增加一单位在当前时刻所产生的利润损失，即 $-e^{\delta t}\dot\lambda^1 = \dfrac{d}{dt}\left(\dfrac{\partial(\Pi-\Pi^t)}{\partial x(t)}\right)$。该项与货币时间价值以及用户增长速度有关，可视为时间成本。此外，在式（7-11）中，价格弹性（ε^b）和间接网络外部性（yW_2^{se}）考虑的是当前用户的数量（即 x 和 y）而非用户需求。

命题 7-1 还表明，平台管理者应额外考虑预期偏差的影响。原因在于，在信息不完全下，一边用户会依据自己的信念推测另一边用户的数量，但用户推测的数量与实际数量并不一定相等，即 $\Delta W_i^b \neq 0$ 和 $\Delta W_i^s \neq 0$，$i=1,2$。因此，预期的偏差源于用户信念与现实的背离。需注意的是，该项仅存在于非均衡状态。在最终均衡下，由于理性预期条件，有 $\Delta W_i^b = 0$ 和 $\Delta W_i^s = 0$，$i=1,2$。

下面讨论用户短视的特殊情形，即 $\alpha = \beta = 0$。在该情形下，用户是短视的，即不考虑对边用户数量在未来的变化。由式（7-7）和式（7-8）得

$$W^{be}(\bullet) \triangleq W^b(d^b(0,\Omega),y) = p^b \qquad (7\text{-}17)$$

和

$$W^{se}(\bullet) \triangleq W^s(d^s(0,\Omega),x) = p^s \qquad (7\text{-}18)$$

由式（7-17）和式（7-18），得 $G_{p^s}^b = G_{p^b}^s = 0$，继而可得推论 7-1。

推论 7-1　在用户短视情形中，最优轨迹满足：

$$\frac{p^b - (\overbrace{c_x - e^{\delta t}\dot\lambda^1}^{\text{边际成本}} - \overbrace{yW_2^{se}}^{\text{间接网络效应}})}{p^b} = \frac{1}{\underbrace{\varepsilon^b}_{\text{价格弹性}}}$$

和

$$\frac{p^s - (\overbrace{c_y - e^{\delta t}\dot\lambda^2}^{\text{边际成本}} - \overbrace{xW_2^{be}}^{\text{间接网络效应}})}{p^s} = \frac{1}{\underbrace{\varepsilon^s}_{\text{价格弹性}}}$$

推论 7-1 表明，在用户短视情形中，即使是非均衡状态，平台管理者也无须考虑预期偏差的影响。原因在于，短视用户不依赖自己的信念进行决策，继而用户信念与现实的背离也不存在。

7.3　均　衡　分　析

本节探讨均衡状态，即在 $\Omega^* = (p^{b*}, p^{s*}, x^*, y^*)$ 下的平台最优定价和用户数量。

在均衡状态下，有

$$\dot{x} = \dot{y} = \dot{p}^b = \dot{p}^s = \dot{\theta}^1 = \dot{\theta}^2 = 0 \qquad (7\text{-}19)$$

此外，由引理 7-2，从长期来看，均衡状态应为事后均衡，即

$$W^b(x^*, y^*) = p^{b*}, \quad W^s(y^*, x^*) = p^{s*} \qquad (7\text{-}20)$$

根据式（7-20）可知，会员费是关于用户数量的函数，即 $p^b(x,y)$ 和 $p^s(x,y)$。继而由式（7-19）、式（7-20）和命题 7-1，可得命题 7-2。

命题 7-2　在均衡状态下，平台最优会员费满足：

$$\frac{p^b - (c_x - y p_x^s + \delta\theta^1)}{p^b} = \frac{1}{\varepsilon^b} \qquad (7\text{-}21)$$

和

$$\frac{p^s - (c_y - x p_y^b + \delta\theta^2)}{p^s} = \frac{1}{\varepsilon^s} \qquad (7\text{-}22)$$

其中，$\varepsilon^b = \dfrac{-p^b}{x p_x^b}$；$\varepsilon^s = \dfrac{-p^s}{y p_y^s}$。

证明　在均衡状态下有

$$d^b(\alpha, \Omega) = x = x^e(\overline{\eta}, \beta, \Omega)$$

$$d^s(\beta, \Omega) = y = y^e(\overline{\xi}, \alpha, \Omega)$$

由式（7-7）～式（7-10），得 $\Delta W_i^b = \Delta W_i^s = 0$，$i = 1, 2$。继而由式（7-20），得 $p_x^b = W_1^{be}$、$p_x^s = W_2^{be}$、$p_y^b = W_2^{be}$ 和 $p_y^s = W_1^{se}$。又因为 $\theta^i = e^{\delta t}\lambda^i$，$\dot{\theta}^i = 0$，有 $e^{\delta t}\dot{\lambda}^i = -\delta\theta^i$，$i = 1, 2$。将上述结果代入命题 7-1，可得式（7-21）和式（7-22），证毕。

命题 7-2 表明，在均衡状态下，与用户短视情形一致，平台管理者无须考虑预期偏差的影响。原因在于，在动态情形中，用户会基于自己的信念修正自己的预期。在均衡状态下，由于理性约束条件，用户信念与现实一致。因此，即使市场初期用户预期较好，平台也不能过于乐观。用户最终会发现事实的真相。平台服务质量、技术水平和用户基础等反映平台真实状态的因素才是盈利的关键。

为便于比较，下面给出静态模型下的平台最优定价。参考 Armstrong（2006）的分析过程，由式（7-20）可得

$$\frac{p^b - (c_x - y p_x^s)}{p^b} = \frac{1}{\varepsilon^b} \qquad (7\text{-}23)$$

和

$$\frac{p^s - (c_y - x p_y^b)}{p^s} = \frac{1}{\varepsilon^s} \qquad (7\text{-}24)$$

其中，$\varepsilon^b = \dfrac{-p^b}{xp_x^b}$；$\varepsilon^s = \dfrac{-p^s}{yp_y^s}$。

对比式（7-23）、式（7-24）和式（7-21）、式（7-22），当贴现率为零，即 $\delta = 0$ 时，静态模型和动态模型在均衡状态下的最优定价是相同的。当 $\delta \neq 0$ 时，即货币的时间价值无法忽略，平台还需关注 $\delta\theta^1$ 和 $\delta\theta^2$。由此可得命题 7-3。

命题 7-3　当 $W^b(x,y) = W^s(x,y)$，$c(x,y) = c(y,x)$ 时，在静态模型下，两边均衡价格相同，而在动态模型下，两边均衡价格可能不同。

证明　在静态模型下，由式（7-23）和式（7-24）可知，两边均衡价格相同。在动态模型下，由式（7-15）和式（7-16）可知，θ^1 和 θ^2 还与用户增长速度（$G^{b'}$ 和 $G^{s'}$）和权重系数（α 和 β）有关，继而当 $\theta^1 \neq \theta^2$ 时，可得命题 7-3。证毕。

命题 7-3 表明，即使两边用户的支付意愿函数和平台成本函数对称，倾斜定价策略仍可能最优。原因在于，在动态模型下，均衡价格还受用户预期方式和用户增长速度的影响。基于此，命题 7-3 为现实生活中双边平台的倾斜定价提供了新的解释，即贴现率不为零时用户增长率和用户信念的影响。

下面通过比较静态分析探讨均衡状态下的平台定价决策。令

$$\varphi^1(x,y) \equiv p^b(x,y) - c_x + yp_x^s + xp_x^b - \delta\theta^1 \qquad (7\text{-}25)$$

和

$$\varphi^2(x,y) \equiv p^s(x,y) - c_y + xp_y^b + yp_y^s - \delta\theta^2 \qquad (7\text{-}26)$$

由式（7-21）和式（7-22）可知，在均衡状态下，有 $\varphi^1(x^*,y^*)=0$，$\varphi^2(x^*,y^*)=0$。

令 t^* 表示均衡状态下的任意时刻。由 $\lambda^1(\tau) = \dfrac{\partial \Pi^\tau}{\partial x(\tau)}$ 和 $\lambda^2(\tau) = \dfrac{\partial \Pi^\tau}{\partial y(\tau)}$ 得

$$\begin{aligned}
\tilde{\Pi}(t^*,\Omega) &\equiv \int_0^{x(t^*)} \varphi^1(x,y)\mathrm{d}x = \int_0^{y(t^*)} \varphi^2(x,y)\mathrm{d}y \\
&= \delta\left(\frac{\pi(t^*,\Omega)}{\delta} + \mathrm{e}^{\delta t^*}\int_0^{t^*} \mathrm{e}^{-\delta t}\pi(t,\Omega)\mathrm{d}t \right) \\
&= \delta\left(\int_{t^*}^{+\infty} \mathrm{e}^{-\delta(t-t^*)}\pi(t^*,\Omega)\mathrm{d}t + \mathrm{e}^{\delta t^*}\int_0^{t^*} \mathrm{e}^{-\delta t}\pi(t,\Omega)\mathrm{d}t \right)
\end{aligned}$$

因此，$\dfrac{\tilde{\Pi}(t^*,\Omega)}{\delta}$ 表示平台总利润在时刻 t^* 的贴现。假设 $\tilde{\Pi}(t^*,\Omega)$ 是关于 $x(t^*)$ 和 $y(t^*)$ 的凹函数，则矩阵 $\Phi = \begin{bmatrix} \varphi_x^1 & \varphi_y^1 \\ \varphi_x^2 & \varphi_y^2 \end{bmatrix}$ 的行列式为正，即 $\det(\Phi) > 0$，且 $\varphi_x^1 < 0$，$\varphi_y^2 < 0$。继而由式（7-25）、式（7-26）和隐函数求导原理得

$$\frac{\partial N}{\partial \xi} = -\Phi^{-1}\begin{bmatrix} \varphi_\xi^1 \\ \varphi_\xi^2 \end{bmatrix} = \frac{-1}{\det(\Phi)}\begin{bmatrix} \varphi_y^2 & -\varphi_y^1 \\ -\varphi_x^2 & \varphi_x^1 \end{bmatrix}\begin{bmatrix} \varphi_\xi^1 \\ \varphi_\xi^2 \end{bmatrix} \tag{7-27}$$

其中，$N = [x^*, y^*]^{\mathrm{T}}$；$\xi$ 为某个参数。

在均衡状态下，由式（7-15）和式（7-16）得

$$\theta^1 = \frac{(-xp_x^b - \beta yp_x^s)(p_x^b p_y^s - \alpha p_y^b p_x^s)}{G^{b'}(p_x^b p_y^s - \alpha\beta p_y^b p_x^s)} \tag{7-28}$$

和

$$\theta^2 = \frac{(-yp_y^s - \alpha xp_y^b)(p_x^b p_y^s - \beta p_y^b p_x^s)}{G^{s'}(p_x^b p_y^s - \alpha\beta p_y^b p_x^s)} \tag{7-29}$$

其中，在均衡状态下，$G^{b'} = G^{b'}(0)$，$G^{s'} = G^{s'}(0)$。

命题 7-4 在均衡状态下，最优用户数量满足 $x_{G^{b'}}^* > 0$ 和 $y_{G^{s'}}^* > 0$。

证明 当 $\xi = G^{b'}(0)$ 或 $\xi = G^{s'}(0)$ 时，由式（7-25）式（7-26），得 $\varphi_\xi^i = -\delta\theta_\xi^i$。由式（7-28）和式（7-29），得 $\theta_{G^{s'}}^1 = \theta_{G^{b'}}^2 = 0$，$\theta_{G^{b'}}^1 < 0$ 和 $\theta_{G^{s'}}^2 < 0$[①]。继而由式（7-27）、$\varphi_x^1 < 0$ 和 $\varphi_y^2 < 0$，得命题 7-4。证毕。

命题 7-4 表明，当一边用户的增长速度较高（$G^{b'}$ 或 $G^{s'}$）时，在均衡状态下，平台应吸引更多该边用户。原因在于，在动态框架下，当一边用户的增长速度较快时，吸引该边用户所花费的成本较低。需注意的是，另一边用户数量的变化，即 $x_{G^{s'}}^*$ 和 $y_{G^{b'}}^*$ 并不确定。

命题 7-5 在均衡状态下，最优用户数量满足：

$$\mathrm{sgn}\{x_\alpha^*\} = \mathrm{sgn}\left\{\frac{\theta_\alpha^1}{\theta_\alpha^2} - \frac{\varphi_y^1}{\varphi_y^2}\right\}$$

$$\mathrm{sgn}\{y_\alpha^*\} = \mathrm{sgn}\left\{\frac{\theta_\alpha^2}{\theta_\alpha^1} - \frac{\varphi_x^2}{\varphi_x^1}\right\}$$

且当 $x_\alpha^* < 0$ 时，有 $y_\alpha^* > 0$，反之则相反。

证明 当 $\xi = \alpha$ 时，由式（7-25）和式（7-26），得 $\varphi_\xi^i = -\delta\theta_\xi^i$。由式（7-28）和式（7-29）得

$$\theta_\alpha^1 = \frac{(-xp_x^b - \beta yp_x^s)(\beta - 1)p_x^b p_y^s p_y^b p_x^s}{G^{b'}(p_x^b p_y^s - \alpha\beta p_y^b p_x^s)^2}$$

和

---

① 由 θ^1 和 θ^2 的经济含义，本章假设两个共态变量均为正值。

$$\theta_\alpha^2 = \frac{p_y^s p_y^b (-x p_x^b - \beta y p_x^s)(p_x^b p_y^s - \beta p_y^b p_x^s)}{G^{s'}(p_x^b p_y^s - \alpha \beta p_y^b p_x^s)^2}$$

在均衡状态下，有

$$\mathrm{d}W^b(x,y) = p_x^b \mathrm{d}x + p_y^b \mathrm{d}y = \mathrm{d}x(p_x^b + p_y^b(\mathrm{d}y/\mathrm{d}x)) = \mathrm{d}x(p_x^b - p_y^b p_x^s / p_y^s)$$

为确保均衡的稳定性，假设 $p_x^b - p_y^b p_x^s / p_y^s < 0$，则有 $p_x^b p_y^s - \alpha \beta p_y^b p_x^s > 0$ 和 $\theta_\alpha^i < 0$，$i=1,2$。继而由式（7-27）、$\varphi_x^1 < 0$、$\varphi_y^2 < 0$ 和 $\det(\varPhi) > 0$，即得证。证毕。

命题 7-5 表明，与命题 7-4 不同，在均衡状态下，α 对均衡用户数量的影响并不确定。这种不确定性取决于两种利益的权衡。第一，随着 α 的增加，买家接入决策更依赖本边数量，买家数量的价值因而提高；第二，卖家会员费会影响买家决策，当 α 较高时，平台对卖家定低价在吸引更多卖家的同时也提高了买家的预期。简单来说，平台面临的是吸引买家还是吸引卖家的抉择。此外，由于当 $\varphi_y^1 \geq 0$ 时，有 $x_\alpha^* > 0$，而当 $\varphi_x^2 \geq 0$ 时，有 $y_\alpha^* > 0$，上述权衡仅存在于 $\varphi_y^1 < 0$ 或 $\varphi_x^2 < 0$。原因在于，当 $\varphi_y^1 \geq 0$，$\varphi_x^2 \geq 0$ 时，一边用户数量的增长提高了另一边用户的价值，两边用户呈互补关系，不存在权衡问题。

命题 7-5 还表明，随着 α 的增加，至少一边用户的均衡数量会增长。为了对该结论进行解释，下面先讨论一个完全对称的情形，即 $\alpha = \beta$、$W^b(x,y) = W^s(x,y)$、$c(x,y) = c(y,x)$ 和 $G^b(\cdot) = G^s(\cdot)$。对称情形剔除了平台对两边用户的权衡，可用于探讨纯粹由用户预期所产生的影响。具体结论总结在推论 7-2 中。

推论 7-2　在完全对称情形下，有 $p_\alpha^{b*} = p_\alpha^{s*} < 0$，$x_\alpha^* = y_\alpha^* > 0$。

证明　此时，由命题 7-5 证明得

$$\theta_\alpha^1 = \theta_\alpha^2 = \frac{-x p_x^b p_y^b (p_x^b - p_y^b)}{G^{b'}(p_x^b - \alpha p_y^b)^2} < 0$$

由 $\det(\varPhi) > 0$，有 $|\varphi_x^1| = |\varphi_y^2| > |\varphi_y^1| = |\varphi_x^2|$。继而由式（7-27），有 $x_\alpha^* = y_\alpha^* > 0$。又因为 $p_x^b - p_y^b p_x^s / p_y^s < 0$，得 $p_x^b + p_y^b < 0$ 和 $p_\alpha^{b*} = p_x^{b*} x_\alpha^* + p_y^{b*} y_\alpha^* = (p_x^{b*} + p_y^{b*}) x_\alpha^* < 0$。证毕。

推论 7-2 表明，在完全对称情形下，当权重系数较高时，均衡价格较低，均衡数量较高。原因在于，当权重系数较高时，用户越偏好通过自己的信念进行决策，即一边用户对另一边用户的会员费会更敏感。平台此时采用低价策略效果较好。基于此，在不对称情形中，随着权重系数的增加，平台至少要增加一边用户的数量。

命题 7-6　在均衡状态下，用户数量满足：

$$\operatorname{sgn}\{x_\delta^*\} = \operatorname{sgn}\left\{\frac{\varphi_y^1}{\varphi_y^2} - \frac{\theta^1}{\theta^2}\right\}$$

$$\operatorname{sgn}\{y_\delta^*\} = \operatorname{sgn}\left\{\frac{\varphi_x^2}{\varphi_x^1} - \frac{\theta^2}{\theta^1}\right\}$$

且当 $x_\delta^* > 0$ 时，有 $y_\delta^* < 0$，反之则相反。在完全对称的情形中，有 $p_\delta^{b*} = p_\delta^{s*} > 0$ 和 $x_\delta^* = y_\delta^* < 0$。

证明　当 $\xi = \delta$ 时，由式（7-25）和式（7-26），得 $\varphi_\xi^i = -\theta^i < 0$。继而由命题 7-5 和推论 7-2 证明，可得命题 7-6。证毕。

命题 7-6 表明，贴现率对均衡状态的影响与命题 7-5 以及推论 7-2 的结论相反。原因在于，当贴现率较高时，货币的时间成本较高，平台采用低价策略效果较差。因此，在完全对称情形中，由于无须考虑平台对两边用户的权衡，贴现率较高时，均衡价格较高，均衡数量较低。同理，在不对称情形中，随着贴现率的增加，平台至少要减少一边用户的均衡数量。

7.4　数　值　仿　真

在早期关于电信市场（具有直接网络外部性）的研究中，一致呼叫模型（uniform calling model）常用于分析动态情形（Artle and Averous，1973；Rohlfs，1974）。此后，Evans 和 Schmalensee（2010）将该模型应用到针对双边市场（具有间接网络外部性）的动态研究。本节通过这一模型阐述理论分析的结果。具体来说，在该模型下，买家和卖家的支付意愿函数分别为

$$W^b(\xi, y^e) = \mathrm{e}^b(1-\xi)y^e \qquad （7-30）$$

和

$$W^s(\eta, x^e) = \mathrm{e}^s(1-\eta)x^e \qquad （7-31）$$

此外，$G^b(\bullet)$ 和 $G^s(\bullet)$ 为线性函数，即

$$\dot{x} = G^b(d^b(\alpha, \Omega) - x) \triangleq v^b[d^b(\alpha, \Omega) - x] \qquad （7-32）$$

和

$$\dot{y} = G^s(d^s(\beta, \Omega) - y) \triangleq v^s[d^s(\beta, \Omega) - y] \qquad （7-33）$$

其中，$x(0) = 0$；$y(0) = 0$；平台成本函数为 $c(x, y) = c^b x + c^s y$。

本节首先分析用户短视情形，即 $\alpha = \beta = 0$。由式（7-7）和式（7-8）有

$$d^b(0, \Omega) = 1 - p^b / (\mathrm{e}^b y), \quad d^s(0, \Omega) = 1 - p^s / (\mathrm{e}^s x)$$

则现值哈密顿函数是关于 p^b 和 p^s 的线性函数，即最优轨迹为碰碰解。由于用户

流失会产生负面信息进而导致更多用户退出平台，假设 $0 \leqslant p^b \leqslant W^b(x,y)$ ，$0 \leqslant p^s \leqslant W^s(y,x)$ 。

继而最优碰碰解为

$$\tilde{p}^i(t) = \begin{cases} \overline{W}^i, & H^c_{p^i} > 0 \\ -, & H^c_{p^i} = 0 \\ 0, & H^c_{p^i} < 0 \end{cases} \tag{7-34}$$

其中，$\overline{W}^b = e^b(1 - \tilde{x}(t))\tilde{y}(t)$ ；$\overline{W}^s = e^s(1 - \tilde{y}(t))\tilde{x}(t)$ ，$i = b,s$ 。

由式（7-34）可知，当 $\tilde{p}^i(t) = 0$ 时，用户数量增长，而当 $\tilde{p}^i(t) = \overline{W}^i$ 时，用户数量不变。继而由式（7-32）和式（7-33）可知，买家数量由 0 增长到 x^* 的最短时间 t^x 满足 $x^* = 1 - e^{-v^b t^x}$ ，而卖家数量由 0 增长到 y^* 的最短时间 t^y 满足 $y^* = 1 - e^{-v^s t^y}$ 。令时刻 T^* 表示均衡状态和非均衡状态的分割点。在均衡状态下，用户数量较多，平台利润较高。除了贴现率很高的极端情形，在上述碰碰解下，平台没有必要推迟市场到达均衡的时间，即 $\max(t^x, t^y)$ 。基于此，为简化分析，在用户短视情形中，本节考虑 $T^* = \max(t^x, t^y)$ 的情形。

不失一般性地，下述参数设定满足 $t^y > t^x$ 。卖家边最优价格轨迹较为简单，由 $T^* = \max(t^x, t^y)$ 可知，卖家边仅存在一次转换，即时刻 t^y 处。具体来说，当 $t \in [0, t^y)$ 时，有 $\tilde{p}^s(t) = 0$ ，而当 $t \in [t^y, +\infty)$ 时，有 $\tilde{p}^s(t) = p^{s*}$ ，如图 7-2（d）所示。

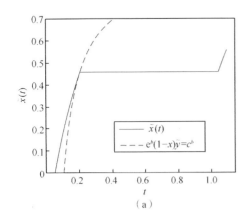

（a）

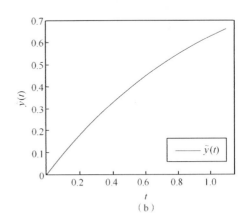

（b）

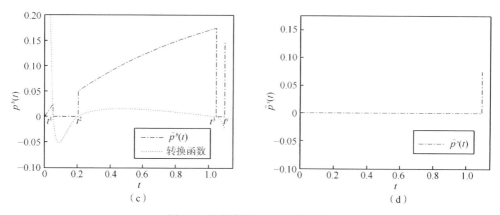

图 7-2　短视情形下的最优轨迹

本图所用参数为 $e^b = 0.5$、$e^s = 0.4$、$c^b = c^s = 0.05$、$v^b = 4$、$v^s = 1$ 和 $\delta = 0$

买家边最优价格轨迹较为复杂，且存在多次转换。在图 7-2（c）的例子中，买家边存在四次转换，对应时刻分别为 t^1、t^2、t^3 和 t^y。在转换时刻处，平台管理者会改变定价决策，如图 7-2（a）和图 7-2（b）所示。下面就各个区间分别进行分析。

当 $t \in [0, t^1)$ 时，有 $\tilde{x}(t) = 0$，即平台管理者会阻止买家加入，而仅允许卖家加入。原因在于，在市场初期，卖家数量较少，此时让买家加入平台成本过高。随着 c^b 的增加，平台管理者应进一步推迟买家进入市场的时间，如图 7-3（a）所示。同理，当 e^b 或 e^s 较高，或 v^s 较高时，平台管理者应提前买家进入市场的时间，如图 7-3（b）和图 7-3（c）所示。δ 较高时，货币的时间价值较高，平台管理者应推迟对买家补贴的时间（t^1），如图 7-3（d）所示。

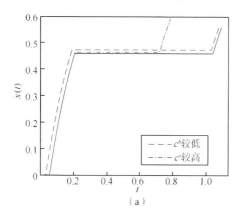

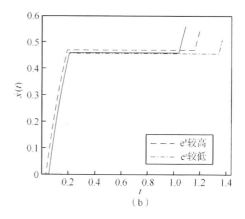

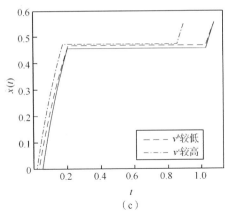
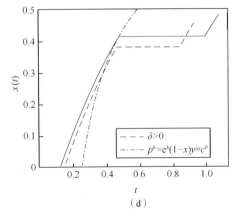

图 7-3　不同参数的比较

图 7-3（a）、图 7-3（b）和图 7-3（c）中实线所用参数和图 7-2 相同。在图 7-3（a）中，较低的 c^b 为 0.045，较高的 c^s 为 0.1。在图 7-3（b）中，较低的 e^s 为 0.3，较高的 e^b 为 0.55。在图 7-3（c）中，较低的 v^b 为 0.35，较高的 v^s 为 0.12。在图 7-3（d）中，实线所用参数为 $e^b=0.45$、$e^s=0.4$、$c^b=0.1$、$c^s=0.05$、$\delta=0$、$v^b=1.5$ 和 $v^s=1$。当 $\delta>0$ 时，$\delta=0.2$

当 $t\in[t^1,t^2)$ 时，最优价格轨迹为 $\tilde{p}^b(t)=0$，即低价吸引买家加入平台。问题在于，平台应何时停止低价策略。当贴现率为零时，结论较为直观。在 t^2 时刻，如图 7-2（a）所示，有 $e^b(1-\tilde{x}(t^2))\tilde{y}(t^2)=c^b$[①]，即当边际买家的支付意愿等于 c^b 时，平台管理者应停止低价策略。原因在于，如果 $\tilde{p}^b(t^2)=e^b(1-\tilde{x}(t^2))\tilde{y}(t^2)<c^b$，平台推迟时刻 t^1 利润更高，而如果 $\tilde{p}^b(t^2)=e^b(1-\tilde{x}(t^2))\tilde{y}(t^2)>c^b$，平台提前时刻 t^1 利润更高。当贴现率为正时，在 t^2 时刻，平台定价满足 $\tilde{p}^b(t^2)=e^b(1-\tilde{x}(t^2))\tilde{y}(t^2)>c^b$，如图 7-3（d）所示。原因在于，在此定价决策下，平台推迟了时刻 t^1，减少了 $[t^1,t^2]$ 时间段低价所产生的损失。

当 $t\in[t^2,t^3)$ 时，即使市场处于非均衡状态，平台仍可盈利。在该区间上，平台管理者需在 $e^b(1-x)\tilde{y}=c^b$ 上选择 $\tilde{x}(t^2)$ 并保持不变，如图 7-2（a）所示。数值结果表明，当 c^s、e^b、e^s 或 v^s 较高时，平台在 t^2 时刻应吸引较多的买家；当 c^b、v^b 或 δ 较高时，平台在 t^2 时刻应吸引较少的买家，如图 7-3 所示。相关结果的解释与 $[0,t^1)$ 时间段类似。

综上，在非均衡状态下，相比于用户数量的增长，平台管理者更应协调好两边用户数量的比例。这也诠释了为何买家进入市场后，平台会在中间时间段，即

① 在 t^1 时刻，由 $H_{p^b}^c=x(t^1)-(\theta^1(t^1)v^b)/(e^b y(t^1))=0$ 和 $x(t^1)=0$，有 $\theta^1(t^1)=0$。当 $t\in(t^1,t^2)$ 时，有 $\dot{\theta}^1=c^b+v^b\theta^1$。继而可得 $\theta^1(t^2)=c^b x(t^2)/(v^b(1-x(t^2)))$。最后，由 $y(t^2)=\theta^1 v^b/(e^b x(t^2))$，得 $\tilde{p}^b(t^2)=e^b(1-\tilde{x}(t^2))\tilde{y}(t^2)=c^b$。

$[t^2,t^3)\subset[t^1,t^y)$ 处保持买家数量不变。

下面讨论权重系数（α 和 β）不为零的情形。为简化分析，考虑两边参数对称的情形。不失一般性地，下述分析以买家为例。图 7-4 显示了不同参数下的最优价格轨迹。其中，横轴表示的是买家数量。总体来看，在市场初期阶段，平台应定低价以保证用户数量的迅速增长[①]。之后，当用户数量达到一定程度，平台最优价格迅速增长并逐渐趋近于均衡价格。需注意的是，由于多重均衡的存在（参见 7.1.3 节分析），平台定价不能超过 $W^b(x,x)$。原因在于，当 $W^b(x,x)<p^b$ 时，由式（7-7）和式（7-8）可知，买家需求为零，即 $d^b(\alpha,\Omega)=0$。很明显，对于平台管理者而言，此策略不可行。因此，在某些情形中，如情形 $\alpha=\beta=1$，为确保用户数量的增长，平台应制定低于内点解的价格，即曲线 AB。

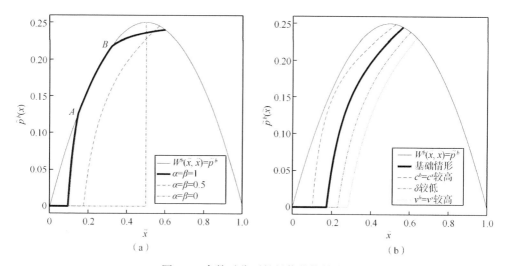

图 7-4　参数对称下的最优价格轨迹

在图 7-4（a）中，其他参数为 $e^b=e^s=1$、$c^b=c^s=0$、$v^b=v^s=0.1$ 和 $\delta=0.1$。在图 7-4（b）中，基础情形的参数与图 7-4（a）中情形 $\alpha=\beta=0.5$ 一样，而较高的 c^b 为 0.1，较低的 δ 为 0.05，较高的 v^b 为 0.5

在不同参数下，如图 7-4（a）所示，权重系数较高时，平台最优价格会在用户数量较少时迅速增长（吸引用户成本较高），之后趋于用户数量较多的均衡（低价策略效果较好）。如图 7-4（b）所示，贴现率较低、用户增长率较高或边际成本较低时，平台最优价格会在用户数量较多时迅速增长（吸引用户成本较低），之后趋于用户数量较多的均衡（低价策略效果较好）。

---

① 图 7-4 显示的是会员费非负的情形。如果平台可补贴用户，早期会员费可能为负。

7.5　本 章 小 结

在用户预期行为下,本章构建动态模型分析了垄断双边平台的动态定价决策,以及均衡状态下的最优会员费和最优用户数量。主要工作与结论如下。

(1)在非均衡状态下,任意时刻的最优会员费受边际成本、间接网络外部性和价格弹性的影响。与静态模型不同,在动态模型下,边际成本还应包含时间成本,而间接网络外部性和价格弹性考虑的是当前用户的数量而非用户需求。此外,基于用户预期的存在,用户推测的数量与实际数量并不一定相等,平台管理者应额外考虑预期偏差的影响。

(2)在均衡状态下,当贴现率为零时,动态模型和静态模型的均衡定价相同;当贴现率不为零时,在动态模型下,即使两边用户的支付意愿函数和平台成本函数对称,倾斜定价策略仍可能最优。此外,一边用户的增长速度较高时,该边用户的均衡数量较多。在完全对称情形下,当权重系数较高或贴现率较低时,均衡价格较低,均衡数量较高。

(3)数值结果表明,在非均衡状态下,相比于用户数量的增长,平台管理者更应协调好两边用户数量的比例。在完全对称情形中,权重系数较高时,平台最优价格会在用户数量较少时迅速增长,之后趋于用户数量较多的均衡;贴现率较低、用户增长率较高或边际成本较低时,平台最优价格会在用户数量较多时迅速增长,之后趋于用户数量较多的均衡。

第8章 用户支付意愿信息不对称下的平台定价

在两边用户之间信息不对称下，第6章和第7章基于用户预期行为分别探讨了垄断平台的静态定价和动态定价。本章和第9章侧重于平台和用户之间的信息不对称，其中本章探讨的是平台不知晓用户支付意愿下的定价决策。

首先，探讨用户信息完全下平台针对不同类型消费者的会员费、质量和广告量决策。其次，在用户支付意愿信息不对称下，探讨平台对消费者类型的识别及最优决策。最后，通过对比信息完全和信息不对称下的均衡结果，研究信息不对称对平台决策的影响。

8.1 问 题 描 述

市场仅存在一个垄断双边平台，平台向消费者出售的产品由内容和广告两部分组成，如为观众提供不同频道节目的电视台。消费者需支付会员费以观看平台所提供的内容，且要收看一定数量的广告。平台的利润源于消费者的会员费和广告商的广告费。

在消费者边，消费者的支付意愿是其私有信息。依据支付意愿的高低可分为高（H）类型和低（L）类型，H 类型消费者对内容质量具有更高的支付意愿，即 $\theta_H > \theta_L$。其中，$\theta_i \geq 0$ 表示消费者的支付意愿，$i = H, L$。平台与消费者之间存在信息不对称，平台不知晓消费者类型，但知道不同类型消费者的比例。令 H 类型消费者的比例为 $\kappa \in (0,1)$，L 类型消费者的比例为 $1-\kappa$。在广告商边，假设存在 M 个具有投放广告意愿的厂商，每个厂商生产一种产品。对此，H 类型消费者购买产品的概率较高，L 类型消费者购买产品的概率较低。因此，在其他条件相同的情况下，厂商更偏爱 H 类型消费者。

博弈时序包含三个阶段：阶段1，"自然"选择消费者类型 i（$i = H, L$）；阶段2，针对不同类型的消费者，平台决策会员费、广告费和平台产品（或内容）质量；阶段3，消费者和广告商选择接入平台。

本章拟解决的问题是：①在消费者支付意愿信息不对称下，平台如何通过提供两种产品对不同类型的消费者实施甄别，以及如何决策两种产品的会员费、质量和广告量？②平台提供的两种产品有何差异？③消费者支付意愿信息不对称对平台最优决策有何影响？

8.2　模　型　构　建

本节讨论消费者效用、广告商决策和平台利润。

8.2.1　消费者效用

参考 Kremhelmer 和 Zenger（2008）与 Battaggion 和 Drufuca（2020）的研究，设 i 类型消费者的效用 U_i 为

$$U_i(p,a,q) = u_i - p - \beta_i a + \theta_i q, \quad i = H, L \tag{8-1}$$

其中，$u_i > 0$，表示 i 类型消费者购买平台产品所获得的基础效用。其中，H 类型消费者接入平台获得的价值更高，即 $u_H > u_L$。考虑消费者是厌恶广告的[①]，记 $\beta_i > 0$ 为消费者观看单位广告所带来的干扰成本。由于 H 类型消费者的时间机会成本更高，假设 $\beta_H > \beta_L$。此外，为了计算的方便，后续分析将 L 类型消费者的支付意愿 θ_L 规范化为零。

消费者对于平台产品具有单位需求，即总是选择购买能够带来更高效用的产品。在式（8-1）中，p、a、q 与消费者选择的产品有关。其中，消费者效用关于平台产品价格（即会员费）p 和广告量 a 递减，关于平台产品质量 q 递增。具体来说，观看广告会占用消费者时间，广告量增加会降低消费者效用，而质量更好的产品会提高消费者效用。

8.2.2　广告商决策

参考 Anderson 和 Coate（2005）的研究，假设广告商产品的利润边际 s 服从 $[0, \sigma]$ 上的均匀分布，则概率密度函数为 $f(s) = 1/\sigma$，累积分布函数为 $F(s) = s/\sigma$。对于广告商的产品，设 H 类型消费者购买的概率为 w，L 类型消费者购买的概率为 φw，且 $0 < \varphi < 1$。基于此，广告商愿意为接触一个 H 类型消费者支付 sw，为

---

① 一些文献，如 Lin（2020）的研究，认为广告可以让消费者获得产品信息，提高了消费者效用。本书则沿用多数媒体平台的研究假设，认为消费者对于广告是厌恶的。

接触一个 L 类型消费者支付 φsw。此外，假设 $\beta_H \leqslant \sigma w$ 和 $\beta_L \leqslant \varphi \sigma w$，以确保广告商愿意加入平台。

在投放广告和不投放广告之间无差异的广告商记作 s^*，其值满足期望利润为零，即

$$\kappa w s^* + (1-\kappa)\varphi w s^* - r_a = 0$$

其中，r_a 为广告费，即单位消费者给平台带来的广告收入。继而广告商的数量（即广告量）为

$$a(r_a) = M\left[1 - F(s^*)\right] \tag{8-2}$$

参考 Prasad 等（2003）的研究，如果平台可将不同类型的消费者划分开，广告商接触不同类型消费者需支付不同的广告费。具体地，对于 H 类型消费者来说，有

$$a_H = M\left[1 - F\left(\frac{r_{aH}}{w}\right)\right] = M\left(1 - \frac{r_{aH}}{\sigma w}\right)$$

对于 L 类型的消费者来说，有

$$a_L = M\left[1 - F\left(\frac{r_{aL}}{\varphi w}\right)\right] = M\left(1 - \frac{r_{aL}}{\varphi \sigma w}\right)$$

继而可得广告商接触不同类型消费者所支付的广告费如下：

$$r_{aH} = \sigma w\left(1 - \frac{a_H}{M}\right) \tag{8-3}$$

$$r_{aL} = \varphi \sigma w\left(1 - \frac{a_L}{M}\right) \tag{8-4}$$

8.2.3 平台利润

平台利润由会员费、广告费和产品质量成本 $q^2/2$ 等三部分构成。为便于建模和计算，设边际生产成本和固定成本都为零，则平台利润为

$$\Pi = \kappa\left(p_H + r_{aH}a_H\right) + (1-\kappa)\left(p_L + r_{aL}a_L\right) - \frac{1}{2}\max\left((q_H)^2, (q_L)^2\right) \tag{8-5}$$

其中，r_{aH} 和 r_{aL} 如式（8-3）与式（8-4）所示。

为保证两类消费者都愿意接入平台，消费者接入平台获得的效用为非负，即需满足参与约束。对 H 类型消费者有

$$u_H - \beta_H a_H - p_H + \theta_H q_H \geqslant 0 \tag{8-6}$$

对 L 类型消费者有

$$u_L - \beta_L a_L - p_L \geqslant 0 \tag{8-7}$$

此外，当平台无法识别消费者的类型时，可提供不同的产品让消费者自行选择对应的产品类别，但需满足激励相容约束。具体来说，对 H 类型消费者有

$$p_L - p_H + \beta_H(a_L - a_H) - \theta_H(q_L - q_H) \geqslant 0 \qquad (8\text{-}8)$$

对 L 类型消费者有

$$p_H - p_L + \beta_L(a_H - a_L) \geqslant 0 \qquad (8\text{-}9)$$

8.3　平台知道消费者支付意愿时的决策

如果平台能够观察到每一个消费者的类型，就可针对不同类型的消费者提供不同会员费、广告量和质量的产品以赚取更高的利润。

8.3.1　信息完全下的均衡

本节分析平台知道消费者类型时的最优决策。

命题 8-1　在信息完全下，可知以下条件。

（1）平台为 H 类型和 L 类型消费者制定的会员费、广告量、质量分别为

$$p_H^C = u_H - \frac{\beta_H M}{2}\left(1 - \frac{\beta_H}{\sigma w}\right) + \kappa(\theta_H)^2 , \ a_H^C = \frac{M}{2}\left(1 - \frac{\beta_H}{\sigma w}\right), \ q_H^C = \kappa\theta_H , \ p_L^C = u_L - \frac{\beta_L M}{2}$$

$$\left(1 - \frac{\beta_L}{\varphi\sigma w}\right), \ a_L^C = \frac{M}{2}\left(1 - \frac{\beta_L}{\varphi\sigma w}\right), \quad q_L^C = 0 。上标 C 表示信息完全情形。$$

（2）平台向接触 H 类型和 L 类型消费者的广告商收取的广告费分别为 $r_{aH}^C = \frac{1}{2}(\sigma w + \beta_H)$, $r_{aL}^C = \frac{1}{2}(\varphi\sigma w + \beta_L)$。

证明

（1）在完全信息下，H 类型和 L 类型消费者的参与约束，即式（8-6）和式（8-7）为紧，于是有

$$p_H = u_H - \beta_H a_H + \theta_H q_H, \ p_L = u_L - \beta_L a_L \qquad (8\text{-}10)$$

由于 θ_L 为零，平台为 L 类型消费者制定正的质量没有收益，继而 $q_L^C = 0$。由式（8-5）和式（8-10），分别求 $\varPi$ 关于 a_H、a_L 及质量 q_H 的一阶导数[①]，可得命题 8-1 中的 a_H^C、a_L^C 和 q_H^C。进一步代入式（8-10），可得 p_H^C 和 p_L^C。

（2）将 a_H^C 和 a_L^C 分别代入式（8-3）与式（8-4），可得 r_{aH}^C 和 r_{aL}^C。证毕。

命题 8-1 表明，当平台知道消费者类型时，两种类型的消费者都需要观看一

---

① 因为二阶条件总是成立，因此省略，下同。

定数量的广告，向消费者收取的会员费和向广告商收取的广告费都是平台利润的来源。由于 L 类型消费者对内容质量的支付意愿为零，平台只向 L 类型消费者提供基础质量的产品，而对 H 类型消费者提供较高质量的产品。通过对接触不同类型消费者的广告商收取不同的广告费，平台在一边（即消费者）实施二级价格歧视的同时也能够对另外一边（即广告商）实施价格歧视。

命题 8-1 还表明，H 类型消费者的比例 κ 越大或支付意愿 θ_H 越大，平台对 H 类型消费者制定的会员费 p_H^C 和质量 q_H^C 越高。原因在于，针对支付意愿较高的 H 类型消费者，平台提供高质高价的产品利润更高。此外，由于消费者是厌恶广告的，干扰成本的增加降低了消费者所获得的效用，减少了消费者的数量，平台此时应提高广告费，降低广告量，以避免消费者流失。

8.3.2　信息完全下平台提供的产品的差别

本节通过对比信息完全下的均衡结果，研究不同产品下会员费、广告量和广告费的区别。

命题 8-2　在信息完全下，可知以下条件。

（1）$p_H^C > p_L^C$ 当且仅当 $u_H - u_L + \kappa(\theta_H)^2 - \dfrac{M}{2}\left[\beta_H\left(1 - \dfrac{\beta_H}{\sigma w}\right) - \beta_L\left(1 - \dfrac{\beta_L}{\varphi\sigma w}\right)\right] > 0$。

（2）$a_H^C < a_L^C$ 当且仅当 $\varphi > \beta_L/\beta_H$。

（3）$r_{aH}^C > r_{aL}^C$。

证明　由 $p_H^C - p_L^C = u_H - u_L + \kappa(\theta_H)^2 - \dfrac{M}{2}\left[\beta_H\left(1 - \dfrac{\beta_H}{\sigma w}\right) - \beta_L\left(1 - \dfrac{\beta_L}{\varphi\sigma w}\right)\right]$，得命题 8-2（1）；由 $a_H^C - a_L^C = -\dfrac{M}{2\varphi\sigma w}(\varphi\beta_H - \beta_L)$，得命题 8-2（2）；由 $\beta_H > \beta_L$ 和 $\varphi < 1$，得 $r_{aH}^C - r_{aL}^C = \dfrac{1}{2}(1 - \varphi)\sigma w + \dfrac{1}{2}(\beta_H - \beta_L) > 0$。证毕。

命题 8-2 表明，在信息完全下，与 L 类型消费者相比，H 类型消费者的会员费并不总是更高，广告量也并不总是更低。但是，接触 H 类型消费者的广告商的广告费一定更高。具体来说，由命题 8-2（1）可知，两种类型消费者的初始效用之差（$u_H - u_L$）越大，H 类型消费者的比例 κ 越大或支付意愿 θ_H 越大，H 类型消费者的会员费更有可能大于 L 类型消费者的会员费；由命题 8-2（2）可知，仅当 L 类型消费者购买的概率充分小时（$\varphi < \beta_L/\beta_H$），平台才会对 H 类型消费者制定较高的广告量。此外，命题 8-2（3）表明，由于 H 类型消费者购买产品的概率更高，广告商愿意为接触 H 类型消费者而支付更高的广告费。

8.4　平台不知道消费者支付意愿信息时的决策

当平台不知晓消费者类型时，平台提供的产品除了需要满足参与约束，即式（8-6）和式（8-7），还需要满足激励相容约束，即式（8-8）和式（8-9）。

8.4.1　信息不对称下的均衡

本节分析平台不知道消费者类型时的最优决策。

命题 8-3　在信息不对称下，如果 $\beta_H < \varphi\sigma w$，那么当 $\max\left\{0, \dfrac{\beta_L - \varphi\beta_H}{(1-\varphi)\beta_H}\right\} <$

$\kappa \leqslant \dfrac{\beta_L + \varphi\sigma w}{\beta_H + \varphi\sigma w}$ 且 $u_H - u_L > \dfrac{(\beta_H - \beta_L)M}{2}\left[1 + \dfrac{\kappa\beta_H - \beta_L}{(1-\kappa)\varphi\sigma w}\right]$ 时存在分离均衡。

（1）平台为 H 类型消费者制定的会员费为

$$p_H^I = u_L + \frac{M}{2}\left[\frac{(\beta_H - \beta_L)(\kappa\beta_H - \beta_L)}{(1-\kappa)\varphi\sigma w} + \frac{(\beta_H)^2}{\sigma w} - \beta_L\right] + \kappa(\theta_H)^2$$

平台为 L 类型消费者制定的会员费和广告量分别为

$$p_L^I = u_L - \frac{\beta_L M}{2}\left[1 + \frac{\kappa\beta_H - \beta_L}{(1-\kappa)\varphi\sigma w}\right]$$

$$a_L^I = \frac{M}{2}\left[1 + \frac{\kappa\beta_H - \beta_L}{(1-\kappa)\varphi\sigma w}\right]$$

上标 I 表示信息不对称情形。平台为 H 类型消费者制定的广告量 a_H^I、质量 q_H^I 和平台为 L 类型消费者制定的质量 q_L^I 分别与信息完全时的取值相同。

（2）平台为接触 L 类型消费者的广告商制定的广告费为

$$r_{aL}^I = \frac{\varphi\sigma w}{2} - \frac{\kappa\beta_H - \beta_L}{2(1-\kappa)}$$

为接触 H 类型消费者的广告商制定的广告费与信息完全时的取值相同。

证明

（1）由式（8-8）和式（8-9）可知，为确保分离均衡存在，令 $a_H < a_L$，假设仅参与约束式（8-7）和激励相容约束式（8-8）为紧，则有

$$p_L = u_L - \beta_L a_L, \quad p_H = p_L + \beta_H(a_L - a_H) + \theta_H q_H \qquad (8\text{-}11)$$

由于 θ_L 为零，平台为 L 类型消费者制定正的质量没有收益，继而 $q_L^I = 0$。由式（8-5）和式（8-11），分别求 Π 关于 a_H、a_L 及质量 q_H 的一阶导数，可得

$$a_H^I = \frac{M}{2}\left(1 - \frac{\beta_H}{\sigma w}\right), \quad a_L^I = \frac{M}{2}\left[1 + \frac{\kappa\beta_H - \beta_L}{(1-\kappa)\varphi\sigma w}\right], \quad q_H^I = \kappa\theta_H \circ$$

进一步代入式（8-11），得 p_H^I 和 p_L^I。此外，如果 $\beta_H \leqslant \varphi\sigma w$，有 $a_H^I \geqslant 0$，$a_L^I \geqslant 0$ 成立，即均衡有意义。由 $a_H^I < a_L^I$，有 $\kappa > \dfrac{\beta_L - \varphi\beta_H}{(1-\varphi)\beta_H}$，则当 $\kappa > \max\left\{0, \dfrac{\beta_L - \varphi\beta_H}{(1-\varphi)\beta_H}\right\}$ 时，$a_H^I < a_L^I$ 成立。

（2）将平台为 H 类型和 L 类型消费者制定的广告量代入式（8-3）和式（8-4），可得 r_{aL}^I 和 r_{aH}^I。为保证 $r_{aL}^I = \dfrac{\varphi\sigma w}{2} - \dfrac{\kappa\beta_H - \beta_L}{2(1-\kappa)} \geqslant 0$，需要满足 $\kappa \leqslant \dfrac{\beta_L + \varphi\sigma w}{\beta_H + \varphi\sigma w}$。最后，$u_H - u_L > \dfrac{(\beta_H - \beta_L)M}{2}\left[1 + \dfrac{\kappa\beta_H - \beta_L}{(1-\kappa)\varphi\sigma w}\right]$ 保证了参与约束式（8-6）为松。

综上所述，如果 $\beta_H < \varphi\sigma w$，那么当 $\max\left\{0, \dfrac{\beta_L - \varphi\beta_H}{(1-\varphi)\beta_H}\right\} < \kappa \leqslant \dfrac{\beta_L + \varphi\sigma w}{\beta_H + \varphi\sigma w}$ 且 $u_H - u_L > \dfrac{(\beta_H - \beta_L)M}{2}\left[1 + \dfrac{\kappa\beta_H - \beta_L}{(1-\kappa)\varphi\sigma w}\right]$ 时存在分离均衡，且可以验证均衡结果使得参与约束式（8-6）和激励相容约束式（8-9）为松。证毕。

命题 8-3 表明，如果 H 类型消费者的单位广告干扰成本较小，那么当 H 类型消费者的比例适中且两类消费者的初始效应之差较大时，平台能够通过提供两种产品对 H 类型和 L 类型消费者实施甄别。与已有研究相比，本书进一步引入了内容质量作为甄别工具，更加符合现实。

具体来说，平台为两种类型消费者制定非负的广告量，但是两种类型消费者的会员费可能为负。当出现负的价格时，意味着平台对消费者进行补贴，只能通过广告获得利润。其中，L 类型消费者接入平台获得的初始效用 u_L 越小，则会员费 p_L^I 为负的可能性越大；H 类型消费者的比例 κ 越大或支付意愿 θ_H 越大，则平台对 H 类型消费者制定的会员费 p_H^I 越高，取值为负的可能性越低。由于两类消费者的支付意愿存在差异，平台为 H 类型消费者提供较高质量的产品，且质量与信息完全情况下一致，为 L 类型消费者只提供基础质量的产品。此外，由于消费者是厌恶广告的，广告的干扰成本越大，平台制定的广告费越高，广告量越低。

8.4.2　信息不对称下平台提供的产品的差别

本节通过对比信息不对称下的均衡结果，研究不同产品下会员费、广告量和广告费的区别。

命题 8-4 在信息不对称下，如果 $\beta_H < \varphi\sigma w$，那么当 $\max\left\{0, \dfrac{\beta_L - \varphi\beta_H}{(1-\varphi)\beta_H}\right\} <$

$\kappa \leqslant \dfrac{\beta_L + \varphi\sigma w}{\beta_H + \varphi\sigma w}$ 且 $u_H - u_L > \dfrac{(\beta_H - \beta_L)M}{2}\left[1 + \dfrac{\kappa\beta_H - \beta_L}{(1-\kappa)\varphi\sigma w}\right]$ 时，可得出以下结论。

（1）平台为 H 类型消费者制定的广告量总是小于平台为 L 类型消费者制定的广告量，即 $a_H^I < a_L^I$。

（2）平台为 H 类型消费者制定的会员费总是高于平台为 L 类型消费者制定的会员费，即 $p_H^I > p_L^I$。

（3）平台为接触 H 类型消费者的广告商制定的广告费总是高于为接触 L 类型消费者的广告商制定的广告费，即 $r_{aH}^I > r_{aL}^I$。

证明

（1）令 $a_L^I - a_H^I = \dfrac{M}{2\varphi\sigma w}\left[\varphi\beta_H + \dfrac{\kappa\beta_H - \beta_L}{(1-\kappa)}\right] > 0$，则 $\varphi\beta_H + \dfrac{\kappa\beta_H - \beta_L}{(1-\kappa)} > 0$。易证

命题 8-4 中 κ 的范围使得 $\varphi\beta_H + \dfrac{\kappa\beta_H - \beta_L}{(1-\kappa)} > 0$ 恒成立。

（2）由式（8-9），可知当 $a_H^I < a_L^I$ 时，有 $p_H^I > p_L^I$。

（3）$r_{aH}^I - r_{aL}^I = \dfrac{1}{2}(1-\varphi)\sigma w + \dfrac{1}{2(1-\kappa)}(\beta_H - \beta_L) > 0$。证毕。

命题 8-4 表明，由于不同类型消费者的偏好存在差异，为了实现将不同类型消费者分离的目的，平台可向 H 类型消费者提供高会员费、高质量、低广告量的产品，向 L 类型消费者提供低会员费、基础质量、高广告量的产品。基于此，在广告商一边，平台可向接触不同类型消费者的广告商制定不同的广告费，即实现了对广告商的价格歧视。

8.4.3　信息不对称对于平台决策的影响

本节对信息完全和信息不对称下的均衡结果进行比较，研究信息不对称对平台决策的影响。

命题 8-5 如果 $\beta_H < \varphi\sigma w$，那么当 $\max\left\{0, \dfrac{\beta_L - \varphi\beta_H}{(1-\varphi)\beta_H}\right\} < \kappa \leqslant \dfrac{\beta_L + \varphi\sigma w}{\beta_H + \varphi\sigma w}$ 且

$u_H - u_L > \dfrac{(\beta_H - \beta_L)M}{2}\left[1 + \dfrac{\kappa\beta_H - \beta_L}{(1-\kappa)\varphi\sigma w}\right]$ 时，与信息完全的情况相比，可得出以下结论。

（1）信息不对称降低了两种类型消费者的会员费，即 $p_H^I < p_H^C$，$p_L^I < p_L^C$。

（2）信息不对称提高了 L 类型消费者的广告量，即 $a_L^I > a_L^C$。

（3）信息不对称降低了接触 L 类型消费者的广告商的广告费，即 $r_{aL}^I < r_{aL}^C$。

证明 对比命题 8-3 和命题 8-1，得出以下结论。

（1）由于 $u_H - u_L > \dfrac{(\beta_H - \beta_L)M}{2}\left[1 + \dfrac{\kappa\beta_H - \beta_L}{(1-\kappa)\varphi\sigma w}\right]$，则

$$p_H^I - p_H^C = u_L - u_H + \frac{(\beta_H - \beta_L)M}{2}\left[1 + \frac{\kappa\beta_H - \beta_L}{(1-\kappa)\varphi\sigma w}\right] < 0$$

$$p_L^I - p_L^C = -\frac{\kappa\beta_L(\beta_H - \beta_L)M}{2(1-\kappa)\varphi\sigma w} < 0$$

（2）$a_L^I - a_L^C = \dfrac{(\beta_H - \beta_L)M}{2(1-\kappa)\varphi\sigma w} > 0$。

（3）$r_{aL}^I - r_{aL}^C = -\dfrac{\kappa(\beta_H - \beta_L)}{2(1-\kappa)} < 0$。

证毕。

命题 8-5 表明，当 H 类型消费者单位广告干扰成本较小时，与信息完全相比，两种类型消费者的会员费都向下扭曲，L 类型消费者的广告量向上扭曲，接触 L 类型消费者的广告商的广告费向下扭曲。原因在于，由于 H 类型消费者更加厌恶广告，为防止它们伪装成 L 类型消费者，即满足激励相容约束，平台可保持 H 类型消费者的广告量不变，并同时提高 L 类型消费者的广告量。此外，为了让 L 类型消费者仍愿意接入平台，需降低 L 类型消费者的会员费，并同时降低 H 类型消费者的会员费以阻止 H 类型消费者改变决策。

8.5 本 章 小 结

本章在消费者支付意愿是其私有信息下，通过构建委托代理模型，研究了垄断平台的多产品定价决策。主要工作与结论如下。

（1）在消费者支付意愿信息不对称下，研究了平台针对两种产品的最优决策。结果表明，平台为两种类型消费者制定非负的广告量，但是两种类型消费者的会员费可能为负。当出现负的价格时，意味着平台对消费者进行补贴，只能通过广告获得利润。由于两类消费者的支付意愿存在差异，平台为 H 类型消费者提供较高质量的产品，且质量与信息完全情况下一致，为 L 类型消费者只提供基础质量的产品。此外，由于消费者是厌恶广告的，广告的干扰成本越大，平台制定的广

告费越高，广告量越低。

（2）在消费者支付意愿信息不对称下，研究了平台对消费者类型的甄别。研究表明，如果 H 类型消费者的单位广告干扰成本较小，那么当 H 类型消费者的比例适中且两类消费者的初始效应之差较大时，平台能够通过提供两种产品对 H 类型和 L 类型消费者实施甄别。具体来说，为了实现将不同类型消费者分离的目的，平台可向 H 类型消费者提供高会员费、高质量、低广告量的产品，向 L 类型消费者提供低会员费、基础质量、高广告量的产品。

（3）分析了支付意愿信息不对称对平台最优决策的影响。结果发现，当 H 类型消费者单位广告干扰成本较小时，与信息完全相比，两种类型消费者的会员费都向下扭曲，L 类型消费者的广告量向上扭曲，接触 L 类型消费者的广告商的广告费向下扭曲。

第9章 考虑参照价格影响的平台定价

在平台不知晓用户信息下，第8章基于用户支付意愿信息不对称研究了垄断平台的定价决策。本章考虑用户不知晓平台产品的价值信息，探讨垄断平台基于参照价格的定价决策。

首先，在无参照价格下探讨平台最优定价。其次，将参照价格内生化，考虑买家效用随参照价格先增加后减小，研究参照价格存在时的平台最优定价。最后，对比两种情形的均衡结果，探讨参照价格对平台定价决策的影响。

9.1 问题描述及相关假设

市场有一家垄断的双边平台，两边用户分别为买家（b）和卖家（s）。平台向卖家收取会员费 p^s，向买家收取会员费 p^b。n^b 和 n^s 分别表示平台上买家与卖家的数量。买家使用平台基础服务获得的效用表示为 μ，卖家提供服务的固定成本表示为 f。买家和卖家之间存在间接网络外部性。特别的是，平台会对买家设定参照会员费，表示为 r_b。例如，在视频网站中，当买家想要支付会员费时，支付界面往往存在参照价格。本章研究的问题是，如果平台可以制定参照价格，平台应如何决策双边价格。针对上述问题，本章做出如下假设。

假设 9-1 平台服务成本假设。假设平台为两边用户提供服务时发生的单位成本都为 0。

假设 9-2 用户分布假设。假设买方使用平台基础服务获得的效用 μ 和卖方向买方提供服务的机会成本 f 均服从 $[0,1]$ 上的均匀分布。

假设 9-3 参照价格影响假设。假设平台与消费者之间存在信息不对称，即消费者并不知晓实际支付的会员费是否享受到优惠。当参照价格存在时，用户会感受到心理上的损失或获得。但是，当参照价格过高时，消费者会对参照价格的合理性产生怀疑。

9.2　模 型 构 建

9.2.1　不考虑参照价格的模型

不考虑参照价格时，买家和卖家的效用函数分别表示为

$$\begin{cases} u_b = \mu + \alpha_b n_s - p_b \\ u_s = \alpha_s n_b - p_s - f \end{cases} \tag{9-1}$$

其中，α_b、α_s 为间接网络外部性参数。为了确保平台利润函数为凹函数，且内点解存在，假设 $\alpha_b + \alpha_s < 2$。令 $u_b > 0$，$u_s > 0$，可得

$$\begin{cases} n_b = 1 - p_b + \alpha_b n_s \\ n_s = \alpha_s n_b - p_s \end{cases} \tag{9-2}$$

平台利润最大化模型为

$$\max \ \pi\left(p_b, p_s\right) = p_b n_b + p_s n_s \tag{9-3}$$

求解式（9-3），可得命题 9-1。

命题 9-1　在无参照价格情形下，平台对两边的最优定价为

$$p_b^* = \frac{2 - \alpha_b \alpha_s - \alpha_s^2}{4 - \left(\alpha_s + \alpha_b\right)^2}$$

$$p_s^* = \frac{\alpha_s - \alpha_b}{4 - \left(\alpha_s + \alpha_b\right)^2}$$

两边用户最优数量为

$$n_b^* = \frac{2}{4 - \left(\alpha_s + \alpha_b\right)^2}$$

$$n_s^* = \frac{\alpha_b + \alpha_s}{4 - \left(\alpha_s + \alpha_b\right)^2}$$

平台最优利润为

$$\pi^* = \frac{1}{4 - \left(\alpha_s + \alpha_b\right)^2}$$

证明　由式（9-2）得

$$\begin{cases} n_b = \dfrac{\alpha_b p_s + p_b - 1}{\alpha_b \alpha_s - 1} \\ n_s = \dfrac{\alpha_s p_b + p_s - \alpha_s}{\alpha_b \alpha_s - 1} \end{cases} \tag{9-4}$$

将式（9-4）代入式（9-3），分别求 $\dfrac{\partial \pi}{\partial p_b}$ 和 $\dfrac{\partial \pi}{\partial p_s}$ ，可得

$$\begin{cases} \dfrac{\partial \pi}{\partial p_b} = \dfrac{\alpha_b p_s + p_b - 1}{\alpha_b \alpha_s - 1} + \dfrac{p_b}{\alpha_b \alpha_s - 1} + \dfrac{\alpha_s p_s}{\alpha_b \alpha_s - 1} \\[3mm] \dfrac{\partial \pi}{\partial p_s} = \dfrac{p_b \alpha_b}{\alpha_b \alpha_s - 1} + \dfrac{\alpha_s p_b - \alpha_s + p_s}{\alpha_b \alpha_s - 1} + \dfrac{p_s}{\alpha_b \alpha_s - 1} \end{cases}$$

进一步求解可得黑塞矩阵为

$$H = \begin{bmatrix} \dfrac{2}{\alpha_b \alpha_s - 1} & \dfrac{\alpha_b + \alpha_s}{\alpha_b \alpha_s - 1} \\[4mm] \dfrac{\alpha_b + \alpha_s}{\alpha_b \alpha_s - 1} & \dfrac{2}{\alpha_b \alpha_s - 1} \end{bmatrix}$$

由 $\alpha_b + \alpha_s < 2$ ，易证 $H_1 = \dfrac{2}{\alpha_b \alpha_s - 1} < 0$ ， $H_2 = 4 - \left(\alpha_b + \alpha_s \right)^2 > 0$ 。因此，平台利润函数为严格凹函数，在驻点处可取得最大值。

令 $\dfrac{\partial \pi}{\partial p_b} = \dfrac{\partial \pi}{\partial p_s} = 0$ ，得平台最优定价 p_b^* 和 p_s^* ，继而由式（9-4），得 n_b^* 和 n_s^* 。进一步代入式（9-3），可得 π^* 。证毕。

9.2.2　考虑参照价格的模型

如假设 9-3 所述，当平台对买方实际定价高于或低于买方参照会员费时，用户感受到心理上的损失和获得。但是，当参照价格过高时，消费者对参照价格的合理性产生怀疑态度，此时参照价格的增加也会使得用户效用减小。

具体来说，当考虑参照价格时，买家和卖家的效用函数分别表示为

$$\begin{cases} u_b = \mu + \alpha_b n_s - p_b - \gamma_1 \left(p_b - r_b \right) - \gamma_2 \left(p_b - r_b \right)^2 \\ u_s = \alpha_s n_b - p_s - f \end{cases} \tag{9-5}$$

其中， γ_1 和 γ_2 为参照价格影响系数。当买方定价低于参照会员费时，用户感受到心理上的获得为 $\gamma_1 \left(r_b - p_b \right)$ ，感受到心理上的损失为 $\gamma_2 \left(p_b - r_b \right)^2$ 。因此，当参照价格过高时，参照价格的增加会使得用户效用减小。此外，为了确保内点解存在，假设 $\alpha_b + \alpha_s < 2$ ， $\dfrac{4\gamma_2 + \gamma_1^2}{2\gamma_2 \left[4 - \left(\alpha_b + \alpha_s \right)^2 \right]} < 1$ 。

由式（9-5）可得

$$\begin{cases} n_b = 1 - p_b + \alpha_b n_s - \gamma_1 \left(p_b - r_b \right) - \gamma_2 \left(p_b - r_b \right)^2 \\ n_s = \alpha_s n_b - p_s \end{cases} \tag{9-6}$$

平台利润最大化模型为

$$\max\ \pi(p_b, p_s, r_b) = p_b n_b + p_s n_s \tag{9-7}$$

求解式（9-7），可得命题 9-2。

命题 9-2　在参照价格存在的情形下，平台对两边的最优定价为

$$
\begin{cases}
p_b^{**} = \dfrac{\left[2 - (\alpha_b \alpha_s + \alpha_s{}^2)\right]\left(4\gamma_2 + \gamma_1{}^2\right)}{4\gamma_2\left[4 - (\alpha_b + \alpha_s)^2\right]} \\[3mm]
p_s^{**} = \dfrac{\left(\gamma_1{}^2 + 4\gamma_2\right)(\alpha_s - \alpha_b)}{4\gamma_2\left[4 - (\alpha_b + \alpha_s)^2\right]} \\[3mm]
r_b^{**} = \dfrac{\left[2 - (\alpha_b \alpha_s + \alpha_s{}^2)\right]\left(4\gamma_2 + \gamma_1{}^2\right) + 2\gamma_1\left[4 - (\alpha_b + \alpha_s)^2\right]}{4\gamma_2\left[4 - (\alpha_b + \alpha_s)^2\right]}
\end{cases}
$$

两边最优用户数量分别为

$$
\begin{cases}
n_b^{**} = \dfrac{4\gamma_2 + \gamma_1{}^2}{2\gamma_2\left[4 - (\alpha_b + \alpha_s)^2\right]} \\[3mm]
n_s^{**} = \dfrac{\left(4\gamma_2 + \gamma_1{}^2\right)(\alpha_s + \alpha_b)}{4\gamma_2\left[4 - (\alpha_b + \alpha_s)^2\right]}
\end{cases}
$$

平台的最大利润为

$$\pi^{**} = \frac{\left(4\gamma_2 + \gamma_1{}^2\right)^2}{16\gamma_2{}^2\left[4 - (\alpha_b + \alpha_s)^2\right]}$$

证明　由式（9-6）可得

$$
\begin{cases}
n_b = \dfrac{p_b{}^2\gamma_2 - 2p_b r_b \gamma_2 + r_b{}^2\gamma_2 + \alpha_b p_s + p_b \gamma_1 + p_b - r_b \gamma_1 - 1}{\alpha_b \alpha_s - 1} \\[3mm]
n_s = \dfrac{\alpha_s p_b{}^2\gamma_2 - 2\alpha_s p_b r_b \gamma_2 + \alpha_s r_b{}^2\gamma_2 + \alpha_s p_b \gamma_1 + \alpha_s p_b - \alpha_s r_b \gamma_1 + p_s - \alpha_s}{\alpha_b \alpha_s - 1}
\end{cases}
\tag{9-8}
$$

将式（9-8）代入式（9-7），分别求 $\dfrac{\partial \pi}{\partial p_b}$，$\dfrac{\partial \pi}{\partial p_s}$，$\dfrac{\partial \pi}{\partial r_b}$，可得

$$\left\{\begin{array}{l}\dfrac{\partial \pi}{\partial p_b} = \dfrac{p_b^{\,2}\gamma_2 - 2p_b r_b\gamma_2 + r_b^{\,2}\gamma_2 + \alpha_b p_s + p_b\gamma_1 - r_b\gamma_1 + p_b - 1}{\alpha_b\alpha_s - 1} + \dfrac{p_b\left(2p_b\gamma_2 - 2r_b\gamma_2 + \gamma_1 + 1\right)}{\alpha_b\alpha_s - 1} \\[4mm] \qquad\quad + \dfrac{p_s\left(2\alpha_s p_b\gamma_2 - 2\alpha_s r_b\gamma_2 + \alpha_s\gamma_1 + \alpha_s\right)}{\alpha_b\alpha_s - 1} \\[4mm] \dfrac{\partial \pi}{\partial p_s} = \dfrac{p_b\alpha_b + p_s}{\alpha_b\alpha_s - 1} + \dfrac{\alpha_s p_b^{\,2}\gamma_2 - 2\alpha_s p_b r_b\gamma_2 + \alpha_s r_b^{\,2}\gamma_2 + \alpha_s p_b\gamma_1 - \alpha_s r_b\gamma_1 + \alpha_s p_b - \alpha_s + p_s}{\alpha_b\alpha_s - 1} \\[4mm] \dfrac{\partial \pi}{\partial r_b} = \dfrac{p_b\left(-2p_b\gamma_2 + 2r_b\gamma_2 - \gamma_1\right)}{\alpha_b\alpha_s - 1} + \dfrac{p_s\left(-2\alpha_s p_b\gamma_2 + 2\alpha_s r_b\gamma_2 - \alpha_s\gamma_1\right)}{\alpha_b\alpha_s - 1}\end{array}\right.$$

继而可得黑塞矩阵为

$$H = \begin{bmatrix} \dfrac{2\left(\alpha_s p_s\gamma_2 + 3p_b\gamma_2 - 2r_b\gamma_2 + \gamma_1 + 1\right)}{\alpha_b\alpha_s - 1} & E & F \\[5mm] E & \dfrac{2}{\alpha_b\alpha_s - 1} & G \\[5mm] F & G & \dfrac{2p_b\gamma_2 + 2p_s\alpha_s\gamma_2}{\alpha_b\alpha_s - 1} \end{bmatrix}$$

其中，$\left\{\begin{array}{l} E = \dfrac{2\alpha_s p_b\gamma_2 - 2\alpha_s r_b\gamma_2 + \alpha_s\gamma_1 + \alpha_b + \alpha_s}{\alpha_b\alpha_s - 1} \\[4mm] F = -\dfrac{\gamma_2\left(2\alpha_s p_s + 4p_b - 2r_b\right) + \gamma_1}{\alpha_b\alpha_s - 1} \\[4mm] G = \dfrac{-2\alpha_s p_b\gamma_2 + 2\alpha_s r_b\gamma_2 - \alpha_s\gamma_1}{\alpha_b\alpha_s - 1}\end{array}\right.$ 。

令 $\dfrac{\partial \pi}{\partial p_b} = \dfrac{\partial \pi}{\partial p_s} = \dfrac{\partial \pi}{\partial r_b} = 0$，得平台最优定价 p_b^{**}、p_s^{**}、r_b^{**}，继而由式（9-8），得 n_b^{**} 和 n_s^{**}。进一步代入式（9-7），可得 π^{**}。

将 p_b^{**}、p_s^{**}、r_b^{**} 带入黑塞矩阵可得 $H\left(p_b^{**}, p_s^{**}, r_b^{**}\right)$ 为

$$\begin{bmatrix} \dfrac{\left(\alpha_b\alpha_s - 1\right)\left(\gamma_1^{\,2} + 4\gamma_2\right) + 2\left[\left(\alpha_b + \alpha_s\right)^2 - 4\right]}{\left(\alpha_b\alpha_s - 1\right)\left[\left(\alpha_b + \alpha_s\right)^2 - 4\right]} & \dfrac{\alpha_b + \alpha_s}{\alpha_b\alpha_s - 1} & \dfrac{\left(\gamma_1^{\,2} + 4\gamma_2\right)}{\left[4 - \left(\alpha_b + \alpha_s\right)^2\right]} \\[5mm] \dfrac{\alpha_b + \alpha_s}{\alpha_b\alpha_s - 1} & \dfrac{2}{\alpha_b\alpha_s - 1} & 0 \\[5mm] \dfrac{\left(\gamma_1^{\,2} + 4\gamma_2\right)}{\left[4 - \left(\alpha_b + \alpha_s\right)^2\right]} & 0 & \dfrac{-\left(\gamma_1^{\,2} + 4\gamma_2\right)}{\left[4 - \left(\alpha_b + \alpha_s\right)^2\right]} \end{bmatrix}$$

其中，由 $\alpha_b + \alpha_s < 2$ 有

$$\begin{cases} |H_1| = \dfrac{(\alpha_b\alpha_s-1)\left(\gamma_1^{\,2}+4\gamma_2\right)+2\left[(\alpha_b+\alpha_s)^2-4\right]}{(\alpha_b\alpha_s-1)\left[(\alpha_b+\alpha_s)^2-4\right]} < 0 \\[4mm] |H_2| = \dfrac{2(\alpha_b\alpha_s-1)\left(\gamma_1^{\,2}+4\gamma_2\right)-16-(\alpha_b+\alpha_s)^4}{(\alpha_b\alpha_s-1)^2\left[(\alpha_b+\alpha_s)^2-4\right]} > 0 \\[4mm] |H_3| = \dfrac{-\left(\gamma_1^{\,2}+4\gamma_2\right)}{(\alpha_b\alpha_s-1)^2} < 0 \end{cases}$$

因此，平台利润函数在驻点处附近为凹函数。此外，为了确保最优解为内点解，即 $0\leqslant n_b^{**}\leqslant 1$，$0\leqslant n_s^{**}\leqslant 1$，相关参数还需满足 $\dfrac{4\gamma_2+\gamma_1^{\,2}}{2\gamma_2\left[4-(\alpha_b+\alpha_s)^2\right]}<1$。证毕。

9.3　均　衡　分　析

在参照价格存在的情形中，平台对两边用户的定价不仅受到间接网络外部性的影响，还受到参照价格影响系数的影响。本节根据 9.2.2 节的模型结果，重点分析参照价格存在时平台的定价决策。

命题 9-3　如果买家效用随参照价格先增加后减小，与不考虑参照价格的情形相比，平台最优定价和参照价格满足如下条件。

（1）$r_b^{**} > p_b^{**}$ 且 $r_b^{**} - p_b^{**} = \dfrac{\gamma_1}{2\gamma_2}$。

（2）$p_b^{**} = \dfrac{4\gamma_2+\gamma_1^{\,2}}{4\gamma_2}p_b^{*}$，$p_s^{**} = \dfrac{\gamma_1^{\,2}+4\gamma_2}{4\gamma_2}p_s^{*}$。

（3）$p_b^{**} > p_b^{*}$；当 $\alpha_s \geqslant \alpha_b$ 时，$p_s^{**} \geqslant p_s^{*}$；当 $\alpha_s < \alpha_b$ 时，$p_s^{**} < p_s^{*}$。

证明　（1）由命题 9-2 有

$$r_b^{**} - p_b^{**} = \frac{2\gamma_1\left[4-(\alpha_b+\alpha_s)^2\right]}{4\gamma_2\left[4-(\alpha_b+\alpha_s)^2\right]} = \frac{\gamma_1}{2\gamma_2} > 0$$

（2）由命题 9-1 和命题 9-2 有

$$p_b^{**} = \frac{4\gamma_2+\gamma_1^{\,2}}{4\gamma_2}p_b^{*}$$

$$p_s^{**} = \frac{\gamma_1^{\,2}+4\gamma_2}{4\gamma_2}p_s^{*}$$

（3）对比命题 9-1 和命题 9-2 有

$$p_b^{**} = \frac{\left[2 - \left(\alpha_b\alpha_s + \alpha_s^2\right)\right]\left(4\gamma_2 + \gamma_1^2\right)}{4\gamma_2\left[4 - \left(\alpha_b + \alpha_s\right)^2\right]} > p_b^* = \frac{2 - \alpha_b\alpha_s - \alpha_s^2}{4 - \left(\alpha_s + \alpha_b\right)^2}$$

当 $\alpha_s < \alpha_b$ 时，$\alpha_s - \alpha_b < 0$，有

$$p_s^{**} = \frac{\left(\gamma_1^2 + 4\gamma_2\right)\left(\alpha_s - \alpha_b\right)}{4\gamma_2\left[4 - \left(\alpha_b + \alpha_s\right)^2\right]} < p_s^* = \frac{\alpha_s - \alpha_b}{4 - \left(\alpha_s + \alpha_b\right)^2}$$

当 $\alpha_s \geqslant \alpha_b$ 时，$\alpha_s - \alpha_b \geqslant 0$，有

$$p_s^{**} = \frac{\left(\gamma_1^2 + 4\gamma_2\right)\left(\alpha_s - \alpha_b\right)}{4\gamma_2\left[4 - \left(\alpha_b + \alpha_s\right)^2\right]} \geqslant p_s^* = \frac{\alpha_s - \alpha_b}{4 - \left(\alpha_s + \alpha_b\right)^2}$$

证毕。

在参照价格存在的情形中，本章将参照价格内生化，假设买家效用随参照价格先增加后减小［参见式（9-5）］。命题 9-3（1）表明，平台在买家边所制定的参照价格总是高于买家会员费，且参照价格与会员费的差额为固定值，其大小取决于买家对参照价格的获得-损失敏感性（即 $r_b^{**} - p_b^{**} = \frac{\gamma_1}{2\gamma_2}$）。该结论背后的管理学启示是，由于买家是理性的，一方面，当买家会员费高于参照价格时，用户会感受到心理上的获得；另一方面，当参照价格过高时，消费者对参照价格的合理性会产生怀疑，此时参照价格的增加也会使得用户效用减小。与以往研究不同的是，本章将参照价格内生化，考虑了买家的理性行为，避免了以往研究参照价格越高，平台利润越大的极端结论。

命题 9-3（2）表明，与不考虑参照价格的情形相比，参照价格的存在并未从定性上影响平台关于间接网络外部性参数的定价决策。例如，在两种情形中，与经典结论一致，如果卖家所产生的网络外部性较弱，即 $\alpha_s \geqslant \alpha_b$，平台对卖家的定价均为正；如果卖家所产生的网络外部性较强，即 $\alpha_s < \alpha_b$，平台对卖家的定价为负，即实施补贴策略。此外，在两种情形下，平台定价与间接网络外部性参数的变化趋势相同。

命题 9-3（3）表明，尽管参照价格的存在未从定性上影响平台关于间接网络外部性参数的定价决策，但平台最优定价在绝对数量上存在差异。具体来说，由于买方边参照价格总是大于实际定价，参照价格的影响导致买方能够获得额外的效用增量，此时平台可提高对买家的定价（$p_b^{**} > p_b^*$）以赚取更多利润。在卖家一边，如果卖家所产生的网络外部性较弱，参照价格的影响导致平台会进一步提高卖家的价格。类似地，如果卖家所产生的网络外部性较强，在参照价格存在的

情形中，平台会进一步降低卖家的价格。

9.4　本　章　小　结

　　本章在不考虑参照价格和考虑参照价格两种情形下，分别构建平台利润最优模型，研究了平台最优定价决策。主要工作和结论如下。

　　（1）考虑买家效用随参照价格先增加后减小，研究了参照价格存在时的平台最优定价。研究发现，平台在买家边所制定的参照会员费总是高于买家会员费，且参照价格与会员费的差额为固定值，其大小取决于买家对参照价格的获得-损失敏感性。与以往研究不同的是，本章将参照价格内生化，考虑了买家的理性行为，避免了以往研究参照价格越高，平台利润越大的极端结论。

　　（2）对比不考虑参照价格和考虑参照价格的均衡结果，探讨了参照价格对平台最优定价的影响。结果表明，参照价格的存在并未从定性上影响平台关于间接网络外部性参数的定价决策，但平台最优定价在绝对数量上存在差异。与不考虑参照价格的情形相比，当参照价格存在时，平台可提高对买家的定价以赚取更多利润；如果卖家所产生的网络外部性较弱，平台会进一步提高卖家的价格；如果卖家所产生的网络外部性较强，平台会进一步降低卖家的价格。

第四篇　信息不对称下竞争平台定价

　　本篇包括第 10 章、第 11 章和第 12 章，主要对信息不对称下竞争双边平台的定价决策进行研究。其中，在竞争平台之间信息不对称下，第 10 章基于产品水平差异化信息不对称研究了竞争平台最优定价；在两边用户之间信息不对称下，第 11 章和第 12 章基于用户预期行为分别探讨了平台同时进入市场下和平台先后进入市场下的最优定价。

第 10 章 产品水平差异化信息不对称下的平台定价

第三篇探讨了信息不对称下垄断双边平台的最优定价。第四篇考虑竞争市场情形，探讨信息不对称下竞争双边平台的最优定价。本章探讨的是产品水平差异化信息不对称下竞争平台的最优定价和利润。

首先，在产品水平差异化信息不对称下构建在位平台和新进入平台的双寡头竞争模型。其次，分别针对消费者单归属和消费者多归属两种情形，探讨信息不对称对平台定价和利润的影响。

10.1 问 题 描 述

市场上存在两个双边平台，平台 1 是在位平台，平台 2 是新进入平台。两个平台的产品存在水平差异化，差异化程度用 t 表示。通常而言，与新进入平台相比，在位平台对消费者特征更加了解，继而本章假设两个平台关于 t 的信息是不对称的。平台两边用户分别为消费者和广告商。消费者可能选择单归属，也可能选择多归属。参考 Anderson 等（2017）的研究，如果消费者多归属，则它们额外接入一个平台获得的效用与只接入一个平台获得效用成正比。相较于多归属的消费者，广告商愿意为接触一个单归属的消费者支付更高的广告费。

博弈时序包含三个阶段：阶段 1，自然选择产品差异化程度 t；阶段 2，在位平台 1 在完全信息下决策价格，新进入平台 2 只知道 t 的概率分布，其在不完全信息下决策价格；阶段 3，消费者选择是否接入平台以及接入哪一个平台。

本章拟解决的问题是：①如果在位平台和新进入平台关于消费者运输成本信息不对称，在位平台和新进入平台应如何定价？②与信息完全情形相比，消费者运输成本信息不对称如何影响平台定价和利润？③当消费者多归属时，在信息完全情形和信息不对称情形下，在位平台和新进入平台又应如何定价？

10.2 模型构建

10.2.1 平台位置与信息结构

参考 Thomes（2015）的研究，本章通过 Salop 圆形城市模型刻画平台竞争。不妨假设在位平台 1 和新进入平台 2 分别位于 $x_1 = 0$ 和 $x_2 = 1/2$ 处，消费者均匀分布于单位圆形城市之上，如图 10-1 所示。

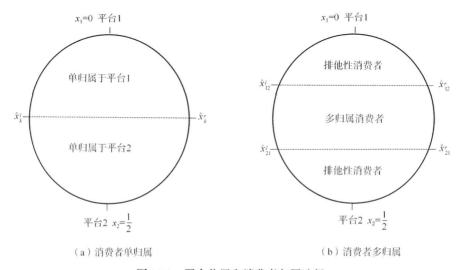

（a）消费者单归属　　　　　　　　（b）消费者多归属

图 10-1　平台位置和消费者归属选择

消费者对于两个平台具有水平差异化偏好，运输成本 t 刻画了两个平台的水平差异化程度。参考 Ropero（2019）的研究，t 存在两种取值可能，$t = t_H$ 或 $t = t_L$，两者满足 $0 < t_L < t_H$。L、H 分别表示运输成本较低和运输成本较高两种情形。由于信息不对称，平台 1 知晓 t 的真实值，平台 2 只知道 t 的概率分布。其中，$t = t_H$ 的概率为 θ，$t = t_L$ 的概率为 $1 - \theta$，$0 < \theta < 1$。此概率分布是两个平台的共同知识。此外，假设两个平台的边际成本和固定成本均为零。

在图 10-1（a）中，$\hat{x}_k^l$ 和 $\hat{x}_k^r$ 表示无差异消费者的位置，上标 l 和 r 分别对应左半圆与右半圆，$l = H, L$ 表示运输成本取值的两种情形。在图 10-1（b）中，$\hat{x}_{ij}^l$、$\hat{x}_{ij}^r$ 表示仅接入平台 i 与同时接入平台 i 和平台 j 的无差异消费者所在的位置，上标 l 和 r 分别对应左半圆与右半圆。

10.2.2　消费者效用

消费者单归属时，位于 x 处的消费者接入平台所获得的效用为

$$u_i = v - t|x - x_i| - p_i \qquad (10\text{-}1)$$

其中，v 为消费者接入平台获得的独立价值；t 为单位运输成本；x_i 为平台 i 的位置（x 位于左半圆时，$x_1 = 1$）；p_i 为平台 i 向消费者收取的会员费；$i = 1,2$。

消费者多归属时，参考 Anderson 等（2017）和 Anderson 等（2019）的研究，对于接入平台 j 的消费者，如果他们选择同时接入平台 i，多归属所增加的效用为

$$u_{ji} = \delta\big(v - t|x - x_i|\big) - p_i \qquad (10\text{-}2)$$

其中，$\delta \in (0,1]$。显然，只要 $u_{ji} > 0$，消费者就会选择多归属。在消费者可以选择多归属时，那些只接入一个平台的消费者则称为排他性消费者，如图 10-1（b）所示。

10.2.3　广告商的支付意愿

假设市场中存在 N 个同质的广告商，每个广告商在一个平台上只投放一条广告，即广告商的数量等于广告的数量。由于广告商的同质性，广告商的广告费和广告量是固定的，独立于消费者的规模，即广告商的需求是完全弹性的。

对于广告商而言，部分实证研究表明，一个排他性消费者的价值要大于一个多归属消费者的价值（Anderson et al., 2017）。因此，如果广告商愿意为接触一个排他性消费者支付 $b(>0)$，则其愿意为接触一个多归属消费者支付 σb，参数 $0 \leqslant \sigma \leqslant 1$。为分析的便利，将广告商数量单位化为 1。

最后，为了确保在位平台和新进入平台均存在于市场，本章假设：

$$\frac{t_H}{t_L} \in \begin{cases} (1, \infty), & 0 < \theta \leqslant \dfrac{1}{2} \\[2mm] \left(\dfrac{3\theta - 1}{1 - \theta}, \infty \right), & \dfrac{1}{2} < \theta \leqslant \dfrac{2}{3} \\[2mm] \left(\dfrac{3\theta - 1}{1 - \theta}, \dfrac{2\theta}{3\theta - 2} \right), & \dfrac{2}{3} \leqslant \theta < \dfrac{1}{2} + \dfrac{\sqrt{33}}{22} \end{cases} \qquad (10\text{-}3)$$

10.3　消费者单归属

在此情形中，根据式（10-1），当消费者位于右半圆时，无差异消费者满足：

$$v - t\hat{x}_k^r - p_1 = v - t\left(\frac{1}{2} - \hat{x}_k^r\right) - p_2$$

当消费者位于左半圆时，无差异消费者满足：

$$v - t\left(\hat{x}_k^l - \frac{1}{2}\right) - p_2 = v - t\left(1 - \hat{x}_k^l\right) - p_1$$

其中，$k = H, L$，无差异点 $\hat{x}_k^r$、$\hat{x}_k^l$ 如图 10-1（a）所示。继而有 $\hat{x}_k^r = \frac{1}{4} - \frac{p_1 - p_2}{2t_k}$，

$\hat{x}_k^l = \frac{3}{4} + \frac{p_1 - p_2}{2t_k}$。基于此，平台 1 和平台 2 上的消费者数量可分别表示为

$$\begin{aligned}
D_1 &\equiv \left(1 - \hat{x}_k^l\right) + \hat{x}_k^r = \frac{1}{2} - \frac{p_1 - p_2}{t_k} \\
D_2 &\equiv \left(\hat{x}_k^l - \frac{1}{2}\right) + \left(\frac{1}{2} - \hat{x}_k^r\right) = \frac{1}{2} + \frac{p_1 - p_2}{t_k}
\end{aligned}$$ （10-4）

10.3.1　新进入平台知晓消费者运输成本

在此情形中，两个平台均知晓 t_k。在下述分析中，平台 i 的价格表示为 p_i^{kk}，消费者数量表示为 $D_i^{kk} = D_i$，利润表示为 Π_i^{kk}，其中 $i = 1, 2$，$k = H, L$。

由式（10-4）有

$$\begin{aligned}
\Pi_1^{kk} &= p_1^{kk} D_1^{kk} + b D_1^{kk} = \left(p_1^{kk} + b\right)\left(\frac{1}{2} - \frac{p_1^{kk} - p_2^{kk}}{t_k}\right) \\
\Pi_2^{kk} &= p_2^{kk} D_2^{kk} + b D_2^{kk} = \left(p_2^{kk} + b\right)\left(\frac{1}{2} + \frac{p_1^{kk} - p_2^{kk}}{t_k}\right)
\end{aligned}$$ （10-5）

命题 10-1　当消费者单归属时，如果在位平台和新进入平台关于消费者运输成本信息对称，则在平台最优定价下有 $p_1^{kk} = p_2^{kk} = \frac{t_k}{2} - b$，$D_1^{kk} = D_2^{kk} = \frac{1}{2}$，$\Pi_1^{kk} = \Pi_2^{kk} = \frac{t_k}{4}$，其中，$k = H, L$。

证明　由式（10-5）可知，平台 1 和平台 2 的最优反应函数为

$$p_i^{kk}\left(p_j^{kk}\right) = \frac{p_j^{kk}}{2} + \frac{t_k}{4} - \frac{b}{2}$$ （10-6）

其中，$i, j = 1, 2$ 且 $i \neq j$；$k = H, L$。由 $\dfrac{\partial^2\left(\Pi_i^{kk}\right)}{\partial\left(p_i^{kk}\right)^2} = -\dfrac{1}{2t_k} < 0$，得平台 i 利润函数为凹函数，$i = 1, 2$。继而由式（10-6）及均衡解的对称性，易证命题 10-1。证毕。

命题 10-1 表明，当消费者单归属时，如果在位平台和新进入平台关于运输成本信息对称，与传统市场相同，平台定价与运输成本有关，即水平差异程度越大，平台定价越高。此外，由于双边市场的特征，当广告商单位广告收益 b 较高时，即 $b > \dfrac{t_k}{2}$，平台对消费者的定价可能为负。

10.3.2　新进入平台不知晓消费者运输成本

在此情形中，平台 1 知晓 t_k，平台 2 不知晓。在下述分析中，平台 1 的价格表示为 $p_1^{k\theta}$，消费者数量表示为 $D_1^{k\theta} = D_1$，利润表示为 $\Pi_1^{k\theta}$，$k = H, L$。平台 2 的价格表示为 p_2，消费者数量表示为 $D_2^{k\theta} = D_2$，不同情形下的利润表示为 $\Pi_2^{k\theta}$，期望利润表示为 Π_2，$k = H, L$。

由式（10-4）有

$$\Pi_1^{k\theta} = \left(p_1^{k\theta} + b \right)\left(\frac{1}{2} - \frac{p_1^{k\theta} - p_2}{t_k} \right) \tag{10-7}$$

$$\Pi_2 = \theta \Pi_2^{H\theta} + (1-\theta) \Pi_2^{L\theta}$$

其中，$\Pi_2^{k\theta} = \left(p_2 + b \right)\left(\dfrac{1}{2} + \dfrac{p_1^{k\theta} - p_2}{t_k} \right)$，$k = H, L$。

命题 10-2　当消费者单归属时，如果在位平台和新进入平台关于消费者运输成本信息不对称，则可得出以下结论。

（1）在位平台的最优定价为 $p_1^{H\theta} = \dfrac{t_H\left[(1-\theta)t_H + (1+\theta)t_L \right]}{4\left[(1-\theta)t_H + \theta t_L \right]} - b$，$p_1^{L\theta} = \dfrac{t_L\left[(2-\theta)t_H + \theta t_L \right]}{4\left[(1-\theta)t_H + \theta t_L \right]} - b$。

新进入平台的最优定价为 $p_2 = \dfrac{t_H t_L}{2\left[(1-\theta)t_H + \theta t_L \right]} - b$。

（2）在位平台的消费者数量为 $D_1^{H\theta} = \dfrac{1}{2} - \dfrac{(1-\theta)(t_H - t_L)}{4\left[(1-\theta)t_H + \theta t_L \right]}$，$D_1^{L\theta} = \dfrac{1}{2} + \dfrac{\theta(t_H - t_L)}{4\left[(1-\theta)t_H + \theta t_L \right]}$。

新进入平台的消费者数量为 $D_2^{H\theta} = 1 - D_1^{H\theta} = \dfrac{1}{2} + \dfrac{(1-\theta)(t_H - t_L)}{4\left[(1-\theta)t_H + \theta t_L \right]}$，$D_2^{L\theta} = $

$$1 - D_1^{L\theta} = \frac{1}{2} - \frac{\theta(t_H - t_L)}{4\left[(1-\theta)t_H + \theta t_L\right]}。$$

（3）在位平台的利润为 $\Pi_1^{H\theta} = \dfrac{t_H\left[(1-\theta)t_H + (1+\theta)t_L\right]^2}{16\left[(1-\theta)t_H + \theta t_L\right]^2}$ ，$\Pi_1^{L\theta} =$

$$\frac{t_L\left[(2-\theta)t_H + \theta t_L\right]^2}{16\left[(1-\theta)t_H + \theta t_L\right]^2}。$$

新进入平台的利润为 $\Pi_2^{H\theta} = \dfrac{t_H t_L\left[3(1-\theta)t_H + (3\theta-1)t_L\right]}{8\left[(1-\theta)t_H + \theta t_L\right]^2}$ ，$\Pi_2^{L\theta} =$

$$\frac{t_H t_L\left[(2-3\theta)t_H + 3\theta t_L\right]}{8\left[(1-\theta)t_H + \theta t_L\right]^2}。$$

证明　由式（10-7）可知，在位平台 1 的最优反应函数为

$$p_1^{k\theta}(p_2) = \frac{p_2}{2} + \frac{t_k}{4} - \frac{b}{2},\ k \in \{H, L\}$$

新进入平台 2 的最优反应函数为

$$p_2\left(p_1^{H\theta}, p_1^{L\theta}\right) = \frac{\theta t_L p_1^{H\theta} + (1-\theta)t_H p_1^{L\theta}}{2\left[(1-\theta)t_H + \theta t_L\right]} + \frac{t_H t_L}{4\left[(1-\theta)t_H + \theta t_L\right]} - \frac{b}{2}$$

又 $\dfrac{\partial^2\left(\Pi_1^{k\theta}\right)}{\partial\left(p_1^{k\theta}\right)^2} = -\dfrac{2}{t_k} < 0$ ，$\dfrac{\partial^2\left(\Pi_2\right)}{\partial\left(p_2\right)^2} = -\left(\dfrac{\theta}{t_H} + \dfrac{1-\theta}{t_L}\right) < 0$ ，$k = H, L$ ，则平台利润

函数为凹函数。继而联立最优反应函数，可得命题 10-2。

此外，为使得均衡状态下在位平台和新进入平台都存在于市场之中，需要满足 $0 < D_1^{H\theta} < 1$ 且 $0 < D_1^{L\theta} < 1$ ，化简可得式（10-3）。证毕。

命题 10-2 表明，由于存在信息不对称，在位平台是基于消费者运输成本的实际值进行定价，而新进入平台则根据预期利润最大化进行定价。值得指出的是，由于双边市场的特征，当单位广告的收益 b 充分大时，在位平台和新进入平台都可能对消费者制定负的价格，即实施补贴。这是因为对消费者补贴有利于鼓励他们接入平台，进而可通过收取广告费来获取利润。此时，两个平台的消费者数量并不一定相等，而是依赖消费者运输成本的概率分布。

10.3.3　信息不对称对平台定价和利润的影响

本节对信息完全情形和信息不对称情形进行对比，研究信息不对称对平台定

价和利润的影响。

命题 10-3　当消费者单归属时，与信息完全相比，在信息不对称下，平台 1 和平台 2 的定价满足：

$$p_i^{LL} \equiv \frac{t_L}{2} - b < p_1^{L\theta} < p_2 < p_1^{H\theta} < \frac{t_H}{2} - b \equiv p_i^{HH}$$

其中，$i = 1, 2$。

证明　对比命题 10-1 和命题 10-2，有 $p_1^{L\theta} - \left(\dfrac{t_L}{2} - b\right) = \dfrac{\theta t_L (t_H - t_L)}{4\left[(1-\theta) t_H + \theta t_L\right]} > 0$，

$p_1^{L\theta} - p_2 = -\dfrac{\theta t_L (t_H - t_L)}{4\left[(1-\theta) t_H + \theta t_L\right]} < 0$，$\quad p_2 - p_1^{H\theta} = -\dfrac{(1-\theta) t_H (t_H - t_L)}{4\left[(1-\theta) t_H + \theta t_L\right]} < 0$，$\quad p_1^{H\theta} -$

$\left(\dfrac{t_H}{2} - b\right) = -\dfrac{t_H (1-\theta)(t_H - t_L)}{4\left[(1-\theta) t_H + \theta t_L\right]} < 0$，证毕。

命题 10-3 表明，信息不对称的出现导致在位平台和新进入平台的定价都发生了扭曲。具体来说，当 $t = t_L$ 时，在信息不对称下，新进入平台的定价 p_2 将会高于在位平台的定价 $p_1^{L\theta}$，并且两个平台的定价都高于信息完全时的最优定价 p_i^{LL}；当 $t = t_H$ 时，在信息不对称下，新进入平台的定价 p_2 将会低于在位平台的定价 $p_1^{H\theta}$，并且两者的定价都低于信息完全时的均衡价格 p_i^{HH}。原因在于，在信息不对称下，新进入平台会选择处于中间的价格，即 $p_2^{LL} < p_2 < p_2^{HH}$。当新进入平台提高价格时，即 $p_2^{LL} < p_2$，在位平台也可提高价格以赚取更多利润；当新进入平台降低价格时，即 $p_2 < p_2^{HH}$，在位平台也被迫降低价格。

命题 10-4　当消费者单归属时，与信息完全相比，在信息不对称下，平台 1 和平台 2 的利润满足如下条件。

（1）当 $t = t_H$ 时，信息不对称降低了在位平台和新进入平台的利润，即 $\Pi_1^{H\theta} < \Pi_1^{HH}$，$\Pi_2^{H\theta} < \Pi_2^{HH}$。

（2）当 $t = t_L$ 时，信息不对称提高了在位平台的利润，即 $\Pi_1^{L\theta} > \Pi_1^{LL}$；当 $\theta > \dfrac{t_H}{2(t_H - t_L)}$ 时，信息不对称降低了新进入平台的利润，即 $\Pi_2^{L\theta} < \Pi_2^{LL}$。

证明　当 $t = t_H$ 时，对于在位平台 1 有

$$\Pi_1^{H\theta} - \Pi_1^{HH} = \frac{t_H \left[(1-\theta) t_H + (1+\theta) t_L\right]^2}{16\left[(1-\theta) t_H + \theta t_L\right]^2} - \frac{t_H}{4}$$

不等式 $\Pi_1^{H\theta} - \Pi_1^{HH} < 0$ 等价于 $(1-\theta) t_H + (1+\theta) t_L < 2\left[(1-\theta) t_H + \theta t_L\right]$，进一步地，这等价于 $(1-\theta)(t_H - t_L) > 0$。又因为 $(1-\theta)(t_H - t_L) > 0$ 恒成立，则 $\Pi_1^{H\theta} < \Pi_1^{HH}$。

对于新进入平台 2 有

$$\Pi_2^{H\theta} - \Pi_2^{HH} = \frac{t_H t_L \left[3(1-\theta)t_H + (3\theta-1)t_L\right]}{8\left[(1-\theta)t_H + \theta t_L\right]^2} - \frac{t_H}{4}$$

不等式 $\Pi_2^{H\theta} - \Pi_2^{HH} < 0$ 等价于 $h_1\left(\dfrac{t_H}{t_L}\right) \equiv \dfrac{t_H}{t_L} - \dfrac{1-2\theta}{2(1-\theta)} > 0$。当 $\theta < \dfrac{1}{2}$ 时，由式

（10-3），易证 $h_1\left(\dfrac{t_H}{t_L}\right) > 0$；当 $\theta \geqslant \dfrac{1}{2}$ 时，$h_1\left(\dfrac{t_H}{t_L}\right) > 0$ 恒成立。综上，有 $\Pi_2^{H\theta} < \Pi_2^{HH}$。

当 $t = t_L$ 时，对于在位平台 1 来说：

$$\Pi_1^{L\theta} - \Pi_1^{LL} = \frac{t_L \left[(2-\theta)t_H + \theta t_L\right]^2}{16\left[(1-\theta)t_H + \theta t_L\right]^2} - \frac{t_L}{4}$$

不等式 $\Pi_1^{L\theta} - \Pi_1^{LL} > 0$ 等价于 $(2-\theta)t_H + \theta t_L > 2\left[(1-\theta)t_H + \theta t_L\right]$，这进一步等

价于 $\theta(t_H - t_L) > 0$。又因为 $\theta(t_H - t_L) > 0$ 总是成立，则 $\Pi_1^{L\theta} > \Pi_1^{LL}$。

对于新进入平台 2 来说：

$$\Pi_2^{L\theta} - \Pi_2^{LL} = \frac{t_H t_L}{8} \frac{(2-3\theta)t_H + 3\theta t_L}{\left[(1-\theta)t_H + \theta t_L\right]^2} - \frac{t_L}{4}$$

不等式 $\Pi_2^{L\theta} - \Pi_2^{LL} < 0$ 等价于 $h_2\left(\dfrac{t_H}{t_L}\right) \equiv (1-2\theta)\dfrac{t_H}{t_L} + 2\theta < 0$。继而可证命题

10-4（2）。证毕。

命题 10-4 表明，当消费者的真实运输成本为 t_H 时，信息不对称导致两个平台的利润均下降；当消费者的真实运输成本为 t_L 时，信息不对称导致在位平台的利润提高，而新进入平台的利润可能降低也可能提高。借助命题 10-3，不难对命题 10-4 做出解释。对于新进入平台来说，当 $t = t_H$ 时，在信息不对称下，在位平台和新进入平台的定价均更低，激化了两个平台的竞争，继而导致两个平台的利润下降；当 $t = t_L$ 时，在信息不对称下，在位平台和新进入平台的定价均更高，削弱了两个平台的竞争，继而导致在位平台利润的提高。但是，对于新进入平台，由于信息的不对称，当 $\theta > \dfrac{t_H}{2(t_H - t_L)}$ 时，其将 $t = t_L$ 错判为 $t = t_H$ 的可能性较大（大于 $\dfrac{1}{2}$），继而导致其定价过高，利润反而变小。

命题 10-5　当 $t = t_H$ 时，如果 $\theta < \dfrac{t_H - 3t_L}{t_H - t_L}$ 成立，则在位平台在竞争中获利更

多，即 $\Pi_1^{H\theta} > \Pi_2^{H\theta}$。

当 $t = t_L$ 时，在位平台总是在竞争中获利更多，即 $\Pi_1^{L\theta} > \Pi_2^{L\theta}$。

证明　当 $t = t_H$ 时，$\Pi_1^{H\theta} - \Pi_2^{H\theta} > 0$ 等价于 $(1-\theta)\dfrac{t_H}{t_L} - (3-\theta) > 0$，继而可得

$\Pi_1^{H\theta} > \Pi_2^{H\theta}$。当 $t = t_L$ 时，$\Pi_1^{L\theta} > \Pi_2^{L\theta}$ 等价于 $2t_H + \theta(t_H - t_L) > 0$，该不等式总是

成立，所以 $\Pi_1^{L\theta} > \Pi_2^{L\theta}$ 成立。证毕。

命题 10-5 表明，在信息不对称下，如果消费者运输成本是高的（$t = t_H$），仅当 t_H 远高于 t_L，即 $t_H - 3t_L > 0$，且 θ 较低时，在位平台在竞争中获利更多；但是，如果消费者运输成本是低的（即 $t = t_L$），那么拥有私有信息的在位平台在市场竞争中总是具有竞争优势。基于此，拥有私有信息的在位平台并不总是具有竞争优势，在某些条件下，信息不对称可能导致新进入平台获利更多。

10.4　消费者多归属

在此情形中，根据式（10-2），令 $u_{12} = 0$，可得

$$\hat{x}_{12}^r = \frac{1}{2} - \frac{\delta v - p_2}{\delta t_k}$$

$$\hat{x}_{12}^l = \frac{1}{2} + \frac{\delta v - p_2}{\delta t_k}$$

其中，$k = H, L$。两个无差异消费分别位于平台 1 的左右两侧，如图 10-1（b）所示。类似地，令 $u_{21} = 0$，有

$$\hat{x}_{21}^r = \frac{\delta v - p_1}{\delta t_k}$$

$$\hat{x}_{21}^l = 1 - \frac{\delta v - p_1}{\delta t_k}$$

其中，$k = H, L$。结合图 10-1，可知在位平台 1 的排他性消费者数量为

$$x_{1k}^e \equiv \hat{x}_{12}^r + \left(1 - \hat{x}_{12}^l\right) = 1 - \frac{2(\delta v - p_2)}{\delta t_k}$$

新进入平台 2 的排他性消费者数量为

$$x_{2k}^e \equiv \hat{x}_{21}^l - \hat{x}_{21}^r = 1 - \frac{2(\delta v - p_1)}{\delta t_k}$$

其中，$k = H, L$。类似地，平台 1 和平台 2 上的消费者数量可分别表示为

$$D_1 \equiv \left(1 - x_{21}^l\right) + x_{21}^r = \frac{2(\delta v - p_1)}{\delta t_k}$$

$$D_2 \equiv \left(\hat{x}_{12}^l - \frac{1}{2}\right) + \left(\frac{1}{2} - \hat{x}_{12}^r\right) = \frac{2(\delta v - p_2)}{\delta t_k}$$

（10-8）

其中，$k=H,L$。接入平台 i 的多归属的消费者数量可表示为

$$x_{ik}^{mh} \equiv D_i - x_{ik}^e = \frac{2(2\delta v - p_1 - p_2)}{\delta t_k} - 1$$

其中，$i=1,2$；$k=H,L$。

10.4.1 新进入平台知晓消费者运输成本

在此情形中，两个平台均知晓 t_k。在下述分析中，相关符号含义与 10.3.1 节相同。由 10.2.3 节分析有

$$\Pi_1^{kk} = p_1^{kk} D_1^{kk} + bx_{1k}^e + \sigma bx_{1k}^{mh}$$
$$\Pi_2^{kk} = p_2^{kk} D_2^{kk} + bx_{2k}^e + \sigma bx_{2k}^{mh}$$

（10-9）

命题 10-6 当消费者多归属时，如果在位平台和新进入平台关于消费者运输成本信息对称，则在平台最优定价下有

$$p_1^{kk} = p_2^{kk} = \frac{\delta v - \sigma b}{2}$$

$$D_1^{kk} = D_2^{kk} = \frac{v}{t_k} + \frac{\sigma b}{\delta t_k}$$

$$\Pi_1^{kk} = \Pi_2^{kk} = (1-\sigma)b + \frac{(\delta v + \sigma b)(\delta v + (3\sigma-2)b)}{2\delta t_k}$$

其中，$k=H,L$。

证明 由 $\dfrac{\partial^2(\Pi_i^{kk})}{\partial(p_i^{kk})^2} = -\dfrac{1}{2\delta t_k} < 0$，得平台 i 的利润函数为凹函数，$i=1,2$。继

而由式（10-9），联立 $\dfrac{\partial \Pi_1^{kk}}{\partial p_1^{kk}} = \dfrac{\partial \Pi_2^{kk}}{\partial p_2^{kk}} = 0$，可得 p_1^{kk}、p_2^{kk}。进一步代入式（10-8）

和式（10-9），可得 D_i^{kk}、Π_i^{kk}，$i=1,2$。证毕。

10.4.2 新进入平台不知晓消费者运输成本

在此情形中，平台 1 知晓运输成本 t_k，平台 2 不知晓。在下述分析中，相关符号含义参见 10.3.2 节。此时，平台 1 的利润函数和平台 2 的期望利润函数可分别表示为

$$\Pi_1^{k\theta} = p_1^{k\theta} D_1^{k\theta} + bx_{1k}^e + \sigma bx_{1k}^{mh}$$
$$\Pi_2 = \theta \Pi_2^{H\theta} + (1-\theta)\Pi_2^{L\theta}$$

（10-10）

其中，$\Pi_2^{k\theta} = p_2 D_2^{k\theta} + bx_{2k}^e + \sigma bx_{2k}^{mh}$，$k = H, L$。

命题 10-7　当消费者多归属时，如果在位平台和新进入平台关于消费者运输成本信息不对称，则在平台最优定价下，有 $p_1^{k\theta} = p_2 = \dfrac{\delta v - \sigma b}{2}$，$D_1^{k\theta} = D_2^{k\theta} = \dfrac{v}{t_k} + \dfrac{\sigma b}{\delta t_k}$，

$x_{1k}^e = x_{2k}^e = 1 - \dfrac{\delta v + \sigma b}{\delta t_k}$，$\Pi_1^{k\theta} = \Pi_2^{k\theta} = (1 - \sigma)b + \dfrac{(\delta v + \sigma b)(\delta v + (3\sigma - 2)b)}{2\delta t_k}$，其中，

$k = H, L$。

证明　由式（10-10）得

$$\frac{\partial \Pi_1^{k\theta}}{\partial p_1^{k\theta}} = \frac{2(\delta v - 2p_1^{k\theta} - \sigma b)}{\delta t_k}, \quad k \in \{H, L\}$$

$$\frac{\partial \Pi_2}{\partial p_2} = \theta \frac{2(\delta v - 2p_2 - \sigma b)}{\delta t_H} + (1 - \theta)\frac{2(\delta v - 2p_2 - \sigma b)}{\delta t_L}$$

联立 $\dfrac{\partial \Pi_1^{k\theta}}{\partial p_1^{k\theta}} = 0$ 和 $\dfrac{\partial \Pi_2}{\partial p_2} = 0$，可得 $p_1^{k\theta}$、p_2。代入式（10-8）、x_{1k}^e 和 x_{2k}^e 的表达式，以及式（10-10），可得命题 10-7 剩余结论。此外，由于

$$\frac{\partial^2 \left(\Pi_1^{k\theta}\right)}{\partial \left(p_1^{k\theta}\right)^2} = -\frac{4}{\delta t_k} < 0$$

$$\frac{\partial^2 \left(\Pi_2\right)}{\partial \left(p_2\right)^2} = -\frac{4}{\delta}\left(\frac{\theta}{t_H} + \frac{1 - \theta}{t_L}\right) < 0$$

平台利润函数最大化的二阶条件满足。证毕。

命题 10-7 表明，与消费者单归属不同，当消费者多归属时，平台 1 和平台 2 的最优定价相等且与 t_k 无关。原因在于，消费者的多归属行为导致平台 1 和平台 2 在消费者一边是垄断的，即产品水平差异程度并不影响平台决策。此外，两个平台的消费者总需求 $D_i^{k\theta}$ 和利润 $\Pi_i^{k\theta}$ 相等，且与 t_k 成反比。原因在于，由于两个平台在消费者一边是垄断的，t_k 越高，消费者付出的代价越高。但是，两个平台的排他性需求 x_{ik}^e 与 t_k 成正比。原因在于，t_k 体现的是产品水平差异程度，与排他性需求相一致。

10.4.3　信息不对称对平台定价和利润的影响

本节对信息完全情形和信息不对称情形进行对比，研究信息不对称对平台定价和利润的影响。

命题 10-8　当消费者多归属时，在位平台和新进入平台关于消费者运输成本

t 信息不对称对于平台定价、消费者数量和平台利润不会产生影响。

证明 由命题 10-7 易得。证毕。

命题 10-8 表明，当消费者多归属时，两个平台的最优定价、消费者数量和平台利润相等，且不受信息不对称，即 θ 的影响。原因在于，消费者的多归属行为导致平台 1 和平台 2 在消费者一边是垄断的，即产品水平差异程度并不影响平台决策（由 $\dfrac{\partial \Pi_2}{\partial p_2}$ 表达式可知），继而进一步导致平台最优定价与 θ 也无关。由于信息不对称不影响平台定价决策，则消费者数量和平台利润也与 θ 无关。

10.5 本 章 小 结

本章在在位平台知晓消费者运输成本而新进入平台不知晓下，探讨了消费者不同归属时两个平台的最优定价决策。主要工作和结论如下。

（1）在消费者单归属下，讨论了消费者运输成本信息不对称对平台最优定价的影响。研究发现，当消费者运输成本较低时，在信息不对称下，新进入平台的定价将会高于在位平台的定价，并且两个平台的定价都高于信息完全时的最优定价。当消费者运输成本较高时，在信息不对称下，新进入平台的定价将会低于在位平台的定价，并且两个平台的定价都低于信息完全时的均衡价格。

（2）在消费者单归属下，研究了消费者运输成本信息不对称对平台利润的影响。研究表明，当消费者运输成本较高时，信息不对称导致两个平台的利润均下降；当消费者运输成本较低时，信息不对称导致在位平台的利润提高，而新进入平台的利润可能降低也可能提高。

（3）在消费者多归属下，研究了消费者运输成本信息不对称对平台定价和利润的影响。结果表明，与消费者单归属不同，当消费者多归属时，在位平台和新进入平台关于消费者运输成本信息不对称对于平台定价、消费者数量和平台利润不会产生影响。

第 11 章　平台同时进入市场下考虑用户预期的平台定价

在竞争平台之间信息不对称下，第 10 章基于产品水平差异化信息不对称探讨了竞争平台的最优定价。本章和第 12 章分别针对平台同时进入市场和平台先后进入市场两种情形研究用户预期行为对平台定价决策的影响。

首先，分析成员异质性情形，考虑用户对两个平台的信念一致，探讨对称均衡下竞争平台的定价决策。其次，分析交易异质性情形，考虑用户对两个平台的信念不一致，探讨不对称均衡下优势平台和劣势平台的最优决策。

11.1　问题描述及模型构建

考虑一个双寡头垄断的双边市场，平台 1 和平台 2 同时进入市场。平台 i 向卖家收取会员费 p^{is}，向买家收取会员费 p^{ib}，$i=1,2$。n^{ib} 和 n^{is} 分别表示平台 i 上买家与卖家的数量，$i=1,2$。与第 6 章相同，具体分析考虑两种情形，分别是成员异质性和交易异质性。

在成员异质性下，平台之间存在水平差异。对此，11.2 节将采用 Hotelling 模型进行分析，并假设用户对两个平台的信念一致。具体来说，两边用户均匀分布在 0-1 线性城市上，分布密度为 1。平台 1 在线性城市的 0 处，平台 2 在线性城市的 1 处。位于 ω^b 处的买家去平台 1 的运输成本为 $\tau^b \omega^b$，去平台 2 的运输成本为 $(1-\tau^b)\omega^b$。其中，τ^b 表示买家边的单位运输成本。类似地，位于 ω^s 处的卖家去平台 1 的运输成本为 $\tau^s \omega^s$，去平台 2 的运输成本为 $(1-\tau^s)\omega^s$。其中，τ^s 表示卖家边的单位运输成本。τ^b 和 τ^s 体现了两个平台的水平差异。

在成员异质性下，参考 Armstrong（2006）的研究，在完全信息下有

$$U^{1b} = \alpha n^{1s} - p^{1b} - \tau^b \omega^b, \quad U^{2b} = \alpha n^{2s} - p^{2b} - \tau^b(1-\omega^b)$$
$$U^{1s} = \beta n^{1b} - p^{1s} - \tau^s \omega^s, \quad U^{2s} = \beta n^{2b} - p^{2s} - \tau^s(1-\omega^s)$$

（11-1）

其中，U^{ib} 和 U^{is} 分别为平台 i 上买家与卖家的效用函数，$i=1,2$；α、β 分别为买家边和卖家边的间接网络外部性参数。

在交易异质性下，平台之间存在垂直差异。此时，如果用户对两个平台的信念一致，两个平台将进行伯川德竞争，即平台间进行价格竞争直到利润为零。基于此，11.3 节将聚焦于另一种情形，即用户对两个平台的信念不一致，探讨优势平台和劣势平台的最优决策。

在交易异质性下，参考 Gabszewicz 和 Wauthy（2014）的研究，在完全信息下有

$$U^{ib} = \theta n^{is} - p^{ib}, \ U^{is} = \gamma n^{ib} - p^{is} \qquad （11\text{-}2）$$

其中，$i = 1,2$ ；$\theta \sim U(0,B)$ ；$\gamma \sim U(0,S)$ 。

假设平台边际成本为零，则平台 i 的利润函数为

$$\pi^i = p^{ib} n^{ib} + p^{is} n^{is} \qquad （11\text{-}3）$$

其中，$i = 1,2$ 。

本章讨论情形众多，为便于阅读，下面对代表各情形的符号进行说明。

（1）两边用户单归属用 TS 表示，即 two-sided single-homing。在竞争瓶颈情形下，卖家多归属时，用 SM 表示，即 sellers multi-home；买家多归属时，用 BM 表示，即 buyers multi-home。

（2）与第 6 章类似，假设两边用户之间存在信息不对称。其中，两边用户均消极预期用 PP 表示，卖家响应预期而买家消极预期用 RP 表示，以及两边用户均响应预期用 RR 表示。n^{ibe} 和 n^{ise} 表示平台 i 上用户的预期数量，$i = 1,2$ 。

11.2　成员异质性

本节基于成员异质性探讨对称均衡下的平台定价决策。具体分析考虑两种情形，一种是两边用户均单归属，另一种是一边用户单归属而另一边用户多归属的竞争瓶颈。

11.2.1　两边用户单归属

与第 6 章类似，本节考虑三种情形，分别是两边用户均消极预期、买家消极预期而卖家响应预期，以及两边用户均响应预期。

1. 情形 PP：两边用户均消极预期

在此情形下，式（11-1）改写为

$$U^{1b} = \alpha n^{1se} - p^{1b} - \tau^b \omega^b$$

$$U^{2b} = \alpha n^{2se} - p^{2b} - (1-\omega^b)\tau^b$$

$$U^{1s} = \beta n^{1be} - p^{1s} - \tau^s \omega^s$$

$$U^{2s} = \beta n^{2be} - p^{2s} - (1-\omega^s)\tau^s$$

由于单位运输成本过高会导致平台间不存在竞争，在情形 PP 中，假设 $\alpha \geqslant 3\tau^b$，$\beta \geqslant 3\tau^s$。由 $U^{1b} = U^{2b}$ 和 $U^{1s} = U^{2s}$，得出买家与卖家的无差异点，继而有

$$n^{1b} = \frac{1}{2} + \frac{\alpha(n^{1se} - n^{2se}) - p^{1b} + p^{2b}}{2\tau^b}, \quad n^{2b} = 1 - n^{1b}$$

$$n^{1s} = \frac{1}{2} + \frac{\beta(n^{1be} - n^{2be}) - p^{1s} + p^{2s}}{2\tau^s}, \quad n^{2s} = 1 - n^{1s}$$

代入式（11-3），可证 π^1 和 π^2 均为凹函数。继而联立 $\dfrac{\partial \pi^i}{\partial p^{ib}} = 0$、$\dfrac{\partial \pi^i}{\partial p^{is}} = 0$ 和理性约束条件 $n^{ib} = n^{ibe}$、$n^{is} = n^{ise}$，$i = 1,2$，可得引理 11-1。

引理 11-1　在两边用户单归属下，当两边用户均消极预期时，平台最优定价和均衡用户数量为 $p^{1b*} = p^{2b*} = \tau^b$，$p^{1s*} = p^{2s*} = \tau^s$，$n^{1b*} = n^{1s*} = n^{2b*} = n^{2s*} = \dfrac{1}{2}$。

引理 11-1 中结论与经典 Hotelling 模型相一致，即市场竞争越弱，平台定价越高。但是，由于两边用户均消极预期，平台最优定价与间接网络外部性无关。

2. 情形 RP：买家消极预期，卖家响应预期

在此情形下，式（11-1）改写为

$$U^{1b} = \alpha n^{1se} - p^{1b} - \tau^b \omega^b$$

$$U^{2b} = \alpha n^{2se} - p^{2b} - (1-\omega^b)\tau^b$$

$$U^{1s} = \beta n^{1b} - p^{1s} - \tau^s \omega^s$$

$$U^{2s} = \beta n^{2b} - p^{2s} - (1-\omega^s)\tau^s$$

同情形 PP，有

$$n^{1b} = \frac{1}{2} + \frac{\alpha(n^{1se} - n^{2se}) - p^{1b} + p^{2b}}{2\tau^b}, \quad n^{2b} = 1 - n^{1b}$$

$$n^{1s} = \frac{1}{2} + \frac{\beta(n^{1b} - n^{2b}) - p^{1s} + p^{2s}}{2\tau^s}, \quad n^{2s} = 1 - n^{1s}$$

为确保平台间存在竞争，假设 $\alpha + 2\beta \geqslant 3\tau^b$，$\beta \geqslant 3\tau^s$。将用户数量代入式（11-3），可得 π^1 和 π^2 为凹函数的条件为 $4\tau^b \tau^s > \beta^2$。继而联立 $\dfrac{\partial \pi^i}{\partial p^{ib}} = 0$、$\dfrac{\partial \pi^i}{\partial p^{is}} = 0$ 和理性约束条件 $n^{is} = n^{ise}$，$i = 1,2$，可得引理 11-2。

引理 11-2 在两边用户单归属下，当卖家响应预期而买家消极预期时，平台最优定价和均衡用户数量为 $p^{1b*} = p^{2b*} = \tau^b - \beta$, $p^{1s*} = p^{2s*} = \tau^s$, $n^{1b*} = n^{1s*} = n^{2b*} = n^{2s*} = \frac{1}{2}$。

引理 11-2 表明，当卖家响应预期而买家消极预期时，买家对卖家的间接网络外部性越强（即 β 越大），平台对买家定价越低。

3. 情形 RR：两边用户均响应预期

在此情形下，式（11-1）不变。同情形 PP，有

$$n^{1b} = \frac{1}{2} + \frac{\alpha(n^{1s} - n^{2s}) - p^{1b} + p^{2b}}{2\tau^b}, \quad n^{2b} = 1 - n^{1b}$$

$$n^{1s} = \frac{1}{2} + \frac{\beta(n^{1b} - n^{2b}) - p^{1s} + p^{2s}}{2\tau^s}, \quad n^{2s} = 1 - n^{1s}$$

为确保平台间存在竞争，假设 $\alpha + 2\beta \geqslant 3\tau^b$ 和 $\beta + 2\alpha \geqslant 3\tau^s$。将用户数量代入式（11-3），可得 π^1 和 π^2 为凹函数的条件为 $4\tau^b\tau^s > (\alpha + \beta)^2$。继而联立 $\frac{\partial \pi^i}{\partial p^{ib}} = 0$ 和 $\frac{\partial \pi^i}{\partial p^{is}} = 0$，$i = 1, 2$，可得引理 11-3。

引理 11-3 在两边用户单归属下，当两边用户均响应预期时，平台最优定价和均衡用户数量为 $p^{1b*} = p^{2b*} = \tau^b - \beta$, $p^{1s*} = p^{2s*} = \tau^s - \alpha$，$n^{1b*} = n^{1s*} = n^{2b*} = n^{2s*} = \frac{1}{2}$。

当两边用户均响应预期时，引理 11-3 表明，一边用户对另一边用户的间接网络外部性越强，平台对该边用户的定价越低。

由引理 11-1～引理 11-3，可得命题 11-1。

命题 11-1 在两边用户单归属下，一边用户由消极预期变为响应预期时，竞争平台会对另一边用户定低价。

命题 11-1 表明，在两边用户单归属下，与垄断情形相同，一边用户由消极预期变为响应预期时，平台最优定价有利于另一边用户。原因在于，由于间接网络外部性的影响，信息完全的响应预期用户会提高另一边用户的价值。

11.2.2 竞争瓶颈

与 11.2.1 节相同，本节考虑情形 PP、情形 RP 和情形 RR 三种情形。在情形 PP 和情形 RR 中，不失一般性地，假设卖家多归属。在情形 RP 中，由于买家多归属和卖家多归属并不对称，本节还将考虑买家多归属的情形。

1. 情形 PP：两边用户均消极预期

在此情形下，由于卖家多归属，有

$$n^{1b} = \frac{1}{2} + \frac{\alpha(n^{1se} - n^{2se}) - p^{1b} + p^{2b}}{2\tau^b}, \quad n^{2b} = 1 - n^{1b}$$

$$n^{1s} = \frac{\beta n^{1be} - p^{1s}}{\tau^s}, \quad n^{2s} = \frac{\beta n^{2be} - p^{2s}}{\tau^s}$$

为确保平台间存在竞争且用户数量小于 1，假设 $\alpha\beta \geqslant 6\tau^b\tau^s$，$\beta \leqslant 4\tau^s$。将用户数量代入式（11-3），可证 π^1 和 π^2 均为凹函数。继而联立 $\frac{\partial \pi^i}{\partial p^{ib}} = 0$ 与 $\frac{\partial \pi^i}{\partial p^{is}} = 0$ 及理性约束条件 $n^{ib} = n^{ibe}$ 和 $n^{is} = n^{ise}$，$i = 1,2$，可得引理 11-4。

引理 11-4 在卖家多归属而买家单归属下，当两边用户均消极预期时，平台最优定价和均衡用户数量为 $p^{1b*} = p^{2b*} = \tau^b$，$p^{1s*} = p^{2s*} = \frac{\beta}{4}$，$n^{1b*} = n^{2b*} = \frac{1}{2}$，

$n^{1s*} = n^{2s*} = \frac{\beta}{4\tau^s}$。

引理 11-4 表明，与两边用户单归属情形不同，平台对多归属卖家的定价与 τ^s 无关。原因在于，卖家多归属时，平台在卖家边不存在直接竞争。此外，买家对卖家的间接网络外部性越强，卖家的支付意愿越高，平台可对卖家定高价。

2. 情形 RP：买家消极预期，卖家响应预期

在此情形中，买家多归属和卖家多归属并不对称。下面考虑两种情形，分别是卖家多归属，买家单归属，以及卖家单归属，买家多归属。

1）卖家多归属，买家单归属

在此情形下，由于卖家多归属，有 $n^{1b} = \frac{1}{2} + \frac{\alpha(n^{1se} - n^{2se}) - p^{1b} + p^{2b}}{2\tau^b}$，$n^{2b} = 1 - n^{1b}$，$n^{1s} = \frac{\beta n^{1b} - p^{1s}}{\tau^s}$，$n^{2s} = \frac{\beta n^{2b} - p^{2s}}{\tau^s}$。

同情形 PP，假设 $\beta(\alpha + \beta) \geqslant 6\tau^b\tau^s$ 和 $\beta \leqslant 4\tau^s$。将用户数量代入式（11-3），可得 π^1 和 π^2 为凹函数的条件为 $8\tau^b\tau^s > \beta^2$。继而联立 $\frac{\partial \pi^i}{\partial p^{ib}} = 0$、$\frac{\partial \pi^i}{\partial p^{is}} = 0$ 及理性约束条件 $n^{is} = n^{ise}$，$i = 1,2$，可得引理 11-5。

引理 11-5 在卖家多归属而买家单归属下，当卖家响应预期而买家消极预期时，平台最优定价和均衡用户数量为 $p^{1b*} = p^{2b*} = \tau^b - \frac{\beta^2}{4\tau^s}$，$p^{1s*} = p^{2s*} = \frac{\beta}{4}$，

$$n^{1b*} = n^{2b*} = \frac{1}{2}, \ n^{1s*} = n^{2s*} = \frac{\beta}{4\tau^s}。$$

引理 11-5 表明，与两边用户单归属情形相同，卖家响应预期导致平台对买家的定价存在减项。其原因可参见命题 11-1 的分析，此处不再赘述。

2）卖家单归属，买家多归属

在此情形下，由于买家多归属，有

$$n^{1b} = \frac{\alpha n^{1se} - p^{1b}}{\tau^b}, \ n^{2b} = \frac{\alpha n^{2se} - p^{2b}}{\tau^b}$$

$$n^{1s} = \frac{1}{2} + \frac{\beta(n^{1b} - n^{2b}) - p^{1s} + p^{2s}}{2\tau^s}, \ n^{2s} = 1 - n^{1s}$$

同情形 PP，假设 $\beta(\alpha + \beta) \geqslant 6\tau^b\tau^s$ 和 $(\alpha + \beta) \leqslant 4\tau^b$。将用户数量代入式（11-3），可得 π^1 和 π^2 为凹函数的条件为 $8\tau^b\tau^s > \beta^2$。继而联立 $\frac{\partial \pi^i}{\partial p^{ib}} = 0$、$\frac{\partial \pi^i}{\partial p^{is}} = 0$ 及理性约束条件 $n^{is} = n^{ise}$，$i = 1,2$，可得引理 11-6。

引理 11-6 在卖家单归属而买家多归属下，当卖家响应预期而买家消极预期时，平台最优定价和均衡用户数量为 $p^{1b*} = p^{2b*} = \frac{\alpha - \beta}{4}$，$p^{1s*} = p^{2s*} = \tau^s$，$n^{1b*} = n^{2b*} = \frac{\alpha + \beta}{4\tau^b}$，$n^{1s*} = n^{2s*} = \frac{1}{2}$。

与引理 11-5 相同，在引理 11-6 中，平台对买家的定价也存在减项，且由于买家此时多归属，平台对买家的定价与 τ^b 无关。

3. 情形 RR：两边用户均响应预期

在此情形下，由于卖家多归属，有

$$n^{1b} = \frac{1}{2} + \frac{\alpha(n^{1s} - n^{2s}) - p^{1b} + p^{2b}}{2\tau^b}, \ n^{2b} = 1 - n^{1b}$$

$$n^{1s} = \frac{\beta n^{1b} - p^{1s}}{\tau^s}, \ n^{2s} = \frac{\beta n^{2b} - p^{2s}}{\tau^s}$$

同情形 PP，假设 $\alpha^2 + \beta^2 + 4\alpha\beta \geqslant 6\tau^b\tau^s$ 和 $\alpha + \beta \leqslant 4\tau^s$。将用户数量代入式（11-3），可得 π^1 和 π^2 为凹函数的条件为 $8\tau^b\tau^s > \alpha^2 + \beta^2 + 6\alpha\beta$。联立 $\frac{\partial \pi^i}{\partial p^{ib}} = 0$ 和 $\frac{\partial \pi^i}{\partial p^{is}} = 0$，$i = 1,2$，可得引理 11-7。

引理 11-7 在卖家多归属而买家单归属下，当两边用户均响应预期时，平台最优定价和均衡用户数量为 $p^{1b*} = p^{2b*} = \tau^b - \dfrac{\beta^2 + 3\alpha\beta}{4\tau^s}$，$p^{1s*} = p^{2s*} = \dfrac{\beta - \alpha}{4}$，

$n^{1b*} = n^{2b*} = \dfrac{1}{2}$，$n^{1s*} = n^{2s*} = \dfrac{\alpha + \beta}{4\tau^s}$。

与引理 11-4～引理 11-6 中结论类似，引理 11-7 表明，平台对多归属用户的定价与单位运输成本无关，而一边用户响应预期导致平台对另一边用户定低价。

对比引理 11-4～引理 11-7 中平台最优定价，可得命题 11-2。

命题 11-2　在竞争瓶颈下，一边用户由消极预期变为响应预期时，竞争平台应对另一边用户定低价；竞争平台对多归属用户的定价与单位运输成本无关；单归属用户对多归属用户的间接网络外部性越强，平台对多归属用户的定价越高。

命题 11-2 总结了本节四种情形的结论，其解释与引理 11-4～引理 11-7 中分析类似。首先，由于间接网络外部性的影响，信息完全的响应预期用户会提高另一边用户的价值，继而平台最优定价反而有利于另一边用户。其次，由于平台在多归属用户一边不存在竞争，平台间的水平差异（即单位运输成本）并不影响平台对多归属用户的定价。最后，平台在多归属用户一边类似于垄断平台，当多归属用户从间接网络外部性中获益较高时，平台应定高价。

11.2.3　两边用户单归属和竞争瓶颈的对比

本节就平台最优定价和平台最优利润两个方面对两边用户单归属情形与竞争瓶颈情形进行对比。为便于比较，相关结论总结在表 11-1 和表 11-2 中。

表 11-1　两边用户单归属和竞争瓶颈下的平台最优定价

平台最优定价	PP		RP			RR	
	TS	SM	TS	SM	BM	TS	SM
p^{ib*}	τ^b	τ^b	$\tau^b - \beta$	$\tau^b - \dfrac{\beta^2}{4\tau^s}$	$\dfrac{\alpha - \beta}{4}$	$\tau^b - \beta$	$\tau^b - \dfrac{\beta^2 + 3\alpha\beta}{4\tau^s}$
p^{is*}	τ^s	$\dfrac{\beta}{4}$	τ^s	$\dfrac{\beta}{4}$	τ^s	$\tau^s - \alpha$	$\dfrac{\beta - \alpha}{4}$

表 11-2　平台最优利润

情形	TS	SM	BM
PP	$\dfrac{\tau^b + \tau^s}{2}$	$\dfrac{\tau^b}{2} + \dfrac{\beta^2}{16\tau^s}$	$\dfrac{\tau^s}{2} + \dfrac{\alpha^2}{16\tau^b}$
RP	$\dfrac{\tau^b + \tau^s - \beta}{2}$	$\dfrac{\tau^b}{2} - \dfrac{\beta^2}{16\tau^s}$	$\dfrac{\tau^s}{2} + \dfrac{\alpha^2 - \beta^2}{16\tau^b}$
RR	$\dfrac{\tau^b + \tau^s - \alpha - \beta}{2}$	$\dfrac{\tau^b}{2} - \dfrac{\alpha^2 + \beta^2 + 6\alpha\beta}{16\tau^s}$	$\dfrac{\tau^s}{2} - \dfrac{\alpha^2 + \beta^2 + 6\alpha\beta}{16\tau^b}$

在表 11-1 中，PP、RP 和 RR，以及 TS、SM 和 BM 的含义参见 11.1 节。对比表 11-1 中的平台最优定价，可得命题 11-3 和命题 11-4。

命题 11-3　　与用户是单归属还是多归属无关，一边用户由消极预期变为响应预期时，竞争平台会对另一边用户定低价。

命题 11-3 是两种情形的共有结论。原因在于，与用户是单归属还是多归属无关，信息完全的响应预期用户均会提高另一边用户的价值。基于此，当一边用户由消极预期变为响应预期时，平台定价决策会有利于另一边用户。

命题 11-4　　与两边用户单归属相比，在竞争瓶颈下可得以下结论。

（1）当多归属用户的对边用户为响应预期时，如果两边用户的间接网络外部性较弱（即 $\alpha + 3\beta < 4\tau^b$ 或 $\beta + 3\alpha < 4\tau^s$ ），平台对多归属用户定低价；如果两边用户的间接网络外部性较强，平台对多归属用户定高价。

（2）当多归属用户的对边用户为消极预期时，平台对多归属用户定低价。

（3）平台对单归属用户的定价要么不变，要么与多归属边价格变化的方向相反。

证明　　在情形 RP 中，有 $p^{ib*}(\text{RP},\text{TS}) - p^{ib*}(\text{RP},\text{BM}) = (4\tau^b - \alpha - 3\beta)/4$ ；在情形 RR 中，有 $p^{is*}(\text{RR},\text{TS}) - p^{is*}(\text{RR},\text{SM}) = (4\tau^s - \beta - 3\alpha)/4$ ，则可证命题 11-4（1）。在情形 PP 中，由 $\beta \leqslant 4\tau^s$ ，得 $p^{is*}(\text{PP},\text{TS}) \geqslant p^{is*}(\text{PP},\text{SM})$ ；在 RP 情形中，由 $\beta \leqslant 4\tau^s$ ，得 $p^{is*}(\text{RP},\text{TS}) \leqslant p^{is*}(\text{RP},\text{SM})$ ，则可证命题 11-4（2）。同理，由表 11-1，可证命题 11-4（3），证毕。

一般来说，与两边用户单归属相比，在竞争瓶颈下，平台应更重视单归属用户。但是，命题 11-4（1）显示了出现相反结论的可能性。原因在于，在 Hotelling 模型下，单归属用户的市场饱和。当多归属用户的对边用户为响应预期时，用户多归属导致两个平台在单归属一边竞争加剧。因此，当两边用户的间接网络外部性较强时，平台可对多归属用户定高价以缓解竞争。相反地，当两边用户的间接网络外部性较弱时，平台对多归属用户定低价更有利可图。同理，多归属用户的对边用户为消极预期时，即命题 11-4（2）情形，两个平台在单归属一边的竞争程度较弱，平台此时应对多归属用户定低价。综上，命题 11-4 中（1）和（2）可合并为：当多归属用户产生的间接网络外部性较弱时，平台应对多归属用户定低价；反之，则定高价。

命题 11-4（3）类似于价格的跷跷板原理（Rochet and Tirole，2006），即导致一边用户价格增长的因素往往导致另一边用户价格下降。原因在于，由于间接网络外部性的影响，平台在吸引一边用户的同时也能吸引另一边用户，继而平台会权衡吸引哪一边用户。需注意的是，价格的跷跷板原理并不一定成立，其受用户需求函数的影响（Weyl，2010）。

根据各情形下平台利润函数为凹函数的条件，在表 11-2 中，平台最优利润均为正。对 TS、SM 和 BM 三列进行纵向比对，可得推论 11-1。

推论 11-1　在两边用户单归属和竞争瓶颈下，平台最优利润均满足：

$$\pi^{i^*}(\text{PP}) > \pi^{i^*}(\text{RP}) > \pi^{i^*}(\text{RR})，\quad i=1,2$$

与垄断情形相反，在竞争情形下，两边用户均消极预期时，平台利润最高；两边用户均响应预期时，平台利润最低。原因在于，信息完全时，间接网络外部性较强，竞争较激烈；信息不完全时，用户的消极预期缓和了平台间的竞争。类似结论可见于 Hagiu 和 Halaburda（2014）关于平台利润的探讨以及 Belleflamme 和 Peitz（2019a）关于价格信息披露的分析。需注意的是，在交易异质性下，该结论不一定成立（见 11.3 节分析）。

推论 11-2　与两边用户单归属相比，在竞争瓶颈下，可得以下结论。

（1）多归属用户的对边用户为消极预期时，平台利润增加。

（2）多归属用户的对边用户为响应预期时，平台利润可能增加也可能减小。

证明　在情形 PP 中，卖家多归属时，有 $\tau^s \in \left[\dfrac{\beta}{4}, \dfrac{\beta}{3}\right]$，即共有范围。继而可得 $\pi^i(\text{PP},\text{SM}) - \pi^i(\text{PP},\text{TS}) = \dfrac{\beta^2}{16\tau^s} - \dfrac{\tau^s}{2} > 0$。同理可得 $\pi^i(\text{PP},\text{BM}) > \pi^i(\text{PP},\text{TS})$。

在情形 RP 中，卖家多归属时，有 $\tau^s \in \left[\dfrac{\beta}{4}, \dfrac{\beta}{3}\right]$，继而可得

$$\pi^i(\text{RP},\text{SM}) - \pi^i(\text{RP},\text{TS}) = \frac{-8(\tau^s)^2 + 8\beta\tau^s - \beta^2}{16\tau^s} > 0$$

当买家多归属时有

$$\Delta\pi(\tau^b) = \pi^i(\text{RP},\text{BM}) - \pi^i(\text{RP},\text{TS}) = \frac{-8(\tau^b)^2 + 8\beta\tau^b + \alpha^2 - \beta^2}{16\tau^b}$$

其中，$\tau^b \in \left[\dfrac{\alpha+\beta}{4}, \dfrac{\alpha+2\beta}{3}\right]$。将 $\tau^b = \dfrac{\alpha+\beta}{4}$ 和 $\tau^b = \dfrac{\alpha+2\beta}{3}$ 代入 $\Delta\pi(\tau^b)$，得

$\Delta\pi\left(\dfrac{\alpha+\beta}{4}\right) = \dfrac{(\alpha+\beta)^2}{32\tau^b} > 0$，而 $\Delta\pi\left(\dfrac{\alpha+2\beta}{3}\right) = \dfrac{(\alpha-\beta)(\alpha-7\beta)}{144\tau^b}$ 符号不定。

在情形 RR 中，卖家多归属时有

$$\Delta\pi(\tau^s) = \pi^i(\text{RR},\text{SM}) - \pi^i(\text{RR},\text{TS}) = \frac{-8(\tau^s)^2 + 8(\alpha+\beta)\tau^s - \alpha^2 - \beta^2 - 6\alpha\beta}{16\tau^s}$$

其中，$\tau^s \in \left[\dfrac{\alpha+\beta}{4}, \dfrac{\beta+2\alpha}{3}\right]$。将 $\tau^s = \dfrac{\alpha+\beta}{4}$ 和 $\tau^s = \dfrac{\beta+2\alpha}{3}$ 代入 $\Delta\pi(\tau^s)$，得

$\Delta\pi\left(\dfrac{\beta+2\alpha}{3}\right) = \dfrac{7(\alpha-\beta)^2}{144\tau^b} > 0$，而 $\Delta\pi\left(\dfrac{\alpha+\beta}{4}\right) = \dfrac{\alpha^2 + \beta^2 - 6\alpha\beta}{32\tau^b}$ 符号不定。同理，

当买家多归属时，结论类似。证毕。

推论 11-2 表明，用户多归属时，平台利润不一定增加。原因在于，从多归属一边来看，用户多归属能提高平台利润；从单归属一边来看，如果单归属用户响应预期，即推论 11-2（2）中情形，多归属用户数量的增加激化了平台对单归属用户的竞争。两种相反的影响导致平台利润可能增加也可能减小。

11.3　交易异质性

在交易异质性下，如果用户对两个平台的信念一致，两个平台将进行伯川德竞争。基于此，本节将考虑用户对两个平台的信念不一致，探讨优势平台和劣势平台的最优决策。不失一般性地，考虑平台 1 是优势平台，平台 2 是劣势平台。具体考虑两种情形，分别是两边用户单归属情形和竞争瓶颈情形。

11.3.1　两边用户单归属

与 11.2 节相同，考虑三种情形，即情形 PP、情形 RP 和情形 RR。

1. 情形 PP：两边用户均消极预期

在此情形下，式（11-2）改写为 $U^{ib} = \theta n^{ise} - p^{ib}$，$U^{is} = \gamma n^{ibe} - p^{is}$，$i=1,2$。

在情形 PP 中，由于平台 2 是劣势平台，两边用户对平台 2 持消极预期，即 $n^{1be} > n^{2be}$ 和 $n^{1se} > n^{2se}$。继而由用户效用函数，得 $n^{1b} = 1 - \dfrac{p^{1b} - p^{2b}}{B(n^{1se} - n^{2se})}$，$n^{2b} = \dfrac{p^{1b} - p^{2b}}{B(n^{1se} - n^{2se})} - \dfrac{p^{2b}}{Bn^{2se}}$，$n^{1s} = 1 - \dfrac{p^{1s} - p^{2s}}{S(n^{1be} - n^{2be})}$，$n^{2s} = \dfrac{p^{1s} - p^{2s}}{S(n^{1be} - n^{2be})} - \dfrac{p^{2s}}{Sn^{2be}}$。

代入式（11-3），可证 π^1 和 π^2 均为凹函数。继而联立 $\dfrac{\partial \pi^i}{\partial p^{ib}} = 0$、$\dfrac{\partial \pi^i}{\partial p^{is}} = 0$ 及理性约束条件 $n^{ib} = n^{ibe}$ 和 $n^{is} = n^{ise}$，$i=1,2$，可得引理 11-8。

引理 11-8　在两边用户单归属下，当两边用户均消极预期时，不对称均衡中的均衡价格和均衡数量为 $p^{1b*} = \dfrac{8B}{49}$，$p^{2b*} = \dfrac{2B}{49}$，$p^{1s*} = \dfrac{8S}{49}$，$p^{2s*} = \dfrac{2S}{49}$，$n^{1b*} = n^{1s*} = \dfrac{4}{7}$，$n^{2b*} = n^{2s*} = \dfrac{2}{7}$。

引理 11-8 表明，卖家对买家的间接网络外部性越强，平台对买家的定价越高；买家对卖家的间接网络外部性越强，平台对卖家的定价越高。原因在于，两边用户均消极预期时，间接网络外部性的影响近似于固有效用。与对称均衡不同的是，由于市场需求并未固定为"1"，平台利润会随 B 或 S 的增加而增加。需注意的是，由于用户对平台 1 预期更高，随着 B 或 S 的增加，两个平台的利润差会变大（ $\pi^{1*} - \pi^{2*} = \dfrac{4(B+S)}{49}$ ），即随着 B 或 S 的增加，优势平台的获益更大。

2. 情形 RP：买家消极预期，卖家响应预期

在此情形下，式（11-2）改写为 $U^{ib} = \theta n^{ise} - p^{ib}$ ， $U^{is} = \gamma n^{ib} - p^{is}$ ， $i=1,2$ 。

在情形 RP 中，由于平台 2 是劣势平台，在信息不完全一边，买家对平台 2 持消极预期，即 $n^{1se} > n^{2se}$ ；在信息完全一边，平台 1 对卖家承诺 $n^{1b} > n^{2b}$ 是可信的。继而可得 $n^{1b} = 1 - \dfrac{p^{1b} - p^{2b}}{B(n^{1se} - n^{2se})}$ ， $n^{2b} = \dfrac{p^{1b} - p^{2b}}{B(n^{1se} - n^{2se})} - \dfrac{p^{2b}}{Bn^{2se}}$ ， $n^{1s} = 1 - \dfrac{p^{1s} - p^{2s}}{S(n^{1b} - n^{2b})}$ ， $n^{2s} = \dfrac{p^{1s} - p^{2s}}{S(n^{1b} - n^{2b})} - \dfrac{p^{2s}}{Sn^{2b}}$ 。

考虑到平台 1 对买家数量做出承诺，参考 Gabszewicz 和 Wauthy（2014）的研究，下述分析中平台将决策用户数量。平台定价和用户数量的关系可表示为

$$p^{1b} = B(n^{1se} - n^{1b}n^{1se} - n^{2b}n^{2se})$$
$$p^{2b} = B(n^{2se} - n^{1b}n^{2se} - n^{2b}n^{2se})$$
$$p^{1s} = S(n^{1b} - n^{1b}n^{1s} - n^{2b}n^{2s}) \tag{11-4}$$
$$p^{2s} = S(n^{2b} - n^{1s}n^{2b} - n^{2b}n^{2s})$$

引理 11-9　在两边用户单归属下，当买家消极预期而卖家响应预期时，不对称均衡中的均衡价格和均衡数量为

$$p^{1b*} = B\left(M - \frac{L(1-M)}{2(1-2M)}\right), \quad p^{1s*} = \frac{SLM}{2(1-2M)}$$

$$p^{2b*} = B\left(\frac{(1-M)}{2} - \frac{L(3-5M)}{4(1-2M)}\right), \quad p^{2s*} = \frac{SL}{2}$$

$$n^{1b*} = \frac{L}{2-4M}, \quad n^{1s*} = M, \quad n^{2b*} = \frac{L}{1-M}, \quad n^{2s*} = \frac{1-M}{2}$$

其中， $M \in (0,1)$ 为方程 $18M^3 - (29+18l)M^2 + 12(l+1)M - 2l - 1 = 0$ 中数值较大的解； $L = \dfrac{4M^2 - 6(1+l)M + 4l + 2}{9l}$ ； $l = \dfrac{B}{S} \in [0.941, 2]$ 。

证明　将式（11-4）代入式（11-3），联立 $\dfrac{\partial \pi^i}{\partial n^{ib}} = 0$ 、 $\dfrac{\partial \pi^i}{\partial n^{is}} = 0$ 及理性约束条件 $n^{is} = n^{ise}$ ， $n^{ib} = n^{ibe}$ ， $i=1,2$ ，可得均衡数量和均衡价格。

对方程 $18M^3 - (29+18l)M^2 + 12(l+1)M - 2l - 1 = 0$ 化简得

$$f(M) = 18M^3 - 29M^2 + 12M - 1 = g(M,l) = l(18M^2 - 12M + 2)$$

其中，$f(M) = (M-1)(2M-1)(9M-1)$ 和 $g(M,l) = 2l(3M-1)^2$ 关于 M 的图像如图 11-1 所示。

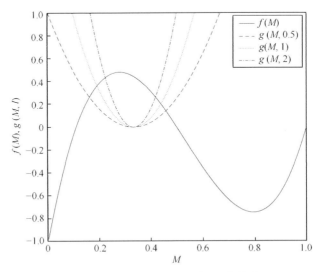

图 11-1　$f(M)$ 和 $g(M,l)$ 与 M 的关系

由 $0 < n^{2s*} < n^{1s*} < 1$，得 $M \in \left(\dfrac{1}{3}, \dfrac{1}{2}\right)$。又因为 $g(M,l)$ 的对称轴为 $M = \dfrac{1}{3}$，则 M 为方程数值较大的解。为了避免讨论角解，由 $n^{1j*} + n^{2j*} \leqslant 1$，$j = b,s$，得 $l \geqslant 0.941$。结合垄断情形中内点解存在的条件，即 $l \in [0.5,2]$（见 6.3 节），得 $l \in [0.941, 2]$，且在此范围下，π^1 和 π^2 在均衡点附近均为凹函数。证毕。

引理 11-9 中均衡解较为复杂，下面借助 MATLAB 软件进行分析。由于最优用户数量仅与 l 有关，通过 MATLAB 构图，如图 11-2 所示，可得推论 11-3。

推论 11-3　在两边用户单归属下，当买家消极预期而卖家响应预期时，不对称均衡中均衡数量满足 $\dfrac{\partial n^{1b*}}{\partial l} < 0$，$\dfrac{\partial n^{1s*}}{\partial l} < 0$，$\dfrac{\partial n^{2b*}}{\partial l} > 0$，$\dfrac{\partial n^{2s*}}{\partial l} > 0$。

推论 11-3 表明，在不对称均衡中，当两边用户单归属，且买家消极预期而卖家响应预期时，优势平台的数量决策与劣势平台的数量决策完全相反。对于优势平台而言，B 较大时，由于买家消极预期，间接网络外部性相对较弱，平台应让较少的买家和卖家加入平台；S 较大时，由于卖家响应预期，间接网络外部性相对较强，平台应让较多的买家和卖家加入平台。但是，由于间接网络外部性仅存在一侧，占绝对优势的策略并不存在。对于劣势平台而言，选择相反的策略可避

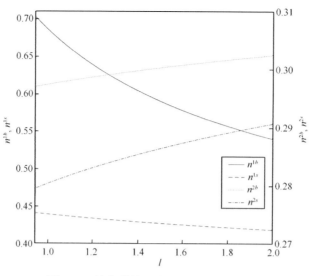

图 11-2　均衡数量和 l 的关系（TS，RP）

免冲突，更有利可图。

下面分析不对称均衡中的均衡价格。由引理 11-9 可知，p^{ib*}/B、p^{is*}/B、p^{ib*}/S 和 p^{is*}/S，$i=1,2$，仅由 l 决定。因此，通过分析 p^{ib*}/B 和 p^{is*}/B 与 l 的关系，可得均衡价格与 S 的关系，而通过分析 p^{ib*}/S 和 p^{is*}/S 与 l 的关系，可得均衡价格与 B 的关系。由图 11-3 可得 $\dfrac{\partial p^{1b*}}{\partial B}>0>\dfrac{\partial p^{1b*}}{\partial S}$，$\dfrac{\partial p^{1s*}}{\partial B}<0<\dfrac{\partial p^{1s*}}{\partial S}$，$\dfrac{\partial p^{2b*}}{\partial B}>0>\dfrac{\partial p^{2b*}}{\partial S}$，$\dfrac{\partial p^{2s*}}{\partial B}>0$，$\dfrac{\partial p^{2s*}}{\partial S}>0$。

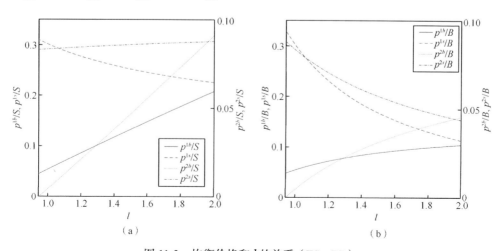

图 11-3　均衡价格和 l 的关系（TS，RP）

在买家边，当 B 较高时，由于买家消极预期，买家获得的效用较高，两个平台均可定高价；当 S 较高时，由于卖家响应预期，较强的间接网络外部性使得平台对买家的争夺更加激烈，继而均会对买家定低价。在卖家边，当 S 较高时，由于卖家响应预期，卖家获得的外部性收益较高，两个平台均可定高价；当 B 增加时，由于买家消极预期，且平台 1 买家数量变少而平台 2 买家数量变多，平台 1 需对卖家定低价，而平台 2 可对卖家定高价。

最后分析不对称均衡中的均衡利润。类似地，通过 π^{1*}/B 和 π^{2*}/B 与 l 的关系，可得均衡利润与 S 的关系；通过 π^{1*}/S 和 π^{2*}/S 与 l 的关系，可得均衡利润与 B 的关系。由图 11-4 可得 $\dfrac{\partial \pi^{1*}}{\partial B} > 0$，$\dfrac{\partial \pi^{1*}}{\partial S} > 0$，$\dfrac{\partial \pi^{2*}}{\partial B} > 0$，$\dfrac{\partial \pi^{2*}}{\partial S} < 0$。

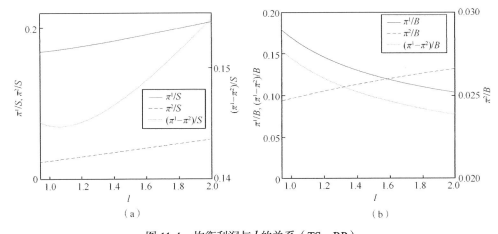

图 11-4　均衡利润与 l 的关系（TS，RP）

与两边用户均消极预期不同，当买家消极预期而卖家响应预期时，间接网络外部性参数（B 或 S）的增加并不一定导致平台利润的增长。B 增加时，由于买家消极预期，买家效用的增加近似于固有效用的增加，继而两个平台的利润均会增加。S 增加时，卖家响应预期导致平台对买家数量的竞争更加激烈。由于用户对优势平台预期较高，竞争对劣势平台不利，继而平台 1 利润增加，平台 2 利润减少。这也解释了为何 $\pi^{1*} - \pi^{2*}$ 随 S 的增加而增加，如图 11-4（b）所示。

图 11-4（a）则表明，$\pi^{1*} - \pi^{2*}$ 随 B 的增加呈现先减小后增加的趋势。原因在于，由于占绝对优势的策略并不存在，平台 2 会选择与平台 1 相反的策略。当 S 较高而 B 较低时，平台 1 注重卖家边的利润，平台 2 注重买家边的利润。随着 B 的增加，平台 2 利润（注重买家边）的增长速度要高于平台 1。当 S 较低而 B 较高时，平台 1 重视买家边的利润，平台 2 重视卖家边的利润。随着 B 的增加，平台 1 利润（注重买家边）的增长速度要高于平台 2。

3. 情形 RR：两边用户均响应预期

在此情形下，式（11-2）不变，且平台 1 承诺 $n^{1b} > n^{2b}$、$n^{1s} > n^{2s}$ 是可信的，继而可得

$$n^{1b} = 1 - \frac{p^{1b} - p^{2b}}{B(n^{1s} - n^{2s})}, \quad n^{2b} = \frac{p^{1b} - p^{2b}}{B(n^{1s} - n^{2s})} - \frac{p^{2b}}{Bn^{2s}}$$

$$n^{1s} = 1 - \frac{p^{1s} - p^{2s}}{S(n^{1b} - n^{2b})}, \quad n^{2s} = \frac{p^{1s} - p^{2s}}{S(n^{1b} - n^{2b})} - \frac{p^{2s}}{Sn^{2b}}$$

与情形 RP 相同，此时平台间进行数量博弈。平台定价和用户数量的关系可表示为

$$
\begin{aligned}
p^{1b} &= B(n^{1s} - n^{1b}n^{1s} - n^{2b}n^{2s}) \\
p^{2b} &= B(n^{2s} - n^{1b}n^{2s} - n^{2b}n^{2s}) \\
p^{1s} &= S(n^{1b} - n^{1b}n^{1s} - n^{2b}n^{2s}) \\
p^{2s} &= S(n^{2b} - n^{1s}n^{2b} - n^{2b}n^{2s})
\end{aligned}
\tag{11-5}
$$

引理 11-10　在两边用户单归属下，当两边用户均响应预期时，不对称均衡中的均衡价格和均衡数量为

$$p^{1b*} = \frac{B}{l}(Fl(1+l) - (F^2 + K^2)(1+l)^2), \quad p^{2b*} = \frac{B}{l}(Kl(1+l) - (FK + K^2)(1+l)^2)$$

$$p^{1s*} = \frac{S}{l}(F(1+l) - (F^2 + K^2)(1+l)^2), \quad p^{2s*} = \frac{S}{l}(K(1+l) - (FK + K^2)(1+l)^2)$$

$$n^{1b*} = F\frac{B+S}{B}, \quad n^{1s*} = F\frac{B+S}{S}, \quad n^{2b*} = K\frac{B+S}{B}, \quad n^{2s*} = K\frac{B+S}{S}$$

其中，K 为方程 $31K^2 - 12K + 1 = 0$ 较小的根；$F = \dfrac{3 - 5K}{62K}$，$0.783 \leqslant l \leqslant 1.276$。

证明　将式（11-5）代入式（11-3），联立 $\dfrac{\partial \pi^i}{\partial n^{ib}} = 0$ 和 $\dfrac{\partial \pi^i}{\partial n^{is}} = 0$，$i = 1, 2$，可得均衡数量和均衡价格。由 $n^{1b*} > n^{2b*}$、$n^{1s*} > n^{2s*}$，得 $K = \dfrac{6 - \sqrt{5}}{31}$、$F = \dfrac{13 + 3\sqrt{5}}{62}$。为了避免讨论角解，由 $n^{1j*} + n^{2j*} \leqslant 1$，$j = b, s$，得 $0.783 \leqslant l \leqslant 1.276$，且在此范围下，$\pi^1$ 和 π^2 在均衡点附近均为凹函数。证毕。

由引理 11-10，可得推论 11-4。

推论 11-4　在两边用户单归属下，当两边用户均响应预期时，有 $\dfrac{\partial n^{ib*}}{\partial l} < 0$，$\dfrac{\partial n^{is*}}{\partial l} > 0$，$\dfrac{\partial p^{ib*}}{\partial B} > 0 > \dfrac{\partial p^{ib*}}{\partial S}$，$\dfrac{\partial p^{is*}}{\partial B} < 0 < \dfrac{\partial p^{is*}}{\partial S}$。其中，$i = 1, 2$。

推论 11-4 表明，随着 B 或 S 的变化，两个平台均衡价格和均衡数量的变化一

致。具体来说，当两边用户均响应预期时，市场存在绝对占优的策略。该策略既符合价格的跷跷板原理（Rochet and Tirole，2006），又符合数量的跷跷板原理（Weyl，2010）。需注意的是，跷跷板原理适用于价格还是数量与用户需求函数有关（见命题 6-4）。

下面分析不对称均衡中的均衡利润。同情形 RP，如图 11-5 所示，有 $\dfrac{\partial \pi^{i*}}{\partial B} > 0$，

$\dfrac{\partial \pi^{i*}}{\partial S} > 0$，$i = 1,2$，$\dfrac{\partial(\pi^{1*} - \pi^{2*})}{\partial B} > 0$，$\dfrac{\partial(\pi^{1*} - \pi^{2*})}{\partial S} > 0$。

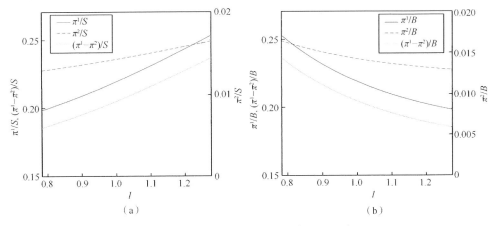

图 11-5　均衡利润与 l 的关系（TS，RR）

该结论和情形 PP 中的结论一致。区别在于，在情形 RR 下，π^{1*}、π^{2*} 和 $\pi^{1*} - \pi^{2*}$ 的增大源于间接网络外部性的增强，而非固有效用的提高。此外，与情形 RP 不同，在情形 RR 下，两边用户数量相互影响，随 B 或 S 的增大，间接网络外部性的正向影响要大于竞争加强的负向影响。

最后，本节对上述三种情形进行对比。由情形 RP 中 $l \in [0.941,2]$ 和情形 RR 中 $l \in [0.783,1.276]$ 可知，共有范围为 $0.941 \leqslant l \leqslant 1.276$。在此范围下，平台均衡价格和均衡利润的范围如表 11-3 所示。对比各情形，可得命题 11-5。

表 11-3　两边用户单归属下的均衡价格和均衡利润（$0.941 \leqslant l \leqslant 1.276$）

项目	PP	RP	RR
p^{1b*}/B	0.1633	[0.0483, 0.0773]	[0.1534, 0.2534]
p^{2b*}/B	0.0408	[0, 0.0218]	[0.0221, 0.0598]
p^{1s*}/S	0.1633	[0.2696, 0.3094]	[0.0969, 0.1921]
p^{2s*}/S	0.0408	[0.0831, 0.0850]	[0, 0.0369]
π^{1*}/S	[0.1811, 0.2123]	[0.1684, 0.1781]	[0.2132, 0.2535]
π^{2*}/S	[0.0226, 0.0265]	[0.0233, 0.0324]	[0.0139, 0.0165]

命题 11-5　在不对称均衡下，两边用户单归属时，平台 i 的均衡价格满足：

$$p^{ib*}(\text{PP}) > p^{ib*}(\text{RP})$$
$$p^{is*}(\text{PP}) < p^{is*}(\text{RP})$$
$$p^{ib*}(\text{RP}) < p^{ib*}(\text{RR})$$
$$p^{is*}(\text{RP}) > p^{is*}(\text{RR})$$

其中，$i = 1,2$。

命题 11-5 表明，在不对称均衡下，当两边用户单归属时，如果一边用户由消极预期变为响应预期时，优势平台和劣势平台需对该边用户定高价，而对另一边用户定低价。原因在于，与命题 11-1 中分析类似，由于间接网络外部性的影响，信息完全的响应预期用户会提高另一边用户的价值。不同的是，在本节分析中，市场并未饱和，平台降价能吸引更多用户，继而平台可对变为响应预期的用户定高价。

在表 11-3 中，对于平台 1 的利润，可得 $\pi^{1*}(\text{RR}) > \pi^{1*}(\text{PP}) > \pi^{1*}(\text{RP})$。对于平台 2 的利润，由表 11-3 无法直接得出结论。借助 MATLAB 构图，如图 11-6 所示，可得 $\pi^{2*}(\text{RP}) > \pi^{2*}(\text{PP}) > \pi^{2*}(\text{RR})$。综上，可得推论 11-5。

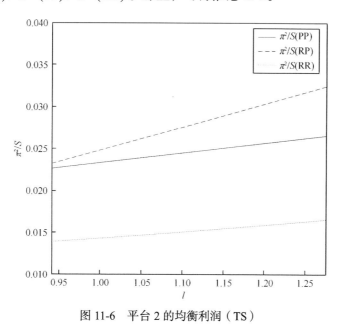

图 11-6　平台 2 的均衡利润（TS）

推论 11-5　在不对称均衡下，当两边用户单归属时，均衡利润满足
$\pi^{1*}(\text{RR}) > \pi^{1*}(\text{PP}) > \pi^{1*}(\text{RP})$，$\pi^{2*}(\text{RP}) > \pi^{2*}(\text{PP}) > \pi^{2*}(\text{RR})$。

在对称均衡下，由于用户的消极预期缓和了平台间的竞争，两边用户均消极预期时，平台利润最高；两边用户均响应预期时，平台利润最低。但是，在不对称均衡下，该结论并不成立。推论 11-5 表明，在情形 RR 下，优势平台的利润最高，劣势平台的利润最低；在情形 RP 下，结论相反，优势平台的利润最低，劣势平台的利润最高。原因在于，在情形 RR 下，两边用户的数量相互影响，优势平台的优势得以扩大；在情形 RP 下，由于绝对占优的策略并不存在，劣势平台可选择与优势平台相反的策略以避免冲突；在情形 PP 下，两边近似于独立，平台实力既没有加强也没有削弱，因而利润大小处于中间位置。

11.3.2　竞争瓶颈

本节仍考虑情形 PP、情形 RP 和情形 RR 等三种情形。在情形 PP 和情形 RR 中，不失一般性地，假设卖家多归属。在情形 RP 中，由于买家多归属和卖家多归属并不对称，本节还将考虑买家多归属的情形。

1. 情形 PP：两边用户均消极预期

同 11.3.1 节分析，卖家多归属时，有 $n^{1b} = 1 - \dfrac{p^{1b} - p^{2b}}{B(n^{1se} - n^{2se})}$ ， $n^{2b} = \dfrac{p^{1b} - p^{2b}}{B(n^{1se} - n^{2se})} -$

$\dfrac{p^{2b}}{Bn^{2se}}$ ， $n^{1s} = 1 - \dfrac{p^{1s}}{Sn^{1be}}$ ， $n^{2s} = 1 - \dfrac{p^{2s}}{Sn^{2be}}$ 。

代入式（11-3），可证 π^1 和 π^2 均为凹函数。需注意的是，与 11.3.1 节中情形 PP 不同，联立 $\dfrac{\partial \pi^i}{\partial p^{ib}} = 0$ 、 $\dfrac{\partial \pi^i}{\partial p^{is}} = 0$ 及理性约束条件 $n^{ib} = n^{ibe}$ 和 $n^{is} = n^{ise}$ ， $i = 1, 2$ ，

必然有 $p^{is*} = \dfrac{Sn^{ib*}}{2}$ ，继而 $U^{is} = \gamma n^{ib*} - p^{is*} = (\gamma - \dfrac{S}{2})n^{ib*}$ ，即 $n^{1s*} = n^{2s*} = \dfrac{1}{2}$ 。基于此，即便两边用户对平台 2 持消极预期，买家在均衡状态下也会将预期 $n^{1se} > n^{2se}$ 修正为 $n^{1se} = n^{2se}$ 。同理，卖家也可能依据均衡结果修正自己的预期。

引理 11-11　在竞争瓶颈下，当两边用户均消极预期时，不对称均衡中的均衡价格和均衡数量为 $p^{1b*} = p^{2b*} = -\dfrac{S}{4}$ ， $p^{1s*} = \dfrac{aS}{2}$ ， $p^{2s*} = \dfrac{(1-a)S}{2}$ ； $n^{1b*} = a$ ， $n^{2b*} = 1 - a$ ， $n^{1s*} = n^{2s*} = \dfrac{1}{2}$ ，其中， $0 < a < 1$ ，即存在多重均衡。

证明　由于 $n^{1s*} = n^{2s*} = \dfrac{1}{2}$ ，两个平台在买家边进行伯川德竞争，即平台间进行价格竞争直到利润为零。继而由 $\pi^{1*} = \pi^{2*} = 0$ ，得 $p^{1b*} = p^{2b*} = -\dfrac{S}{4}$ 。在伯川德

竞争中，买家全部进入市场，即 $n^{1b*}+n^{2b*}=1$。又因为买家加入平台 1 还是平台 2 并无差别，则市场存在多重均衡，即 $n^{1b*}=a\in[0,1]$。证毕。

在引理 11-11 中，对于买家而言，由于 $U^{1b}=U^{2b}$，加入平台 1 还是平台 2 并无差别。因此，尽管不对称均衡在理论上存在，该均衡并不稳定。换句话说，与两边用户单归属相比，用户多归属削弱了两个平台因用户预期而产生的差距。而平台差距的缩小也导致市场竞争更加激烈（$\pi^{1*}=\pi^{2*}=0$）。

2. 情形 RP：买家消极预期，卖家响应预期

在此情形中，买家多归属和卖家多归属并不对称。下面考虑两种情形，分别是卖家多归属，买家单归属，以及卖家单归属，买家多归属。

1）卖家多归属，买家单归属

在此情形下，当卖家多归属时，有 $n^{1b}=1-\dfrac{p^{1b}-p^{2b}}{B(n^{1se}-n^{2se})}$，$n^{2b}=\dfrac{p^{1b}-p^{2b}}{B(n^{1se}-n^{2se})}-$

$\dfrac{p^{2b}}{Bn^{2se}}$，$n^{1s}=1-\dfrac{p^{1s}}{Sn^{1b}}$，$n^{2s}=1-\dfrac{p^{2s}}{Sn^{2b}}$。

同 11.3.1 节，此时平台 1 和平台 2 进行数量博弈。平台定价和用户数量的关系可表示为

$$p^{1b}=B(n^{1se}-n^{1b}n^{1se}-n^{2b}n^{2se})$$
$$p^{2b}=B(n^{2se}-n^{1b}n^{2se}-n^{2b}n^{2se})$$
$$p^{1s}=S(n^{1b}-n^{1b}n^{1s}) \tag{11-6}$$
$$p^{2s}=S(n^{2b}-n^{2s}n^{2b})$$

此时，联立 $\dfrac{\partial\pi^i}{\partial n^{ib}}=0$、$\dfrac{\partial\pi^i}{\partial n^{is}}=0$ 及理性约束条件 $n^{ib}=n^{ibe}$ 和 $n^{is}=n^{ise}$，$i=1,2$，

有 $n^{1s*}=n^{2s*}=\dfrac{1}{2}$。因此，与情形 PP 相同，即便买家对平台 2 持消极预期，其在均衡状态下也会将预期 $n^{1se}>n^{2se}$ 修正为 $n^{1se}=n^{2se}$。此外，平台 1 和平台 2 要想共存于市场，必然有 $p^{1b*}=p^{2b*}$ 且 $n^{1b*}+n^{2b*}=1$。鉴于平台 1 是优势平台，平台 2 是劣势平台，下面假设平台 1 承诺 n^{1b} 是可实现的，而平台 2 只能被动地接受 $n^{2b}=1-n^{1b}$ 或退出市场。

引理 11-12　在竞争瓶颈下，当单归属买家消极预期而多归属卖家响应预期时，不对称均衡中的均衡价格和均衡数量为 $p^{1b*}=p^{2b*}=0$，$p^{1s*}=p^{2s*}=\dfrac{S}{4}$，

$n^{1b*}=\varphi$，$n^{2b*}=1-\varphi$，$n^{1s*}=n^{2s*}=\dfrac{1}{2}$，其中，$0<\varphi<1$，即存在多重均衡。

证明　由 $n^{1b*}+n^{2b*}=1$ 及式（11-6），易得 $p^{1b*}=p^{2b*}=0$。因此，无论平台 1 如何承诺 n^{1b}，买家边的利润均为零，则市场存在多重均衡，即 $n^{1b*}=\varphi\in[0,1]$。均衡数量代入式（11-6），可得均衡价格，证毕。

引理 11-12 表明，在竞争瓶颈下，与情形 PP 相同，当单归属买家消极预期而多归属卖家响应预期时，尽管不对称均衡在理论上存在，该均衡并不稳定。与情形 PP 不同的是，在情形 RP 中，平台间进行数量博弈，避免了伯川德竞争导致的零利润。此外，尽管平台 1 具有优势，两个平台的均衡利润仍相等，即用户多归属削弱了平台间的差距。

2）卖家单归属，买家多归属

在此情形下，当买家多归属时，有 $n^{1b}=1-\dfrac{p^{1b}}{Bn^{1se}}$，$n^{2b}=1-\dfrac{p^{2b}}{Bn^{2se}}$，$n^{1s}=1-$

$\dfrac{p^{1s}-p^{2s}}{S(n^{1b}-n^{2b})}$，$n^{2s}=\dfrac{p^{1s}-p^{2s}}{S(n^{1b}-n^{2b})}-\dfrac{p^{2s}}{Sn^{2b}}$。

类似地，此时平台间进行数量博弈。平台定价和用户数量的关系可表示为

$$
\begin{aligned}
p^{1b} &= B(n^{1se}-n^{1b}n^{1se})\\
p^{2b} &= B(n^{2se}-n^{2b}n^{2se})\\
p^{1s} &= S(n^{1b}-n^{1b}n^{1s}-n^{2b}n^{2s})\\
p^{2s} &= S(n^{2b}-n^{1s}n^{2b}-n^{2b}n^{2s})
\end{aligned}
\qquad（11\text{-}7）
$$

引理 11-13　在竞争瓶颈下，当多归属买家消极预期而单归属卖家响应预期时，不对称均衡中的均衡价格和均衡数量为

$$
p^{1b*}=B\left(\frac{X}{2}-\frac{(1-X)X}{2l}\right),\quad p^{1s*}=S\left(\frac{1-X}{4}+\frac{3(1-X)^2}{8l}\right)
$$

$$
p^{2b*}=B\left(\frac{1-X}{4}-\frac{(1-X)^2}{8l}\right),\quad p^{2s*}=S\left(\frac{1-X}{4}+\frac{(1-X)^2}{8l}\right)
$$

$$
n^{1b*}=\frac{1}{2}+\frac{(1-X)}{2l},\quad n^{1s*}=X,\quad n^{2b*}=\frac{1}{2}+\frac{(1-X)}{4l},\quad n^{2s*}=\frac{1-X}{2}
$$

其中，X 为方程 $7X^2-10X+3=l(6X-2)$ 中数值较小的解，$l\in[0.6154,2]$。

证明　将式（11-7）代入式（11-3），联立 $\dfrac{\partial\pi^i}{\partial n^{ib}}=0$、$\dfrac{\partial\pi^i}{\partial n^{is}}=0$ 及理性约束条件

$n^{is}=n^{ise}$，$i=1,2$，可得均衡数量和均衡价格。对方程 $7X^2-10X+3=l(6X-2)$ 化简得

$$
(7X-3)(X-1)=l(6X-2)
$$

由 $n^{1s*}\leqslant 1$，得 $X\in\left(\dfrac{1}{3},\dfrac{3}{7}\right)$，即方程中数值较小的根。此外，为了避免讨论角

解，由 $n^{1s*}+n^{2s*}\leqslant 1$，$n^{1b*}$、$n^{2b*}\leqslant 1$，以及方程 $\dfrac{1-X}{2l}=\dfrac{3X-1}{3-7X}$，得 $X\in\left(\dfrac{1}{3},\dfrac{5}{13}\right)$。

又因为 $\dfrac{\partial X}{\partial l}<0$，得 $l\geqslant 0.6154$。结合垄断情形中内点解存在的条件，即 $l\in[0.5,2]$，得 $l\in[0.6154,2]$，且在此范围下，π^1 和 π^2 在均衡点附近均为凹函数。证毕。

推论 11-6　在竞争瓶颈下，当多归属买家消极预期而单归属卖家响应预期时，不对称均衡中的均衡数量满足 $\dfrac{\partial n^{1b*}}{\partial l}<0$，$\dfrac{\partial n^{1s*}}{\partial l}<0$，$\dfrac{\partial n^{2b*}}{\partial l}<0$，$\dfrac{\partial n^{2s*}}{\partial l}>0$。

证明　由 $X\in\left(\dfrac{1}{3},\dfrac{5}{13}\right)$ 和 $\dfrac{1-X}{l}=\dfrac{6X-2}{3-7X}$，得 $\dfrac{1-X}{l}$ 随 X 的增长而增长。又因为 $\dfrac{\partial X}{\partial l}<0$，可得推论 11-6。证毕。

推论 11-6 表明，在单归属一边，与两边用户单归属下情形 RP 相同，劣势平台会选择与优势平台相反的策略；在多归属一边，与两边用户单归属下情形 RP 不同，劣势平台会选择与优势平台相同的策略。原因在于，在多归属一边，平台间并无直接竞争，继而劣势平台可选择与优势平台相同的策略。

下面分析不对称均衡中的均衡价格。与 11.3.1 节相同，通过分析 p^{ib*}/B 和 p^{is*}/B 与 l 的关系，可得均衡价格与 S 的关系，而通过分析 p^{ib*}/S 和 p^{is*}/S 与 l 的关系，可得均衡价格与 B 的关系。由图 11-7 可得 $\dfrac{\partial p^{1b*}}{\partial B}>0>\dfrac{\partial p^{1b*}}{\partial S}$，$\dfrac{\partial p^{1s*}}{\partial B}<0<\dfrac{\partial p^{1s*}}{\partial S}$，$\dfrac{\partial p^{2b*}}{\partial B}>0>\dfrac{\partial p^{2b*}}{\partial S}$，$\dfrac{\partial p^{2s*}}{\partial B}<0<\dfrac{\partial p^{2s*}}{\partial S}$。

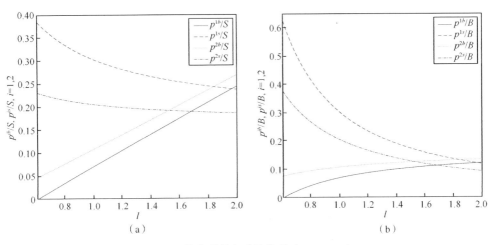

图 11-7　均衡价格与 l 的关系（BM，RP）

与两边用户单归属下情形 RP 类似，在买家边，当 B 较高时，由于买家消极预期，买家获得的效用较高，两个平台均可定高价；当 S 较高时，由于卖家响应预期，较强的间接网络外部性使得平台对买家的争夺更加激烈，继而均会对买家定低价。在卖家边，当 S 较高时，由于卖家响应预期，卖家获得的外部性收益较高，两个平台均可定高价；当 B 增加时，由于买家消极预期，且平台 1 和平台 2 的买家数量均变少，两个平台均需定低价。综上，两个平台均衡价格的变化趋势相同，且符合价格的跷跷板原理。

最后分析不对称均衡中的均衡利润。类似地，由图 11-8 可得 $\dfrac{\partial \pi^{1*}}{\partial B} > 0$，$\dfrac{\partial \pi^{1*}}{\partial S} > 0$，$\dfrac{\partial \pi^{2*}}{\partial B} > 0$，$\dfrac{\partial \pi^{2*}}{\partial S} > 0$。

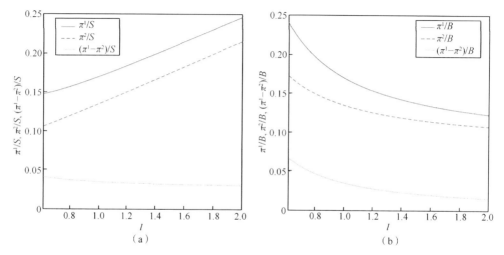

图 11-8　均衡利润与 l 的关系（BM，RP）

对于 $\dfrac{\partial \pi^{1*}}{\partial B} > 0$、$\dfrac{\partial \pi^{1*}}{\partial S} > 0$ 和 $\dfrac{\partial \pi^{2*}}{\partial B} > 0$，可参见对图 11-4 的分析。对于 $\dfrac{\partial \pi^{2*}}{\partial S} > 0$，与两边用户单归属不同，在竞争瓶颈下，由于买家是多归属的，优势平台和劣势平台在买家边不存在直接竞争，继而 S 较大时，劣势平台的利润也较高。

图 11-8 还表明，$\pi^{1*} - \pi^{2*}$ 总是随 S 的增大而增大，随 B 的增大而减小。原因在于，在单归属一边，平台 2 会选择与平台 1 相反的策略；在多归属一边，平台 2 会选择与平台 1 相同的策略。随着 S 的增加，平台 1 注重卖家边的利润，平台 2 注重买家边的利润。又因为 S 较高时卖家边所带来的利润较高，平台 1 利润（注重卖家边）的增长速度将高于平台 2。随着 B 的增加，与两边用户单归属下情形 RP 不同，平台 1 和平台 2 均注重买家边的利润。但是，由于 B 较高时平台 1 卖

家数量较低而平台 2 卖家数量较高，平台 2 利润的增长速度要高于平台 1。

3. 情形 RR：两边用户均响应预期

在此情形下，卖家多归属时有

$$n^{1b} = 1 - \frac{p^{1b} - p^{2b}}{B(n^{1s} - n^{2s})}, \quad n^{2b} = \frac{p^{1b} - p^{2b}}{B(n^{1s} - n^{2s})} - \frac{p^{2b}}{Bn^{2s}}$$

$$n^{1s} = 1 - \frac{p^{1s}}{Sn^{1b}}, \quad n^{2s} = 1 - \frac{p^{2s}}{Sn^{2b}}$$

类似地，此时平台间进行数量博弈。平台定价和用户数量的关系可表示为

$$p^{1b} = B(n^{1s} - n^{1b}n^{1s} - n^{2b}n^{2s})$$

$$p^{2b} = B(n^{2s} - n^{1b}n^{2s} - n^{2b}n^{2s})$$

$$p^{1s} = S(n^{1b} - n^{1b}n^{1s}) \tag{11-8}$$

$$p^{2s} = S(n^{2b} - n^{2b}n^{2s})$$

引理 11-14　在竞争瓶颈下，当两边用户均响应预期时，不对称均衡中的均衡价格和均衡数量为

$$p^{1b*} = \frac{9(B+S)(14B-9S)}{529S}, \quad p^{1s*} = \frac{5(B+S)(14S-9B)}{529B}$$

$$p^{2b*} = \frac{6(B+S)(12B-11S)}{529S}, \quad p^{2s*} = \frac{6(B+S)(17S-6B)}{529B}$$

$$n^{1b*} = \frac{5(B+S)}{23B}, \quad n^{1s*} = \frac{9(B+S)}{23S}, \quad n^{2b*} = \frac{6(B+S)}{23B}, \quad n^{2s*} = \frac{6(B+S)}{23S}$$

其中，$\frac{11}{12} \leqslant l \leqslant \frac{14}{9}$。

证明　将式（11-8）代入式（11-3），联立 $\frac{\partial \pi^i}{\partial n^{ib}} = 0$ 和 $\frac{\partial \pi^i}{\partial n^{is}} = 0$，$i = 1,2$，可得均衡数量和均衡价格。为了避免讨论角解，由 $n^{1b*} + n^{2b*} \leqslant 1$，$n^{1s*} \leqslant 1$，得 $\frac{11}{12} \leqslant l \leqslant \frac{14}{9}$，且在此范围下，$\pi^1$ 和 π^2 在均衡点附近均为凹函数。证毕。

在引理 11-14 中，不对称均衡较为特别，对于买家数量，优势平台要低于劣势平台；对于卖家数量，优势平台要高于劣势平台。因此，在竞争瓶颈下，当两边用户均响应预期时，优势平台仅对单归属用户做出数量承诺，即 $n^{1s} > n^{2s}$，而不会对多归属用户做出数量承诺，即 $n^{1b} > n^{2b}$。原因在于，优势平台对多归属用户做出数量承诺无法获得竞争优势，即抑制劣势平台上多归属用户的数量。

推论 11-7　在竞争瓶颈下，当两边用户均响应预期时，不对称均衡中的均衡

数量和均衡价格满足以下条件。

（1）$\dfrac{\partial n^{1b*}}{\partial l} < 0$，$\dfrac{\partial n^{1s*}}{\partial l} > 0$，$\dfrac{\partial n^{2b*}}{\partial l} < 0$，$\dfrac{\partial n^{2s*}}{\partial l} > 0$。

（2）$\dfrac{\partial p^{1b*}}{\partial B} > 0 > \dfrac{\partial p^{1b*}}{\partial S}$、$\dfrac{\partial p^{1s*}}{\partial B} \leqslant 0 \leqslant \dfrac{\partial p^{1s*}}{\partial S}$、$\dfrac{\partial p^{2b*}}{\partial B} \geqslant 0 \geqslant \dfrac{\partial p^{2b*}}{\partial S}$ 和 $\dfrac{\partial p^{2s*}}{\partial B} < 0 <$

$\dfrac{\partial p^{2s*}}{\partial S}$，其中，$\dfrac{\partial p^{1s*}}{\partial B}$ 和 $\dfrac{\partial p^{1s*}}{\partial S}$ 在 $l = \dfrac{14}{9}$ 时取等，$\dfrac{\partial p^{2b*}}{\partial B}$ 和 $\dfrac{\partial p^{2b*}}{\partial S}$ 在 $l = \dfrac{11}{12}$ 时取等。

推论 11-7 表明，与两边用户单归属相同，在竞争瓶颈下，当两边用户均响应预期时，优势平台和劣势平台的竞争策略相同。此时，市场存在绝对占优的策略。该策略既符合价格的跷跷板原理，又符合数量的跷跷板原理。

下面分析不对称均衡中的均衡利润。由引理 11-14，易证：$\dfrac{\partial \pi^{i*}}{\partial B} > 0$，$\dfrac{\partial \pi^{i*}}{\partial S} > 0$，

$i = 1,2$，$\dfrac{\partial (\pi^{1*} - \pi^{2*})}{\partial B} > 0$，$\dfrac{\partial (\pi^{1*} - \pi^{2*})}{\partial S} > 0$。

该结论与两边用户单归属下情形 RR 相同，可参见对图 11-5 的分析，此处不再赘述。

最后，本节对上述四种情形进行对比。由于部分情形下两边用户数量均不相等的均衡不存在，下面重点分析不对称均衡的存在性。

命题 11-6　在竞争瓶颈下，当单归属用户消极预期时，两边用户数量均不相等的均衡不存在。

命题 11-6 表明，与两边用户单归属相比，在竞争瓶颈中，不对称均衡可能不存在。原因在于，①优势平台在单归属一边的优势无法抑制劣势平台中多归属用户的数量；②单归属用户消极预期时，优势平台在多归属一边的优势无法通过间接网络外部性得到扩大。此外，如引理 11-11 和引理 11-12 中的分析，尽管仅一边用户数量不对称的均衡存在，但该均衡并不稳定。

11.3.3　两边用户单归属与竞争瓶颈的对比

本节对两边用户单归属情形和竞争瓶颈情形进行对比。鉴于竞争瓶颈下不对称均衡可能不存在，本节重点分析情形 RP 和情形 RR。其中，在情形 RP 下，竞争瓶颈情形考虑买家多归属。

首先探讨均衡价格和均衡数量。在情形 RP 中，由 11.3.1 节和 11.3.2 节中分析，有 $l \in [0.941, 2]$。在此共有范围下，由引理 11-9 和引理 11-13，得表 11-4。

表 11-4　情形 RP 下的均衡价格和均衡数量

项目	TS	BM	项目	TS	BM
p^{1b*}/B	[0.048, 0.105]	[0.063, 0.122]	n^{1b*}	[0.540, 0.703]	[0.660, 0.832]
p^{2b*}/B	[0, 0.046]	[0.105, 0.135]	n^{2b*}	[0.297, 0.303]	[0.580, 0.666]
p^{1s*}/S	[0.226, 0.310]	[0.237, 0.312]	n^{1s*}	[0.419, 0.441]	[0.359, 0.375]
p^{2s*}/S	[0.083, 0.088]	[0.186, 0.208]	n^{2s*}	[0.280, 0.291]	[0.313, 0.320]

对于 p^{1b*}/B、p^{1s*}/S 和 n^{1b*}，表 11-4 无法给出结论。下面通过 MATLAB 构图进行分析，如图 11-9 所示。

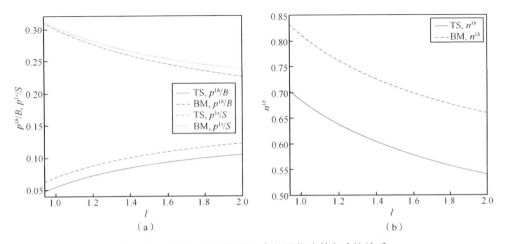

（a）　　　　　　　　　　　（b）

图 11-9　情形 RP 下优势平台的最优决策与 l 的关系

由表 11-4 和图 11-9，可得命题 11-7。

命题 11-7　在情形 RP 中，不对称均衡中的均衡价格和均衡数量满足：$p^{ib*}(\mathrm{TS}) < p^{ib*}(\mathrm{BM})$，$p^{is*}(\mathrm{TS}) < p^{is*}(\mathrm{BM})$，$n^{ib*}(\mathrm{TS}) < n^{ib*}(\mathrm{BM})$，$n^{1s*}(\mathrm{TS}) > n^{1s*}(\mathrm{BM})$，$n^{2s*}(\mathrm{TS}) < n^{2s*}(\mathrm{BM})$，其中，$i = 1,2$。

命题 11-7 表明，在情形 RP 中，与两边用户单归属相比，买家多归属时，在多归属一边，平台均衡价格和均衡数量的变化方向相同；在单归属一边，平台均衡价格的变化方向相同，均衡数量的变化方向相反。对于多归属买家，两个平台不存在直接竞争，继而两个平台的买家数量均会增加，且均衡价格也会提高。对于单归属卖家，与经典结论中平台应重视单归属用户不同，在不对称均衡下，买家多归属导致两个平台的差距缩小，继而劣势平台的卖家数量增加，而优势平台的卖家数量减少。此外，由于买家数量的增加，卖家边的均衡价格也会提高。

由推论 11-3 和推论 11-6，可得命题 11-8。

命题 11-8　在情形 RP 中，与两边用户单归属还是竞争瓶颈无关，随着 B 或 S

的变化，优势平台与劣势平台关于单归属用户的数量决策相反，而关于多归属用户的数量决策相同。

命题 11-8 表明，与对称均衡不同，在不对称均衡下，两个平台的数量决策可能不同。原因在于，同推论 11-3 和推论 11-6 中的分析，在情形 RP 中，绝对占优的决策并不存在。因此，在竞争较强的单归属一边，劣势平台应选择与优势平台相反的数量决策；在不存在直接竞争的多归属一边，劣势平台应选择与优势平台相同的数量决策。

在情形 RR 中，较为直观的结论是，在竞争瓶颈下，优势平台可能不会对多归属用户做出数量承诺（参见引理 11-14）。此外，由推论 11-4 和推论 11-7，得命题 11-9。

命题 11-9   在情形 RR 中，与两边用户单归属还是竞争瓶颈无关，随着 B 或 S 的变化，优势平台与劣势平台的竞争策略相同，既符合价格的跷跷板原理，也符合数量的跷跷板原理。

命题 11-9 表明，与用户是单归属还是多归属无关，当两边用户均响应预期时，价格和数量的跷跷板原理均适用，即市场存在绝对占优的策略。其原因可参见推论 11-4 和推论 11-7 中的分析，此处不再赘述。

下面分析不对称均衡中的均衡利润。在情形 RP 中，有 $l \in [0.941, 2]$。在情形 RR 中，有 $l \in [0.783, 1.276] \cap \left[\dfrac{11}{12}, \dfrac{14}{9} \right] = \left[\dfrac{11}{12}, 1.276 \right]$。在各自共有范围下，均衡利润如表 11-5 所示。

表 11-5   不对称均衡中的均衡利润

项目	π^{1*} / S	π^{2*} / S	$(\pi^{1*} - \pi^{2*}) / S$
RR, TS	[0.2107, 0.2535]	[0.0137, 0.0165]	[0.1970, 0.2369]
RR, SM	[0.1420, 0.1709]	[0.1364, 0.1640]	[0.0057, 0.0068]
RP, TS	[0.1684, 0.2076]	[0.0233, 0.0532]	[0.1448, 0.1544]
RP, BM	[0.1664, 0.2464]	[0.1307, 0.2156]	[0.0308, 0.0357]

由表 11-5，得推论 11-8。

推论 11-8   与两边用户单归属相比，在竞争瓶颈下，劣势平台利润变高，优势平台与劣势平台的利润差下降。

推论 11-8 表明，在不对称均衡下，用户多归属缩小了劣势平台与优势平台的实力差距。原因在于，在竞争瓶颈下，优势平台难以抑制劣势平台上多归属用户的数量，继而劣势平台的竞争力增强。此外，由表 11-5 可知，优势平台的利润变化并非线性。原因在于，对于优势平台而言，用户多归属在带来更多用户的同时也削弱了其优势地位。

11.4　本　章　小　结

在两边用户之间信息不对称下，本章基于成员异质性和交易异质性分别探讨了对称均衡和不对称均衡中的均衡价格、均衡数量和均衡利润。主要工作和结论如下。

（1）在成员异质性下，与用户是单归属还是多归属无关，一边用户由消极预期变为响应预期时，竞争平台会对另一边用户定低价。在竞争瓶颈下，与两边用户单归属相比，当多归属用户产生的间接网络外部性较弱（强）时，平台应对多归属用户定低（高）价；平台对单归属用户的定价要么不变，要么与多归属边价格变化的方向相反。

（2）在成员异质性下，两边用户均消极预期时，平台利润最高；两边用户均响应预期时，平台利润最低。与两边用户单归属相比，在竞争瓶颈下，多归属用户的对边用户为消极预期时，平台利润增加；多归属用户的对边用户为响应预期时，平台利润可能增加也可能减小。

（3）在交易异质性下，当两边用户单归属时，如果一边用户由消极预期变为响应预期时，优势平台和劣势平台需对该边用户定高价，而对另一边用户定低价；对于竞争瓶颈情形，不对称均衡可能不存在。在情形 RP 中，与两边用户单归属还是竞争瓶颈无关，随着间接网络外部性参数的变化，优势平台与劣势平台关于单归属用户的数量决策相反，而关于多归属用户的数量决策相同。在情形 RR 中，与两边用户单归属还是竞争瓶颈无关，随着间接网络外部性参数的变化，不对称均衡下优势平台与劣势平台的竞争策略相同，既符合价格的跷跷板原理，也符合数量的跷跷板原理。

（4）在交易异质性下，当两边用户单归属时，在情形 RR 下，优势平台的利润最高，劣势平台的利润最低；在情形 RP 下，优势平台的利润最低，劣势平台的利润最高。与两边用户单归属相比，在竞争瓶颈下，劣势平台利润变高，优势平台与劣势平台的利润差下降。

第12章 平台先后进入市场下考虑用户预期的平台承诺

在两边用户之间信息不对称下，第11章就平台同时进入市场的情形研究了用户预期行为对平台定价决策的影响。本章针对平台先后进入市场的情形，考虑用户对新进入平台持消极预期，探讨在位平台和新进入平台的数量竞争。

首先，基于斯塔克尔伯格模型研究在位平台和新进入平台的数量承诺和最优利润。其次，基于古诺模型，探讨在位平台和新进入平台的数量承诺和最优利润。最后，分析博弈时序如何影响两个平台的数量承诺和最优利润。

12.1 问题描述及模型构建

市场存在两个双边平台，一个是在位平台，另一个是新进入平台。在位平台先进入市场，用户对其信息是完全的，持响应预期；新进入平台后进入市场，用户对其信息是不完全的，持消极预期。

不失一般性地，假设平台 1 为在位平台，平台 2 为新进入平台。平台 i 向卖家收取会员费 p^{is}，向买家收取会员费 p^{ib}，$i=1,2$。n^{ib} 和 n^{is} 分别表示平台 i 上买家与卖家的数量。考虑用户是交易异质性的，则有

$$U^{1b} = \theta n^{1s} - p^{1b}, \quad V^{1s} = \gamma n^{1b} - p^{1s} \tag{12-1}$$

和

$$U^{2b} = \theta n^{2se} - p^{2b}, \quad V^{2s} = \gamma n^{2be} - p^{2s} \tag{12-2}$$

其中，上标 e 为用户的消极预期；U^{ib}、V^{is} 分别为平台 i 上买家和卖家的效用函数；$\theta \sim U(0,B)$；$\gamma \sim V(0,S)$。

假设平台边际成本为零，则平台 i 的利润函数为

$$\pi^i = p^{ib} n^{ib} + p^{is} n^{is} \tag{12-3}$$

其中，$i=1,2$。

具体分析考虑两种模型，分别是斯塔克尔伯格模型和古诺模型。在斯塔克尔伯格模型中，新进入平台未进入市场，两个平台进行序贯博弈。在古诺模型中，

新进入平台已经进入市场，两个平台同时决策。

12.2　斯塔克尔伯格模型

在斯塔克尔伯格模型中，在位平台和新进入平台进行序贯博弈。为了避免用户流失，在位平台会承诺 $n^{1b} > n^{2be}$ 和 $n^{1s} > n^{2se}$。为确保在位平台的承诺是真实可信的，本章假设用户对新进入平台持消极预期。博弈时序如下：第一阶段，在位平台承诺 $n^{1b} > n^{2be}$ 和 $n^{1s} > n^{2se}$，用户决策是否要加入平台；第二阶段，新进入平台承诺 n^{2b} 和 n^{2s}，剩余用户选择是否加入平台。

12.2.1　两边用户单归属

在此情形中，根据式（12-1）和式（12-2），在第二阶段有

$$n^{1b} = 1 - \frac{p^{1b} - p^{2b}}{B(n^{1s} - n^{2se})}, \quad n^{2b} = \frac{p^{1b} - p^{2b}}{B(n^{1s} - n^{2se})} - \frac{p^{2b}}{Bn^{2se}}$$

$$n^{1s} = 1 - \frac{p^{1s} - p^{2s}}{S(n^{1b} - n^{2be})}, \quad n^{2s} = \frac{p^{1s} - p^{2s}}{S(n^{1b} - n^{2be})} - \frac{p^{2s}}{Sn^{2be}}$$

进一步化简，得平台定价和用户数量的关系为

$$p^{1b} = B(n^{1s} - n^{1b}n^{1s} - n^{2b}n^{2se})$$
$$p^{2b} = B(n^{2se} - n^{1b}n^{2se} - n^{2b}n^{2se})$$
$$p^{1s} = S(n^{1b} - n^{1b}n^{1s} - n^{2be}n^{2s})$$
$$p^{2s} = S(n^{2be} - n^{1s}n^{2be} - n^{2be}n^{2s})$$

（12-4）

将式（12-4）代入式（12-3）得

$$\frac{\partial \pi^2}{\partial n^{2b}} = Bn^{2se}(1 - n^{1b} - 2n^{2b})$$

$$\frac{\partial \pi^2}{\partial n^{2s}} = Sn^{2be}(1 - n^{1s} - 2n^{2s})$$

易证 π^2 为凹函数，则联立 $\dfrac{\partial \pi^2}{\partial n^{2b}} = 0$、$\dfrac{\partial \pi^2}{\partial n^{2s}} = 0$ 及理性约束条件 $n^{2b} = n^{2be}$ 和 $n^{2s} = n^{2se}$，得引理 12-1。

引理 12-1　在两边用户单归属下，给定在位平台的用户数量，新进入平台的数量决策为 $n^{2b} = 0$，$n^{2s} = 0$ 或 $n^{2b} = \dfrac{1 - n^{1b}}{2}$，$n^{2s} = \dfrac{1 - n^{1s}}{2}$。

引理 12-1 表明，新进入平台能否进入市场与用户预期有关。具体来说，当用户对新进入平台预期较低时，如 $n^{2be} = n^{2se} = 0$，新进入平台无法进入市场，即 $n^{2b} = n^{2s} = 0$。

下面重点分析新进入平台能够进入市场。根据逆向归纳法，在第一阶段，将 $n^{2b} = \dfrac{1 - n^{1b}}{2}$、$n^{2s} = \dfrac{1 - n^{1s}}{2}$ 和理性约束条件 $n^{2b} = n^{2be}$、$n^{2s} = n^{2se}$ 代入式（12-4）。式（12-4）进一步代入式（12-3），对 π^1 一阶求导得

$$\frac{\partial \pi^1}{\partial n^{1b}} = \frac{B(1 - 5n^{1s})}{2}\left(n^{1b} - \frac{1}{2} - \frac{f(n^{1s})}{l}\right)$$

$$\frac{\partial \pi^1}{\partial n^{1s}} = \frac{S(1 - 5n^{1b})}{2}\left(n^{1s} - \frac{1}{2} - f(n^{1b})l\right)$$

其中，$l = \dfrac{B}{S}$；$f(n^{1j}) = \dfrac{5n^{1j}(1 - n^{1j})}{2(5n^{1j} - 1)}$，$j = b, s$。

命题 12-1　在斯塔克尔伯格模型中，当两边用户单归属时，在位平台和新进入平台的最优数量决策满足：

$$n^{1b*} = \frac{1}{2} + f(n^{1s*})\frac{1}{l}, \quad n^{1s*} = \frac{1}{2} + f(n^{1b*})l$$

$$n^{2b*} = \frac{1 - n^{1b*}}{2}, \quad n^{2s*} = \frac{1 - n^{1s*}}{2} \tag{12-5}$$

其中，$l \in \left(\dfrac{5}{6}, \dfrac{6}{5}\right)$。$(n^{1b*}, n^{1s*})$ 对应用户数量较高的均衡，即图 12-1 中点 A。

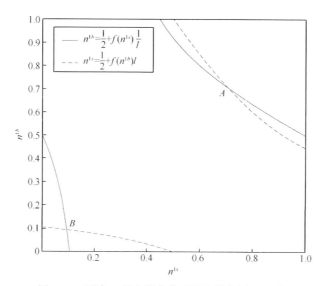

图 12-1　平台 1 的决策曲线（两边单归属，$l=1$）

证明 由 $f'(n^{1j}) = -\dfrac{1}{2}\left(1 + \dfrac{4}{(5n^{1j}-1)^2}\right)$，$f''(n^{1j}) = \dfrac{20}{(5n^{1j}-1)^3}$，可知 $f(n^{1j})$ 在 $[0,0.2)$ 上是递减的凹函数，在 $(0.2,1]$ 上是递减的凸函数，$j=b,s$，如图 12-1 所示。因此，(n^{1b*}, n^{1s*}) 存在多重均衡。

在点 A 处，易见曲线 $n^{1b} = \dfrac{1}{2} + f(n^{1s})\dfrac{1}{l}$ 的斜率要大于曲线 $n^{1s} = \dfrac{1}{2} + f(n^{1b})l$ 的斜率，则 $1 - f'(n^{1s*})f'(n^{1b*}) > 0$。继而可得

$$\frac{\partial^2 \pi^1}{\partial (n^{1b})^2} = \frac{B(1-5n^{1s*})}{2} < 0$$

$$\frac{\partial^2 \pi^1}{\partial (n^{1b})^2}\frac{\partial^2 \pi^1}{\partial (n^{1s})^2} - \frac{\partial^2 \pi^1}{\partial n^{1b}\partial n^{1s}}\frac{\partial^2 \pi^1}{\partial n^{1s}\partial n^{1b}} = \frac{B(1-5n^{1s*})}{2}\frac{S(1-5n^{1b*})}{2}(1 - f'(n^{1s*})f'(n^{1b*})) > 0$$

综上，π^1 在点 A 附近为凹函数。同理可证点 B 为鞍点。事实上，由 $n^{1b} > n^{2be}$ 和 $n^{1s} > n^{2se}$，得 $n^{1j} > \dfrac{1}{3}$，即平台承诺本身剔除了非最优的驻点。此外，为了剔除角解为最优解的可能性，即 $n^{1b*} < 1$，$n^{1s*} < 1$，易证 $l = \dfrac{B}{S} \in \left(\dfrac{5}{6}, \dfrac{6}{5}\right)$。证毕。

由命题 12-1，可得推论 12-1。

推论 12-1 在斯塔克伯格模型中，当两边用户单归属时，在位平台和新进入平台的最优数量决策满足 $\dfrac{\partial n^{1b*}}{\partial l} < 0$，$\dfrac{\partial n^{1s*}}{\partial l} > 0$，$\dfrac{\partial n^{2b*}}{\partial l} > 0$，$\dfrac{\partial n^{2s*}}{\partial l} < 0$。

证明 由式（12-5）得

$$\frac{\partial n^{1b*}}{\partial l} = \frac{-f(n^{1s*})/l^2 + f(n^{1b*})f'(n^{1s*})/l}{1 - f'(n^{1b*})f'(n^{1s*})}$$

$$\frac{\partial n^{1s*}}{\partial l} = \frac{f(n^{1b*}) - f(n^{1s*})f'(n^{1b*})/l}{1 - f'(n^{1b*})f'(n^{1s*})}$$

又因为 $1 - f'(n^{1s*})f'(n^{1b*}) > 0$，$f'(n^{1b*}) < 0$，$f'(n^{1s*}) < 0$，得 $\dfrac{\partial n^{1b*}}{\partial l} < 0$，$\dfrac{\partial n^{1s*}}{\partial l} > 0$。此外，由命题 12-1，得 $\dfrac{\partial n^{2b*}}{\partial l} > 0$ 和 $\dfrac{\partial n^{2s*}}{\partial l} < 0$。证毕。

推论 12-1 表明，随着间接网络外部性参数的变化，对于在位平台，其数量承诺与垄断情形一致，满足数量的跷跷板原理。原因在于，在位平台先进入市场，用户对其信息是完全的，两边用户的数量会相互影响。此时，在位平台让更多产生较强网络外部性的一边用户加入平台利润更高。与此相对的是，新进入平台的数量承诺与在位平台完全相反，即新进入平台会让更多产生较弱网络外部性的一边用户加入平台。原因在于，一方面，用户对其持消极预期，即采用数量的跷跷

板原理获益不高；另一方面，新进入平台处于弱势地位（用户持消极预期），采取与在位平台相反的策略可避免竞争，更有利可图。

下面分析间接网络外部性参数对平台利润的影响。令 $\tilde{\pi}^1 \triangleq \dfrac{\pi^1}{B+S}$，$\tilde{\pi}^2 \triangleq \dfrac{\pi^2}{B+S}$，则由式（12-4）和式（12-5）可知，在均衡状态下，$\tilde{\pi}^{1*}$ 和 $\tilde{\pi}^{2*}$ 仅与 l 有关，且如果给定 $B+S$，那么 $\max \tilde{\pi}^i = \dfrac{\max \pi^i}{B+S}$，$i=1,2$。

命题 12-2　在斯塔克伯格模型中，当两边用户单归属时，给定 $B+S$，B 与 S 的差值越小，新进入平台的利润越大，在位平台的利润越小。

证明　对于平台 1，由式（12-3）～式（12-5）和包络定理得

$$\frac{\partial \tilde{\pi}^{1*}}{\partial l} = \frac{1}{(1+l)^2}\left(\frac{p^{1b*}}{B}n^{1b*} - \frac{p^{1s*}}{S}n^{1s*}\right) = \frac{(n^{1b*}n^{1s*}+n^{2b*}n^{2s*})(n^{1s*}-n^{1b*})}{(1+l)^2}$$

当 $l>1$ 时，由命题 12-1，有 $n^{1b*}<n^{1s*}$，继而有 $\dfrac{\partial \tilde{\pi}^{1*}}{\partial l}>0$。同理，当 $l<1$ 时，有 $\dfrac{\partial \tilde{\pi}^{1*}}{\partial l}<0$。

对于平台 2，由式（12-3）～式（12-5）和引理 12-1 得

$$\tilde{\pi}^{2*} = \frac{1}{2}\left(1 - \frac{l}{1+l}n^{1b*} - \frac{1}{1+l}n^{1s*}\right)n^{2b*}n^{2s*}$$

根据式（12-5），对 $n^* \triangleq \dfrac{n^{1b*}l+n^{1s*}}{1+l}$ 求导得

$$\frac{\partial n^*}{\partial l} = \frac{1}{(1+l)^2}(n^{1b*}-n^{1s*}) + \frac{\dfrac{\partial n^{1b*}}{\partial l}l + \dfrac{\partial n^{1s*}}{\partial l}}{1+l}$$

$$= \frac{h(n^{1b*})(1+f'(n^{1s*})) - h(n^{1s*})(1+f'(n^{1b*}))}{(1+l)^2(1-f'(n^{1b*})f'(n^{1s*}))}$$

其中，$h(n^{1j}) = f(n^{1j}) - \left(n^{1j}-\dfrac{1}{2}\right)f'(n^{1j})$，$j=b,s$。

当 $l>1$ 时，由命题 12-1，有 $n^{1b*}<n^{1s*}$。首先，可证 $h(n^{1j})$ 为正，$j=b,s$，且为减函数，则 $h(n^{1b*})>h(n^{1s*})$。其次，由于 $f(n^{1j})$ 在 $(0.2,1]$ 上是递减的凸函数，则 $f'(n^{1s*})>f'(n^{1b*})$，继而由 $f'(n^{1s})f'(n^{1b})<1$，得 $f'(n^{1s*})+1>0$。综上，有 $\dfrac{\partial n^*}{\partial l}>0$。

下面证明 $\dfrac{\partial n^{2b*}n^{2s*}}{\partial l}<0$。由推论 12-1、$n^{1b*}<n^{1s*}$，可证

$$\frac{\partial n^{1b*}}{\partial l} + \frac{\partial n^{1s*}}{\partial l} = \frac{f(n^{1b*})(1 + f'(n^{1s*})/l) - f(n^{1s*})(1/l^2 + f'(n^{1b*})/l)}{1 - f'(n^{1b*})f'(n^{1s*})} > 0$$

则由命题 12-1，有 $\dfrac{\partial n^{2b*}}{\partial l} + \dfrac{\partial n^{2s*}}{\partial l} < 0$。继而由 $n^{2b*} > n^{2s*}$，$\dfrac{\partial n^{2b*}}{\partial l} > 0$，得

$$\frac{\partial n^{2b*} n^{2s*}}{\partial l} = \frac{\partial n^{2b*}}{\partial l} n^{2s*} + n^{2b*} \frac{\partial n^{2s*}}{\partial l} < n^{2b*} \left(\frac{\partial n^{2b*}}{\partial l} + \frac{\partial n^{2s*}}{\partial l} \right) < 0$$

综上，有 $\dfrac{\partial \tilde{\pi}^{2*}}{\partial l} < 0$。同理，当 $l < 1$ 时，可证 $\dfrac{\partial \tilde{\pi}^{2*}}{\partial l} > 0$。证毕。

命题 12-2 表明，给定 $B + S$，随着间接网络外部性参数的变化，两个平台利润变化的方向相反。原因在于，随着间接网络外部性参数的变化，在位平台的数量决策为跷跷板原理，而新进入平台的数量决策与在位平台相反。当 B 与 S 的差值较大时，两边用户差异较大，跷跷板原理的效果较好，继而在位平台的利润较高，新进入平台的利润较低。特别地，当 $B = S$ 时，两边用户对称，跷跷板原理的效果最差，继而在位平台的利润达到最小，新进入平台的利润达到最大。此外，如果考虑市场进入存在固定成本，命题 12-2 还表明，B 与 S 的差值越小，新进入平台进入市场越容易（因为利润更高）。

12.2.2　竞争瓶颈

在此情形中，买家单归属而卖家多归属，由式（12-1）和式（12-2）可知，在第二阶段，有 $n^{1b} = 1 - \dfrac{p^{1b} - p^{2b}}{B(n^{1s} - n^{2se})}$，$n^{2b} = \dfrac{p^{1b} - p^{2b}}{B(n^{1s} - n^{2se})} - \dfrac{p^{2b}}{Bn^{2se}}$，$n^{1s} = 1 - \dfrac{p^{1s}}{Sn^{1b}}$，

$n^{2s} = 1 - \dfrac{p^{2s}}{Sn^{2be}}$。

进一步化简，得平台定价和用户数量的关系为

$$\begin{aligned}
p^{1b} &= B(n^{1s} - n^{1b}n^{1s} - n^{2b}n^{2se}) \\
p^{2b} &= B(n^{2se} - n^{1b}n^{2se} - n^{2b}n^{2se}) \\
p^{1s} &= S(n^{1b} - n^{1b}n^{1s}) \\
p^{2s} &= S(n^{2be} - n^{2be}n^{2s})
\end{aligned} \tag{12-6}$$

将式（12-6）代入式（12-3），可得

$$\frac{\partial \pi^2}{\partial n^{2b}} = Bn^{2se}(1 - n^{1b} - 2n^{2b})$$

$$\frac{\partial \pi^2}{\partial n^{2s}} = Sn^{2be}(1 - 2n^{2s})$$

易证 π^2 为凹函数，则联立 $\dfrac{\partial \pi^2}{\partial n^{2b}} = 0$、$\dfrac{\partial \pi^2}{\partial n^{2s}} = 0$ 及理性约束条件 $n^{2b} = n^{2be}$ 和 $n^{2s} = n^{2se}$，得引理 12-2。

引理 12-2　在竞争瓶颈下，给定在位平台的用户数量，新进入平台的数量决策为 $n^{2b} = 0$，$n^{2s} = 0$ 或 $n^{2b} = \dfrac{1-n^{1b}}{2}$，$n^{2s} = \dfrac{1}{2}$。

与两边用户单归属相同，引理 12-2 表明，新进入平台的数量决策存在两种情形。对于 $n^{2b} = 0$，$n^{2s} = 0$，与引理 12-1 中分析相同，此时用户对新进入平台的预期较低，新进入平台无法进入市场。

下面着重讨论另一种情形，即新进入平台能够进入市场。根据逆向归纳法，在第一阶段，将 $n^{2b} = \dfrac{1-n^{1b}}{2}$、$n^{2s} = \dfrac{1}{2}$ 和理性约束条件 $n^{2s} = n^{2se}$ 代入式（12-6）。将式（12-6）进一步代入式（12-3），对 π^1 一阶求导得

$$\frac{\partial \pi^1}{\partial n^{1b}} = \frac{B(1-4n^{1s})}{2}\left(n^{1b} - \frac{1}{2} - \frac{g(n^{1s})}{l}\right)$$

$$\frac{\partial \pi^1}{\partial n^{1s}} = -2Sn^{1b}\left(n^{1s} - \frac{1}{2} - \frac{1-n^{1b}}{2}l\right)$$

其中，$l = \dfrac{B}{S}$；$g(n^{1s}) = \dfrac{2n^{1s}(1-n^{1s})}{4n^{1s}-1}$。

命题 12-3　在斯塔克伯格模型中，当买家单归属而卖家多归属时，在位平台和新进入平台的最优数量决策满足：

$$n^{1b*} = \frac{1}{2} + g(n^{1s})\frac{1}{l}, \quad n^{1s*} = \frac{1}{2} + \frac{1-n^{1b*}}{2}l$$

$$n^{2b*} = \frac{1-n^{1b*}}{2}, \quad n^{2s*} = \frac{1}{2}$$

$$(12\text{-}7)$$

其中，$l \in (1,2)$；(n^{1b*}, n^{1s*}) 为图 12-2 中点 A。

证明　由 $g'(n^{1s}) = \dfrac{-8(n^{1s})^2 + 4n^{1s} - 2}{(4n^{1s}-1)^2} < 0$，$g''(n^{1s}) = \dfrac{12}{(4n^{1s}-1)^3}$，可知 $g(n^{1s})$ 在 $\left[0, \dfrac{1}{4}\right)$ 上是递减的凹函数，在 $\left(\dfrac{1}{4}, 1\right]$ 上是递减的凸函数，如图 12-2 所示。由于反应函数 $n^{1s} = \dfrac{1}{2} + \dfrac{1-n^{1b}}{2}l$ 为线性函数，一阶条件不存在多重均衡。

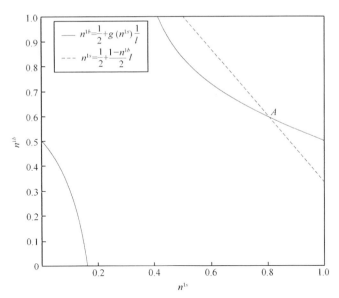

图 12-2　平台 1 的决策曲线（竞争瓶颈，$l=1.5$）

在点 A 处，易见曲线 $n^{1b} = \dfrac{1}{2} + g(n^{1s})\dfrac{1}{l}$ 的斜率要大于曲线 $n^{1s} = \dfrac{1}{2} + \dfrac{1-n^{1b}}{2}l$ 的斜率，则 $2 + g'(n^{1s*}) > 0$。继而可得

$$\frac{\partial^2 \pi^1}{\partial (n^{1b})^2} = \frac{B(1-4n^{1s*})}{2} < 0$$

$$\frac{\partial^2 \pi^1}{\partial (n^{1b})^2}\frac{\partial^2 \pi^1}{\partial (n^{1s})^2} - \frac{\partial^2 \pi^1}{\partial n^{1b}\partial n^{1s}}\frac{\partial^2 \pi^1}{\partial n^{1s}\partial n^{1b}} = -2Sn^{1b*}\frac{B(1-4n^{1s*})}{2}\left(1 + \frac{g'(n^{1s*})}{2}\right) > 0$$

综上，π^1 在点 A 附近为凹函数。此外，为了剔除角解为最优解的可能性，即 $n^{1b*} < 1$，$n^{1s*} < 1$，易证 $l = \dfrac{B}{S} \in (1,2)$。证毕。

由命题 12-3，可得推论 12-2。

推论 12-2　在斯塔克尔伯格模型中，竞争瓶颈下在位平台和新进入平台的最优数量决策满足 $\dfrac{\partial n^{1b*}}{\partial l} < 0$，$\dfrac{\partial n^{1s*}}{\partial l} > 0$，$\dfrac{\partial n^{2b*}}{\partial l} > 0$，$\dfrac{\partial n^{2s*}}{\partial l} = 0$。

证明　由式（12-7）得

$$\frac{\partial n^{1b*}}{\partial l} = \frac{lg'(n^{1s*})(1-n^{1b*}) - 2g(n^{1s*})}{l^2(2 + g'(n^{1s*}))}$$

$$\frac{\partial n^{1s*}}{\partial l} = \frac{l(1-n^{1b*}) + g(n^{1s*})}{l(2 + g'(n^{1s*}))}$$

由 $2+g'(n^{1s*})>0$ ， $g'(n^{1s*})<0$ ，得 $\dfrac{\partial n^{1b*}}{\partial l}<0$ ， $\dfrac{\partial n^{1s*}}{\partial l}>0$ 。此外，由命题 12-3，得 $\dfrac{\partial n^{2b*}}{\partial l}>0$ ， $\dfrac{\partial n^{2s*}}{\partial l}=0$ ，证毕。

推论 12-2 表明，与两边用户单归属相同，在竞争瓶颈下，随着间接网络外部性参数的变化，在位平台的数量承诺与垄断情形一致，满足数量的跷跷板原理。但是，对于新进入平台，单归属一边的策略不变，即采取与在位平台相反的策略，而多归属一边的策略发生了变化，平台此时的数量承诺与在位平台的策略无关。原因在于，由于卖家多归属，在位平台吸引更多卖家并不能直接降低新进入平台的卖家数量，在位平台的优势受到了削弱。

下面分析间接网络外部性参数对平台利润的影响。

命题 12-4 给定 $B+S$ ，则有以下结论。

（1）在位平台的利润在 $l\in(1,l^*)$ 上递减，在 $l\in(l^*,2)$ 上递增。

（2）新进入平台的利润随 l 的增大而增大。

其中，当 $l=l^*$ 时， $\dfrac{\partial \tilde{\pi}^{1*}}{\partial l}=0$ 且 $n^{1s*}>n^{1b*}$ 。

证明 对于平台 1，由式（12-3）、式（12-6）、式（12-7）和包络定理得

$$\frac{\partial \tilde{\pi}^{1*}}{\partial l}=\frac{1}{(1+l)^2}\left(\frac{p^{1b*}}{B}n^{1b*}-\frac{p^{1s*}}{S}n^{1s*}\right)=\frac{n^{1s*}(n^{1s*}-n^{1b*})-(1-n^{1b*})/4}{(1+l)^2}$$

令 $N^*\triangleq n^{1s*}(n^{1s*}-n^{1b*})-(1-n^{1b*})/4$ ，由 $n^{1s*}>0.5$ 和推论 12-2 有

$$\frac{\partial N^*}{\partial l}=\frac{\partial n^{1s*}}{\partial l}(2n^{1s*}-n^{1b*})+\frac{\partial n^{1b*}}{\partial l}(1/4-n^{1s*})>0$$

继而 N^* 为增函数。此外，当 $l=1$ 时，有 $n^{1s*}=0.5$ ， $n^{1b*}=1$ ， $N^*=-\dfrac{1}{4}<0$ ；当 $l=2$ 时，有 $n^{1s*}=1$ ， $n^{1b*}=\dfrac{1}{2}$ ， $N^*=\dfrac{3}{8}>0$ 。继而可得命题 12-4（1）。

对于平台 2，由式（12-6）、式（12-7）和引理 12-2 得

$$\tilde{\pi}^{2*}=\frac{n^{2b*}}{2}\frac{n^{1s*}}{1+l}$$

继而有

$$\frac{\partial\left(\dfrac{n^{1s*}}{1+l}\right)}{\partial l}=\frac{\dfrac{(4n^{1s*}-1)(6(n^{1s*})^2-4n^{1s*}+1)}{12(2n^{1s*}-1)(n^{1s*})^2}-\dfrac{l}{1+l}}{(1+l)l/n^{1s*}}$$

可证 $\dfrac{(4n^{1s*}-1)(6(n^{1s*})^2-4n^{1s*}+1)}{12(2n^{1s*}-1)(n^{1s*})^2}$ 在 $(0.5,1)$ 上为减函数，则有

$$\frac{(4n^{1s*}-1)(6(n^{1s*})^2-4n^{1s*}+1)}{12(2n^{1s*}-1)(n^{1s*})^2} - \frac{l}{1+l} > \frac{3}{4} - \frac{l}{1+l} > 0$$

又因为 $\frac{\partial n^{2b*}}{\partial l} > 0$，则有命题 12-4（2）。证毕。

命题 12-4 表明，在竞争瓶颈下，给定 $B+S$，与两边用户单归属一致，在位平台的利润随 l 呈先下降后增长的趋势。区别在于，在竞争瓶颈下，当在位平台的利润位于最低点时，有 $l=l^* > 1$ 且 $n^{1s*} > n^{1b*}$。原因在于，随着 $l=\frac{B}{S}$ 的增加，一方面，在位平台吸引卖家更有利可图；另一方面，卖家的多归属行为削弱了在位平台在单归属一边的竞争优势。需注意的是，当 $l < 1$ 时，在位平台更注重买家数量，新进入平台更注重卖家数量（参见命题 12-5），卖家的多归属行为反而增强了在位平台在单归属一边的竞争优势，继而导致新进入平台无法进入市场。命题 12-4 还表明，在竞争瓶颈下，与两边用户单归属不同，给定 $B+S$，新进入平台的利润会随 l 的增加而增加。原因在于，l 较大时，多归属卖家产生的间接网络外部性相对较强，而新进入平台更注重卖家，继而其利润较高。

下面对两边用户单归属和竞争瓶颈两种情形进行对比。为了保证新进入平台能够进入市场，以下分析聚焦于 $l \in \left(\frac{5}{6}, \frac{6}{5}\right) \cap (1,2)$，即 $l \in \left(1, \frac{6}{5}\right)$。

命题 12-5 在斯塔克尔伯格模型中，与两边用户单归属相比，竞争瓶颈下在位平台买家数量增多，卖家数量减少；新进入平台买家数量减少，卖家数量增多。

证明 对比图 12-1 和图 12-2，由 $g(n^{1s}) > f(n^{1s})$，可知曲线 $n^{1b} = \frac{1}{2} + g(n^{1s})\frac{1}{l}$ 在曲线 $n^{1b} = \frac{1}{2} + f(n^{1s})\frac{1}{l}$ 上方；由 $f(n^{1b}) > \frac{1-n^{1b}}{2}$，可知曲线 $n^{1s} = \frac{1}{2} + \frac{1-n^{1b}}{2}l$ 在曲线 $n^{1s} = \frac{1}{2} + f(n^{1b})l$ 左侧。因此，在竞争瓶颈下，在位平台买家数量增多，卖家数量减少。进一步对比命题 12-1 和命题 12-3，可知新进入平台买家数量减少，卖家数量增多，证毕。

命题 12-5 表明，对于在位平台而言，与经典结论一致，竞争瓶颈下平台应更加重视单归属用户的数量。对于处于劣势的新进入平台，其会减少单归属用户的数量以避免竞争。在多归属一边，由于两个平台不存在直接竞争，新进入平台会增加多归属用户的数量。

命题 12-6 在斯塔克尔伯格模型中，与两边用户单归属相比，在竞争瓶颈下，可得出以下结论。

（1）在位平台的利润减少。

（2）l 较小时，新进入平台利润较小；l 较大时，新进入平台利润较大。

证明　当 $l \in \left(1, \dfrac{6}{5}\right)$ 时，两边用户单归属下 $\tilde{\pi}^{1*}$ 为增函数；竞争瓶颈下 $\tilde{\pi}^{1*}$ 为减

函数。且 $l=1$ 时两边用户单归属下 $\tilde{\pi}^{1*}$ 更高，则有命题 12-6（1）。类似地，当 $l \in \left(1, \dfrac{6}{5}\right)$

时，两边用户单归属下 $\tilde{\pi}^{2*}$ 为减函数；竞争瓶颈下 $\tilde{\pi}^{2*}$ 为增函数。且 $l=1$ 时两边用

户单归属下 $\tilde{\pi}^{2*}$ 更高，$l=\dfrac{6}{5}$ 时竞争瓶颈下 $\tilde{\pi}^{2*}$ 更高，则有命题 12-6（2）。证毕。

命题 12-6 表明，用户多归属不总有利于新进入平台进入市场。原因在于，l 较小时，多归属卖家产生的间接网络外部性相对较弱，而新进入平台更重视多归属用户，继而其利润较低。特别地，当 $l<1$ 时，新进入平台的利润为负，其无法进入市场。此外，如果新进入平台存在于市场，即 $l \in \left(1, \dfrac{6}{5}\right)$，用户多归属总是不利

于在位平台。原因在于，当 $l>1$ 时，随着 $l=\dfrac{B}{S}$ 的增加，在位平台吸引卖家更有利可图，但卖家的多归属行为削弱了在位平台在单归属一边的竞争优势。

12.3　古诺模型

与斯塔克尔伯格模型不同，在古诺模型中，新进入平台已经进入市场，在位平台和新进入平台同时进行决策。但是，考虑到新进入平台的用户基础较弱，本节仍假设用户对新进入平台持消极预期。也就是说，在位平台承诺 $n^{1b}>n^{2be}$ 和 $n^{1s}>n^{2se}$ 仍然是可信的。博弈时序如下：第一阶段，在位平台承诺 $n^{1b}>n^{2be}$ 和 $n^{1s}>n^{2se}$，新进入平台承诺 n^{2b} 和 n^{2s}；第二阶段，用户决策是否要加入平台。

12.3.1　两边用户单归属

在该情形下，式（12-4）不变。将式（12-4）代入式（12-3），可得

$$\frac{\partial \pi^1}{\partial n^{1b}} = B(n^{1s} - 2n^{1b}n^{1s} - n^{2b}n^{2se}) + S(n^{1s} - (n^{1s})^2)$$

$$\frac{\partial \pi^1}{\partial n^{1s}} = B(n^{1b} - (n^{1b})^2) + S(n^{1b} - 2n^{1s}n^{1b} - n^{2be}n^{2s})$$

$$\frac{\partial \pi^2}{\partial n^{2b}} = Bn^{2se}(1 - n^{1b} - 2n^{2b})$$

$$\frac{\partial \pi^2}{\partial n^{2s}} = Sn^{2be}(1 - n^{1s} - 2n^{2s})$$

联立 $\frac{\partial \pi^i}{\partial n^{ib}} = 0$、$\frac{\partial \pi^i}{\partial n^{is}} = 0$，$i = 1,2$ 及理性约束条件 $n^{2b} = n^{2be}$ 和 $n^{2s} = n^{2se}$，可得命题 12-7。

命题 12-7　在古诺模型中，当两边用户单归属时，在位平台和新进入平台的最优数量决策满足[①]：$n^{1b*} = E$，$n^{1s*} = \frac{5E-1}{13E-5}$；$n^{2b*} = \frac{1-n^{1b*}}{2}$，$n^{2s*} = \frac{1-n^{1s*}}{2}$。其中，$l \in \left(\frac{1}{2}, 2\right)$。$E$ 为方程 $13E^2 - 5E = (5E-1)/l$ 中数值较大的解。

证明　由 $\frac{\partial \pi^2}{\partial n^{2b}} = \frac{\partial \pi^2}{\partial n^{2s}} = 0$，得 $n^{2b*} = \frac{1-n^{1b*}}{2}$，$n^{2s*} = \frac{1-n^{1s*}}{2}$。代入 $\frac{\partial \pi^1}{\partial n^{1b}} = \frac{\partial \pi^1}{\partial n^{1s}} = 0$ 并令 $n^{2b} = n^{2be}$，$n^{2s} = n^{2se}$，化简得 $13(n^{1b*})^2 - 5n^{1b*} = (5n^{1b*} + 1)/l$。又因为 $n^{1b*} > n^{2b*}$，则 n^{1b*} 为方程 $13(n^{1b*})^2 - 5n^{1b*} = (5n^{1b*} + 1)/l$ 中数值较大的解。

此外，在均衡点处有

$$\frac{\partial^2 \pi^1}{\partial (n^{1b})^2} = -2Bn^{1s} < 0$$

$$\frac{\partial^2 \pi^1}{\partial (n^{1b})^2}\frac{\partial^2 \pi^1}{\partial (n^{1s})^2} - \frac{\partial^2 \pi^1}{\partial n^{1b}\partial n^{1s}}\frac{\partial^2 \pi^1}{\partial n^{1s}\partial n^{1b}} = (B + S - 2Bn^{1b})(6Bn^{1b} - B - S)$$

$$= (B + S - 2Sn^{1s})(6Sn^{1s} - B - S)$$

易证，$\frac{\partial^2 \pi^1}{\partial (n^{1b})^2}\frac{\partial^2 \pi^1}{\partial (n^{1s})^2} - \frac{\partial^2 \pi^1}{\partial n^{1b}\partial n^{1s}}\frac{\partial^2 \pi^1}{\partial n^{1s}\partial n^{1b}}$ 为正。综上，π^1 在均衡点附近为凹函数。此外，为了剔除角解为最优解的可能性，即 $n^{1b*} < 1$，$n^{1s*} < 1$，易证 $l = \frac{B}{S} \in \left(\frac{1}{2}, 2\right)$。证毕。

由命题 12-7，可得推论 12-3。

推论 12-3　在古诺模型中，当两边用户单归属时，在位平台和新进入平台的数量决策满足 $\frac{\partial n^{1b*}}{\partial l} < 0$，$\frac{\partial n^{1s*}}{\partial l} > 0$，$\frac{\partial n^{2b*}}{\partial l} > 0$，$\frac{\partial n^{2s*}}{\partial l} < 0$。

证明　由于 E 为方程 $13E^2 - 5E = (5E-1)/l$ 中数值较大的解，易证 $\frac{\partial n^{1b*}}{\partial l} < 0$。

---

① 在古诺模型下，由于新进入平台已经进入市场，本节不考虑预期为零的均衡。

又因为 $n^{1s*} = \dfrac{5E-1}{13E-5}$ 是 E 的减函数,则 $\dfrac{\partial n^{1s*}}{\partial l} > 0$。继而由命题 12-7,可得 $\dfrac{\partial n^{2b*}}{\partial l} > 0$,

$\dfrac{\partial n^{2s*}}{\partial l} < 0$。证毕。

推论 12-3 表明,与斯塔克尔伯格模型相同,在古诺模型中,当两边用户单归属时,在位平台的数量决策满足跷跷板原理,而新进入平台则实施相反的策略。原因在于,尽管新进入平台已经进入市场,但由于用户对新进入平台持消极预期,其仍处于弱势地位,继而采用与在位平台相反的数量决策利润更高。

下面分析间接网络外部性参数对平台利润的影响。

命题 12-8 在古诺模型中,当两边用户单归属时,给定 $B+S$,B 与 S 的差值越小,新进入平台的利润越大,在位平台的利润越小。

证明 对于平台 1,由式(12-3)和式(12-4)得

$$\tilde{\pi}^{1*} = \frac{l(n^{1s*} - n^{1b*}n^{1s*} - n^{2b*}n^{2s*})n^{1b*} + (n^{1b*} - n^{1b*}n^{1s*} - n^{2b*}n^{2s*})n^{1s*}}{l+1} \qquad (12\text{-}8)$$

易证 $\dfrac{\mathrm{d}\tilde{\pi}^{1*}}{\mathrm{d}l} = \dfrac{\partial\tilde{\pi}^{1*}}{\partial l} + \dfrac{\partial\tilde{\pi}^{1*}}{\partial n^{2b*}}\dfrac{\mathrm{d}n^{2b*}}{\mathrm{d}l} + \dfrac{\partial\tilde{\pi}^{1*}}{\partial n^{2s*}}\dfrac{\mathrm{d}n^{2s*}}{\mathrm{d}l}$。由式(12-8)可得

$$\frac{\partial\tilde{\pi}^{1*}}{\partial l} = \frac{1}{(l+1)^2}(n^{1b*}n^{1s*} + n^{2b*}n^{2s*})(n^{1s*} - n^{1b*})$$

$$\frac{\partial\tilde{\pi}^{1*}}{\partial n^{2b*}}\frac{\mathrm{d}n^{2b*}}{\mathrm{d}l} + \frac{\partial\tilde{\pi}^{1*}}{\partial n^{2s*}}\frac{\mathrm{d}n^{2s*}}{\mathrm{d}l} = -\frac{ln^{1b*} + n^{1s*}}{l+1}\frac{\mathrm{d}(n^{2b*}n^{2s*})}{\mathrm{d}l}$$

又因为 $n^{2b*}n^{2s*} = \dfrac{(1-n^{1b*})(2n^{1b*}-1)}{13n^{1b*}-5}$,则 $\dfrac{\mathrm{d}(n^{2b*}n^{2s*})}{\mathrm{d}l} = \dfrac{2(5n^{1b*}-1)(l-1)}{l(13n^{1b*}-5)^2}\dfrac{\partial n^{1b*}}{\partial l}$。

综上,当 $l>1$ 时,$\dfrac{\mathrm{d}\tilde{\pi}^{1*}}{\mathrm{d}l} > 0$;当 $l<1$ 时,$\dfrac{\mathrm{d}\tilde{\pi}^{1*}}{\mathrm{d}l} < 0$。

对于平台 2,由式(12-3)、式(12-4)和命题 12-7 得

$$\tilde{\pi}^{2*} = n^{2b*}n^{2s*}\left(\frac{1}{2} - \frac{1}{l+1}n^{1s*}\right)$$

由命题 12-7,得 $\dfrac{\mathrm{d}\left(\dfrac{n^{1s*}}{l+1}\right)}{\mathrm{d}l} = \dfrac{13(n^{1b*})^2 - 10n^{1b*} - 1}{[13(n^{1b*})^2 - 1]^2}\dfrac{\mathrm{d}n^{1b*}}{\mathrm{d}l} = \dfrac{(5n^{1b*}-1)(l-1)}{[13(n^{1b*})^2 - 1]^2 l}\dfrac{\mathrm{d}n^{1b*}}{\mathrm{d}l}$。

综上,当 $l>1$ 时,$\dfrac{\mathrm{d}\tilde{\pi}^{2*}}{\mathrm{d}l} < 0$;当 $l<1$ 时,$\dfrac{\mathrm{d}\tilde{\pi}^{2*}}{\mathrm{d}l} > 0$。证毕。

命题 12-8 表明,与斯塔克尔伯格模型相同,在古诺模型下,给定 $B+S$,随着间接网络外部性参数的变化,在位平台和新进入平台利润变化的方向相反。相关分析同命题 12-2,此处不再赘述。

12.3.2　竞争瓶颈

在此情形中，买家单归属而卖家多归属，式（12-6）不变。将式（12-6）代入式（12-3），可得

$$\frac{\partial \pi^1}{\partial n^{1b}} = B(n^{1s} - 2n^{1b}n^{1s} - n^{2b}n^{2se}) + S(n^{1s} - (n^{1s})^2)$$

$$\frac{\partial \pi^1}{\partial n^{1s}} = B(n^{1b} - (n^{1b})^2) + S(n^{1b} - 2n^{1s}n^{1b})$$

$$\frac{\partial \pi^2}{\partial n^{2b}} = Bn^{2se}(1 - n^{1b} - 2n^{2b})$$

$$\frac{\partial \pi^2}{\partial n^{2s}} = Sn^{2be}(1 - 2n^{2s})$$

联立 $\frac{\partial \pi^i}{\partial n^{ib}} = 0$ 、$\frac{\partial \pi^i}{\partial n^{is}} = 0$，$i = 1, 2$ 及理性约束条件 $n^{2b} = n^{2be}$ 和 $n^{2s} = n^{2se}$，可得命题 12-9。

命题 12-9　在古诺模型中，竞争瓶颈下在位平台和新进入平台的最优数量决策满足 $n^{1b*} = W$，$n^{1s*} = \frac{1}{2} + \frac{1 - n^{1b*}}{2}l$；$n^{2b*} = \frac{1 - n^{1b*}}{2}$，$n^{2s*} = \frac{1}{2}$。其中，$l \in \left(\frac{1}{2}, \frac{7}{4}\right)$。

W 为方程 $(3W - 1)(W - 1) = \frac{3W - (1 + l)/l}{l}$ 中数值较小的解。

证明　由 $\frac{\partial \pi^2}{\partial n^{2b}} = \frac{\partial \pi^2}{\partial n^{2s}} = 0$，得 $n^{2b*} = \frac{1 - n^{1b*}}{2}$，$n^{2s*} = \frac{1}{2}$。代入 $\frac{\partial \pi^1}{\partial n^{1b}} = \frac{\partial \pi^1}{\partial n^{1s}} = 0$ 并令 $n^{2b} = n^{2be}$，$n^{2s} = n^{2se}$，得 $(3n^{1b*} - 1)(n^{1b*} - 1) = \frac{3n^{1b*} - (1 + l)/l}{l}$。又因为 $n^{1b*} > n^{2b*}$，则 n^{1b*} 为方程 $(3n^{1b*} - 1)(n^{1b*} - 1) = \frac{3n^{1b*} - (1 + l)/l}{l}$ 中数值较小的解。

此外，在均衡点处有

$$\frac{\partial^2 \pi^1}{\partial (n^{1b})^2} = -2Bn^{1s} < 0$$

$$\frac{\partial^2 \pi^1}{\partial (n^{1b})^2}\frac{\partial^2 \pi^1}{\partial (n^{1s})^2} - \frac{\partial^2 \pi^1}{\partial n^{1b}\partial n^{1s}}\frac{\partial^2 \pi^1}{\partial n^{1s}\partial n^{1b}} = 4BSn^{1b}n^{1s} - [B(1 - 2n^{1b}) + S(1 - 2n^{1s})]^2$$

又因为 $n^{1s*} = \frac{1}{2} + \frac{1 - n^{1b*}}{2}l$，得 $\frac{\partial^2 \pi^1}{\partial (n^{1b})^2}\frac{\partial^2 \pi^1}{\partial (n^{1s})^2} - \frac{\partial^2 \pi^1}{\partial n^{1b}\partial n^{1s}}\frac{\partial^2 \pi^1}{\partial n^{1s}\partial n^{1b}} = S^2 ln^{1b}(6n^{1s} - l - 1)$。

当 $l \in \left(\frac{1}{2}, \frac{7}{4} \right)$ 时，$S^2 ln^{1b}(6n^{1s} - l - 1) > 0$。综上，$\pi^1$ 在均衡点附近为凹函数。

此外，为了剔除角解为最优解的可能性，即 $n^{1b*} < 1$，$n^{1s*} < 1$，易证 $l \in \left(\frac{1}{2}, \frac{7}{4} \right)$。
证毕。

由命题 12-9，可得推论 12-4。

推论 12-4 在古诺模型中，竞争瓶颈下在位平台和新进入平台的最优数量决策满足 $\frac{\partial n^{1b*}}{\partial l} < 0$，$\frac{\partial n^{1s*}}{\partial l} > 0$，$\frac{\partial n^{2b*}}{\partial l} > 0$，$\frac{\partial n^{2s*}}{\partial l} = 0$。

证明 由于 n^{1b*} 为方程 $(3n^{1b*} - 1)(n^{1b*} - 1) = \frac{3n^{1b*} - (1+l)/l}{l}$ 中数值较小的解，

易证 $\frac{\partial n^{1b*}}{\partial l} < 0$。又因为 $n^{1s*} = \frac{1}{2} + \frac{1 - n^{1b*}}{2} l$，则 $\frac{\partial n^{1s*}}{\partial l} > 0$。继而由命题 12-9，得

$\frac{\partial n^{2b*}}{\partial l} > 0$，$\frac{\partial n^{2s*}}{\partial l} = 0$，证毕。

推论 12-4 表明，与斯塔克尔伯格模型相同，在古诺模型中，竞争瓶颈下在位平台的数量决策满足跷跷板原理，新进入平台在单归属一边采取与在位平台相反的策略，而多归属一边所实施的策略与在位平台的策略无关。相关原因同推论 12-2，此处不再赘述。

下面分析间接网络外部性参数对平台利润的影响。

命题 12-10 给定 $B + S$，可得以下结论。

（1）在位平台的利润在 $l \in \left(\frac{1}{2}, l^* \right)$ 上递减，在 $l \in \left(l^*, \frac{7}{4} \right)$ 上递增。

（2）新进入平台的利润随 l 的增大而增大。

其中，当 $l = l^*$ 时，$\frac{\partial \tilde{\pi}^{1*}}{\partial l} = 0$ 且 $n^{1s*} > n^{1b*}$。

证明 对于平台 1，由式（12-3）和式（12-6）得

$$\tilde{\pi}^{1*} = \frac{l(n^{1s*} - n^{1b*}n^{1s*} - n^{2b*}n^{2s*})n^{1b*} + (n^{1b*} - n^{1b*}n^{1s*})n^{1s*}}{l+1} \tag{12-9}$$

易证 $\frac{\mathrm{d}\tilde{\pi}^{1*}}{\mathrm{d}l} = \frac{\partial \tilde{\pi}^{1*}}{\partial l} + \frac{\partial \tilde{\pi}^{1*}}{\partial n^{2b*}} \frac{\mathrm{d}n^{2b*}}{\mathrm{d}l} + \frac{\partial \tilde{\pi}^{1*}}{\partial n^{2s*}} \frac{\mathrm{d}n^{2s*}}{\mathrm{d}l}$。由式（12-9）得

$$\frac{\partial \tilde{\pi}^{1*}}{\partial l} = \frac{1}{(l+1)^2} n^{1b*} \left[n^{1s*}(n^{1s*} - n^{1b*}) - \frac{1 - n^{1b*}}{4} \right]$$

$$\frac{\partial \tilde{\pi}^{1*}}{\partial n^{2b*}} \frac{\mathrm{d}n^{2b*}}{\mathrm{d}l} + \frac{\partial \tilde{\pi}^{1*}}{\partial n^{2s*}} \frac{\mathrm{d}n^{2s*}}{\mathrm{d}l} = -\frac{ln^{1b*}}{l+1} \frac{\mathrm{d}(n^{2b*}n^{2s*})}{\mathrm{d}l} = \frac{ln^{1b*}}{l+1} \frac{1}{4} \frac{\partial n^{1b*}}{\partial l}$$

由 $3l(n^{1b*})^2 - (4l+3)n^{1b*} + 1 + l + \dfrac{1}{l} = 0$，得 $\dfrac{\partial n^{1b*}}{\partial l} = \dfrac{(3n^{1b*}-1)l-2}{l^2(4l+3-6ln^{1b*})}$。将 $\dfrac{\partial n^{1b*}}{\partial l}$ 代

入 $\dfrac{\mathrm{d}\tilde{\pi}^{1*}}{\mathrm{d}l}$，得 $\dfrac{\mathrm{d}\tilde{\pi}^{1*}}{\mathrm{d}l} = \dfrac{n^{1b*}}{(l+1)^2}\left[n^{1s*}(n^{1s*}-n^{1b*}) - \dfrac{1-n^{1b*}}{4} - \dfrac{l+1}{l}\dfrac{l+2-3ln^{1b*}}{4l+3-6ln^{1b*}} \right]$。

易证 $n^{1s*}(n^{1s*}-n^{1b*}) - \dfrac{1-n^{1b*}}{4}$ 为 l 的增函数。此外，由 $n^{1b*} < \dfrac{l+1}{3l}$ 得

$$\dfrac{\partial n^{1s*}}{\partial l} = \dfrac{1}{2}\left(1 - n^{1b*} - \dfrac{(3n^{1b*}-1)l-2}{l(4l+3-6ln^{1b*})} \right) > \dfrac{1}{2}\left(1 - \dfrac{l+1}{3l} + \dfrac{1}{l(2l+1)} \right) > \dfrac{1}{6}$$

则 $12n^{1s*} - 2l - 3$ 为 l 的增函数，$\dfrac{l+2-3ln^{1b*}}{4l+3-6ln^{1b*}} = \dfrac{1}{2}\left(1 + \dfrac{1-2l}{12n^{1s*}-2l-3} \right)$ 是 l 的减函数。

综上，$n^{1s*}(n^{1s*}-n^{1b*}) - \dfrac{1-n^{1b*}}{4} - \dfrac{l+1}{l}\dfrac{l+2-3ln^{1b*}}{4l+3-6ln^{1b*}}$ 为 l 的增函数。此外，易证

$\dfrac{\mathrm{d}\tilde{\pi}^{1*}}{\mathrm{d}l}\bigg|_{l=\frac{1}{2}} < 0$，$\dfrac{\mathrm{d}\tilde{\pi}^{1*}}{\mathrm{d}l}\bigg|_{l=\frac{7}{4}} > 0$，则有命题 12-10（1）。

对于平台 2，由式（12-3）、式（12-6）和命题 12-9 得

$$\tilde{\pi}^{2*} = \dfrac{n^{2b*}}{2}\dfrac{n^{1s*}}{1+l}$$

由 $\dfrac{\partial n^{1b*}}{\partial l} = \dfrac{(3n^{1b*}-1)l-2}{l^2(4l+3-6ln^{1b*})}$，$n^{1s*} = \dfrac{1}{2} + \dfrac{1-n^{1b*}}{2}l$，得

$$\dfrac{\partial\left(\dfrac{n^{1s*}}{1+l} \right)}{\partial l} = \dfrac{12(n^{1s*})^2 - (5l+6)n^{1s*} + 1 + l}{l(1+l)^2(12n^{1s*}-2l-3)}$$

由 $3l(n^{1b*})^2 - (4l+3)n^{1b*} + 1 + l + \dfrac{1}{l} = 0$，有 $12(n^{1s*})^2 - (4l+6)n^{1s*} + 1 = 0$，继而

有 $\dfrac{\partial\left(\dfrac{n^{1s*}}{1+l} \right)}{\partial l} = \dfrac{l(1-n^{1s*})}{l(1+l)^2(12n^{1s*}-2l-3)} > 0$。又因为 $\dfrac{\partial n^{2b*}}{\partial l} > 0$，则 $\tilde{\pi}^{2*}$ 为 l 的增函数。

证毕。

命题 12-10 表明，与斯塔克尔伯格模型相同，在古诺模型中，给定 $B+S$，竞争瓶颈下在位平台的利润随 l 呈先下降后增长的趋势，而新进入平台的利润会随 l 的增加而增加。相关分析同命题 12-4，此处不再赘述。

下面对两边用户单归属和竞争瓶颈两种情形进行对比。为了避免讨论角解，以下分析聚焦于 $l \in \left(\dfrac{1}{2}, 2 \right) \cap \left(\dfrac{1}{2}, \dfrac{7}{4} \right)$，即 $l \in \left(\dfrac{1}{2}, \dfrac{7}{4} \right)$。

命题 12-11　在古诺模型中，与两边用户单归属相比，竞争瓶颈下在位平台的买家数量减少，卖家数量增多；新进入平台的买家数量增多，卖家数量也增多。

证明　由命题 12-7 可知，两边用户单归属时，卖家数量满足：

$$f(n^{1s}) \equiv 13(n^{1s})^2 - 5(1+l)n^{1s} + l = 0$$

由命题 12-9 可知，竞争瓶颈下，卖家数量满足：

$$g(n^{1s}) \equiv 12(n^{1s})^2 - (6+4l)n^{1s} + 1 = 0$$

继而 $f(n^{1s}) - g(n^{1s}) = (n^{1s})^2 - (l-1)n^{1s} + (l-1)$。当 $l > 1$ 时，$f(n^{1s}) > g(n^{1s})$；当 $\frac{1}{2} < l < 1$ 时，由 $f\left(\frac{1}{2}\right) - g\left(\frac{1}{2}\right) = \frac{2l-1}{4} > 0$，得 $f(n^{1s}) > g(n^{1s})$。因此，曲线 $f(n^{1s}) = 0$ 在 $g(n^{1s}) = 0$ 上方。由于均衡解为数值较大的根，继而竞争瓶颈下在位平台的卖家数量增多。

类似地，由命题 12-7 可知，两边用户单归属时，买家数量满足：

$$h(n^{1b}) \triangleq 13l(n^{1b})^2 - 5(1+l)n^{1b} + 1 = 0$$

由命题 12-9 可知，竞争瓶颈下，买家数量满足：

$$r(n^{1b}) \triangleq 3l^2(n^{1b})^2 - l(4l+3)n^{1b} + 1 + l + l^2 = 0$$

由于 $r(n^{1b}) = 0$ 的根为数值较小的根，要证明在位平台买家数量的变化，则要证明当 $h(n^{1b}) = 0$ 时，$r(n^{1b}) < 0$，即要证明：

$$13r(n^{1b}) - 3lh(n^{1b}) \propto -(37l^2 + 24l)E + 13l^2 + 10l + 13 < 0$$

其中，E 满足 $13E^2 - 5E = (5E-1)/l$。

由 $1 - 2l = \frac{(E-1)(13E-2)}{13E^2 - 5E} = (E-1)\left(\frac{13}{5}l + \frac{3l}{5(5E-1)}\right)$ 得

$$-(37l^2 + 24l)E + 13l^2 + 10l + 13 = \frac{l}{5}(E-1)\left[\frac{3}{5E-1}(12l+13) - (29l-49)\right]$$

由于 $\frac{3}{5E-1}(12l+13)$ 最小值为 $\frac{57}{4}$，$29l - 49$ 最大值为 $\frac{7}{4}$，则 $r(n^{1b}) < 0$。

此外，由命题 12-7 和命题 12-9，易证新进入平台的买家数量增多，卖家数量也增多，证毕。

命题 12-11 表明，与斯塔克尔伯格模型不同，在古诺模型中，在位平台和新进入平台的数量决策均发生变化。原因在于，在斯塔克尔伯格模型中，由于平台进行序贯博弈，新进入平台的数量决策无法影响在位平台的数量决策；在古诺模型中，由于平台同时博弈，新进入平台会考虑其数量决策对在位平台的影响。基于此，对于在位平台而言，在古诺模型中，新进入平台的反击更为激烈。具体来说，在竞争瓶颈下，对于在位平台，迫于新进入平台数量决策的压力，其会减少单归属用户的数量，而增加多归属用户的数量；对于新进入平台，其数量决策更具竞争力，继而两边用户的数量均会增长。

命题 12-12 在古诺模型中，与两边用户单归属相比，在竞争瓶颈下，新进入平台利润增加，在位平台利润减少。

证明 在两边用户单归属下，由式（12-4）和命题 12-7，得 $\pi^{1*}=Sn^{1b*}(n^{1s*})^2$，$\pi^{2*}=(B+S)n^{2b*}n^{2s*}(n^{2b*}+n^{2s*})$。

在竞争瓶颈下，由式（12-6）和命题 12-9，得 $\bar{\pi}^{1*}=S\bar{n}^{1b*}\left[(\bar{n}^{1s*})^2-\frac{1}{2}\bar{n}^{1s*}+\frac{1}{4}\right]$，$\bar{\pi}^{2*}=(B+S)\bar{n}^{2b*}\bar{n}^{2s*}\left(\bar{n}^{2b*}+\frac{1}{2}\right)$。其中，为了便于区分，$\bar{\pi}^{i*}$ 和 $\bar{n}^{ij*}$ 表示竞争瓶颈情形，$i=1,2$，$j=b,s$。

由命题 12-11 可知，$\bar{n}^{2b*}>n^{2b*}$，$\bar{n}^{2s*}=\frac{1}{2}>n^{2s*}$，则 $\bar{\pi}^{2*}>\pi^{2*}$。此外，由于 $\bar{n}^{1b*}<n^{1b*}$，如能证 $(\bar{n}^{1s*})^2-\frac{1}{2}\bar{n}^{1s*}+\frac{1}{4}<(n^{1s*})^2$，则有 $\bar{\pi}^{1*}<\pi^{1*}$。

由命题 12-11 证明，有 $f(n^{1s*})=0$，$g(\bar{n}^{1s*})=0$，则有 $n^{1s*}(l)=\frac{5(1+l)+\sqrt{25l^2-2l+25}}{26}$，$\bar{n}^{1s*}(l)=\frac{3+4l+\sqrt{4l^2+12l-3}}{12}$。

易证 $n^{1s*}(l)$ 为递增的凸函数，$\bar{n}^{1s*}(l)$ 为递增的凹函数，则 $n^{1s*}(l)\geqslant x(l)\equiv n^{1s*}(\tilde{l})+\left.\frac{\partial n^{1s*}(l)}{\partial l}\right|_{l=\tilde{l}}(l-\tilde{l})$，$\bar{n}^{1s*}(l)\leqslant y(l)\equiv\bar{n}^{1s*}(\tilde{l})+\left.\frac{\partial\bar{n}^{1s*}(l)}{\partial l}\right|_{l=\tilde{l}}(l-\tilde{l})$。

因此，如能证明 $(y(l))^2-\frac{1}{2}y(l)+\frac{1}{4}<(x(l))^2$，则 $\bar{\pi}^{1*}<\pi^{1*}$。

取 $\tilde{l}=\frac{1}{2}$，得 $(y(l))^2-\frac{1}{2}y(l)+\frac{1}{4}<(x(l))^2\Leftrightarrow l-\frac{1}{2}<\frac{11}{85}$，则当 $l-\frac{1}{2}<\frac{11}{85}$ 时，有 $\bar{\pi}^{1*}<\pi^{1*}$。进一步令 $\tilde{l}=0.7$，$\tilde{l}=1$，可得对 $\forall l\in\left(\frac{1}{2},\frac{7}{4}\right)$，有 $\bar{\pi}^{1*}<\pi^{1*}$。证毕。

命题 12-12 表明，与斯塔克尔伯格模型不同，在古诺模型中，当用户多归属时，新进入平台利润增加，在位平台利润减少。原因在于，与命题 12-11 分析相同，在古诺模型中，由于平台同时博弈，新进入平台的数量决策更具竞争力，继而用户多归属时，新进入平台的实力增强，在位平台的实力削弱。

12.3.3 斯塔克尔伯格模型和古诺模型的对比

本节对斯塔克尔伯格模型和古诺模型进行对比，探讨博弈时序如何影响平台最优数量决策和利润。

命题 12-13　无论是斯塔克尔伯格模型还是古诺模型，两个平台的数量决策满足 $n_l^{1b*} < 0$、$n_l^{1s*} > 0$、$n_l^{2b*} > 0$ 和 $n_l^{2s*} \leq 0$。其中，当卖家多归属时，n_l^{2s*} 取等。

证明　对比推论 12-1 到推论 12-4 可得。证毕。

命题 12-13 表明，无论是斯塔克尔伯格模型还是古诺模型，随着间接网络外部性参数的变化，对于在位平台，与用户归属类型无关，其数量决策为跷跷板原理；对于新进入平台，在单归属一边，其数量决策与在位平台相反，而在多归属一边，其数量决策与在位平台无关。原因在于，一方面，在古诺模型中，尽管新进入平台没有后入劣势，但由于用户对新进入平台持消极预期，其仍处于弱势地位，继而采用与在位平台相反的数量决策的利润更高；另一方面，由于卖家多归属，在位平台吸引更多卖家并不能直接降低新进入平台的卖家数量，在位平台的优势受到了削弱。

此外，在古诺模型中，由于两个平台同时决策，在位平台的先入优势或劣势不复存在。对此，下面通过对比两种模型下的平台最优利润进行分析。

命题 12-14　无论是两边用户单归属还是竞争瓶颈，与斯塔克尔伯格模型相比，古诺模型中在位平台利润减少，新进入平台利润增加。

证明　两边用户单归属时，为了避免角解，下面聚焦于 $l \in \left(\dfrac{5}{6}, \dfrac{6}{5} \right) \bigcap \left(\dfrac{1}{2}, 2 \right)$，即 $l \in \left(\dfrac{5}{6}, \dfrac{6}{5} \right)$。易证 $\min \pi^{1s*}(S) > \max \pi^{1s*}(C)$，$\min \pi^{2s*}(C) > \max \pi^{2s*}(S)$。类似地，在竞争瓶颈下，为了避免角解，下面聚焦于 $l \in (1, 2) \bigcap \left(\dfrac{1}{2}, \dfrac{7}{4} \right)$，即 $l \in \left(1, \dfrac{7}{4} \right)$。此时，同样有 $\min \pi^{1s*}(S) > \max \pi^{1s*}(C)$，$\min \pi^{2s*}(C) > \max \pi^{2s*}(S)$。证毕。

命题 12-14 表明，无论是两边用户单归属还是竞争瓶颈，在位平台均存在先入优势。因此，为了避免利润损失，在位平台会阻碍新进入平台进入市场。对于新进入平台，当其成功进入市场后，利润会得到增长。从动态视角来看，新进入平台进入市场后的利润增长越多，其在市场进入阶段能够承受的损失就越高。

12.4　本 章 小 结

在用户对新进入平台持消极预期下，本章分别基于斯塔克尔伯格模型和古诺模型研究了在位平台与新进入平台的数量承诺。主要工作和结论如下。

（1）无论是斯塔克尔伯格模型还是古诺模型，随着间接网络外部性参数的变化，对于在位平台，与用户归属类型无关，其数量决策为跷跷板原理；对于新进入平台，在单归属一边，其数量决策与在位平台相反，在多归属一边，其数量决策与在位平台无关。

（2）在斯塔克尔伯格模型中，与两边用户单归属相比，竞争瓶颈下在位平台买家数量增多，卖家数量减少；新进入平台买家数量减少，卖家数量增多。在古诺模型中，与两边用户单归属相比，竞争瓶颈下在位平台的买家数量减少，卖家数量增多；新进入平台的买家数量增多，卖家数量也增多。

（3）两边用户单归属时，无论是斯塔克尔伯格模型还是古诺模型，给定两边间接网络外部性参数之和，两边间接网络外部性参数的差值越小，新进入平台的利润越大，在位平台的利润越小。在竞争瓶颈下，无论是斯塔克尔伯格模型还是古诺模型，给定两边间接网络外部性参数之和，随着卖家间接网络外部性参数与买家间接网络外部性参数之比的增加，在位平台的利润先减少后增加，新进入平台的利润一直增加。

（4）在斯塔克尔伯格模型中，与两边用户单归属相比，在竞争瓶颈下，在位平台的利润减少，新进入平台利润可能增加也可能减少。在古诺模型中，与两边用户单归属相比，在竞争瓶颈下，新进入平台利润增加，在位平台利润减少。此外，无论是两边用户单归属还是竞争瓶颈，与斯塔克尔伯格模型相比，古诺模型中在位平台利润减少，新进入平台利润增加。

第五篇　信息不对称下平台合同设计

　　本篇包括第 13 章、第 14 章和第 15 章，主要对平台组织内部信息不对称下的平台合同设计进行研究。其中，在平台所有者和平台管理者之间存在信息不对称下，第 13 章基于委托代理模型研究平台的成本降低合同设计；在平台所有者可将产量决策授权给平台管理者下，第 14 章探讨平台的管理授权激励合同设计；第 15 章对全书进行总结，对未来研究进行展望。

第 13 章　双边平台雇用管理者降低生产成本的激励合同设计

第三篇和第四篇在参与方之间存在信息不对称下分别研究了垄断平台和竞争平台的最优定价，第五篇则考虑平台组织内部的信息不对称。本章探讨的是平台所有者雇用管理者降低生产成本的激励合同设计。

首先，在合同不可观测下研究平台所有者的合同设计。其次，在合同可观测下，探讨平台所有者的合同设计。最后，对比两种情况的均衡结果，考察合同可观测性对市场均衡和福利的影响。

13.1　问　题　描　述

市场中有两个平台，分别记作平台 1 和平台 2。平台 i 向买家提供产品 B，产品价格表示为 p_i^B，产品数量表示为 q_i^B；向卖家提供产品 S，产品价格表示为 p_i^S，产品数量表示为 q_i^S。其中，$i=1,2$。两种产品之间存在间接网络外部性，其强度用 $\alpha>0$ 表示。此外，平台 1 和平台 2 进行产品数量博弈。

每一个平台的所有者（即委托人）都考虑雇用一位管理者（即代理人）从事降低边际生产成本的工作。假设委托人和代理人都是风险中性的。为激励管理者付出更大的努力，平台所有者向管理者提供一份由固定工资和绩效工资组成的激励合同。激励合同可能是公开披露的，即竞争对手知晓本方激励合同的内容和条款，也可能是不公开披露的。如果激励合同是公开披露的，则称激励合同是可观测的（observable）；否则，称激励合同不可观测（unobservable）。

博弈时序如下：第一阶段（合同设计阶段），两个平台的所有者向代理人提供激励合同，该合同由固定工资和绩效工资组成；第二阶段（市场竞争阶段），两个平台的所有者决策各自两边产品的产量。

本章拟解决的问题是：①在激励合同不可观测和可观测下，平台应如何设计激励合同，制定最优产量？②间接网络外部性如何影响市场均衡？③激励合同可观测性如何影响市场均衡、消费者剩余和社会福利？

13.2　模型构建

13.2.1　市场需求和平台利润

参考 Bourreau 和 Verdier（2014）与 Dewenter 和 Roesch（2012）的研究，平台 i 两边市场的逆需求函数分别为

$$p_i^B = 1 - q_i^B - q_j^B + \alpha q_i^S$$
$$p_i^S = 1 - q_i^S - q_j^S + \alpha q_i^B$$

（13-1）

其中，$i, j = 1, 2$ 且 $i \neq j$；q_i^g 为平台 i 上产品 g 的产量；q_j^g 为平台 j 上产品 g 的产量；p_i^g 为平台 i 上产品 g 的市场出清价格；$g = B, S$；参数 α 为产品 B 和产品 S 之间的间接网络外部性。

假设平台 i 上产品 B 和产品 S 的边际生产成本均为 c_i，则平台 i 所有者的净利润为

$$\Pi_i = \left(p_i^B - c_i \right) q_i^B + \left(p_i^S - c_i \right) q_i^S - w_i$$

（13-2）

其中，w_i 为平台 i 支付给管理者的报酬，$i = 1, 2$。

13.2.2　激励合同的设计

假设平台 i 雇用的管理者在付出努力水平 e_i 之后，两边产品的边际生产成本降低为 $c_i \equiv \bar{c} - e_i - \varepsilon_i$。其中，$0 < \bar{c} < 1$ 为初始成本，ε_i 表示外生的不确定性，服从均值为 0 方差为 σ^2 的正态分布。ε_i 和 ε_j 相互独立，$i, j = 1, 2$ 且 $i \neq j$。此外，管理者的努力是有成本的。参考 Bhargava 和 Rubel（2019）与 Raith（2003）的研究，假设付出努力水平 e_i 给管理者带来负效用 $\frac{\gamma}{2} e_i^2$。其中，γ 为管理者努力的成本系数。

为激励管理者付出努力，平台 i 所有者向管理者提供如下线性合同：

$$w_i = s_i + b_i \left(\bar{c} - c_i \right)$$

其中，s_i 为固定工资；$b_i \left(\bar{c} - c_i \right)$ 为绩效工资；参数 $b_i (>0)$ 为计件工资率。实际生产成本是平台的私有信息，但是可以被验证。

管理者 i 决策努力水平以最大化其净效用，即

$$\max_{e_i} \left\{ E\left(w_i \right) - \frac{\gamma}{2} e_i^2 \right\} = s_i + b_i e_i - \frac{\gamma}{2} e_i^2$$

则管理者 i 的最优努力水平 $e_i^* = b_i / \gamma$。此外，由个人理性约束得

$$s_i = -b_i^2 / 2\gamma$$

继而可得 $w_i = b_i^2 / (2\gamma) + b_i \varepsilon_i$。需要指出的是，虽然委托人无法观察到代理人的真实努力水平，但是因为代理人是风险中性的，所以代理人的努力水平是帕累托最优的，不存在道德风险问题。

最后，为了确保平台利润函数为凹函数且内点解的存在，本章假设：

$$0 < \alpha < \frac{1}{2}, \quad \gamma > \frac{16(1-\alpha)^3}{(1-2\alpha)^2(3-2\alpha)^2} \tag{13-3}$$

13.3 均衡分析

本节首先求解激励合同不可观测时的市场均衡，其次求解激励合同可观测时的市场均衡，最后研究间接网络外部性对两种情形下市场均衡的影响。

13.3.1 激励合同不可观测

在此情形中，平台所有者无法观测到竞争对手激励合同的内容。因此，在第二阶段，平台 i 的所有者决策时不会对竞争对手的计件工资率 b_j 做出反应。这也意味着，当激励合同不可观测时，平台所有者无法策略性地运用激励合同影响竞争对手的产量决策。下面依据逆向归纳法进行求解。

在第二阶段，平台 i 在观测到 c_i 后，决策 q_i^B 和 q_i^S 以使期望利润最大化，即

$$\max_{q_i^B, q_i^S} E(\Pi_i) = \left[1 - q_i^B - E(q^B) + \alpha q_i^S - c_i\right] q_i^B + \left[1 - q_i^S - E(q^S) + \alpha q_i^B - c_i\right] q_i^S - w_i$$

其中，$i = 1, 2$，$E(q^B)$ 和 $E(q^S)$ 为平台 i 所有者对竞争对手产量的预期。

由 $E(\Pi_i)$ 关于 q_i^B 和 q_i^S 的一阶条件得

$$q_i^B\left(c_i, E(q^B), E(q^S)\right) = \frac{1 - c_i}{2(1-\alpha)} - \frac{E(q^B) + \alpha E(q^S)}{2(1-\alpha^2)}$$

$$q_i^S\left(c_i, E(q^B), E(q^S)\right) = \frac{1 - c_i}{2(1-\alpha)} - \frac{\alpha E(q^B) + E(q^S)}{2(1-\alpha^2)} \tag{13-4}$$

对式（13-4）两端取数学期望，在对称均衡点处，两边产品的预期产量为

$$E(q^B) = E(q^S) = \frac{1 - E(c)}{3 - 2\alpha} \tag{13-5}$$

其中，$E(c)$ 为平台 i 所有者对竞争对手边际成本的预期。

在第一阶段，由式（13-4）、式（13-5）、$c_i \equiv \overline{c} - e_i - \varepsilon_i$ 和 $e_i^* = b_i/\gamma$，得

$$\tilde{\Pi}_i \equiv \max_{q_i^B, q_i^S} E(\Pi_i) = \frac{\left[2(1-\alpha) + E(c) - (3-2\alpha)(\overline{c} - b_i/\gamma - \varepsilon_i)\right]^2}{2(1-\alpha)(3-2\alpha)^2} - \frac{b_i^2}{2\gamma} - b_i \varepsilon_i$$

求解 $\max_{b_i} E(\tilde{\Pi}_i)$，可得到命题 13-1。

命题 13-1 当激励合同不可观测时，在均衡状态下，对于每个平台，产品 B 和 S 的预期产量为 $E(q_U^{B*}) = E(q_U^{S*}) = \dfrac{\gamma(1-\overline{c})}{\gamma(3-2\alpha)-2}$，激励合同中的计件工资率为

$b_U^* = \dfrac{2\gamma(1-\overline{c})}{\gamma(3-2\alpha)-2}$，预期净利润为 $E(\Pi_U^*) = \dfrac{2\gamma[\gamma(1-\alpha)-1]}{[\gamma(3-2\alpha)-2]^2}(1-\overline{c})^2 + \dfrac{\sigma^2}{2(1-\alpha)}$。

其中，下标 U 表示激励合同不可观测。

证明 给定关于竞争对手的预期成本 $E(c)$，求解 $\max_{b_i} E(\tilde{\Pi}_i)$，得

$$b_i = \frac{\gamma\left[2(1-\alpha) + E(c) - (3-2\alpha)\overline{c}\right]}{(3-2\alpha)\left[\gamma(1-\alpha)-1\right]}$$

在对称均衡点处，对于每个平台，计件工资率 b_U^* 和管理者的努力水平 e_U^* 相同。当 c_i 实现时，有 $E(c) = \overline{c} - e_U^* = \overline{c} - b_U^*/\gamma$，继而可得 b_U^*。将 b_U^* 和 $E(c)$ 分别代入式（13-5）与 $E(\tilde{\Pi}_i)$，可得 $E(q_U^{B*})$、$E(q_U^{S*})$ 和 $E(\Pi_U^*)$。

由式（13-3），有 $\dfrac{\partial^2(E(\Pi_i))}{\partial(q_i^B)^2}\dfrac{\partial^2(E(\Pi_i))}{\partial(q_i^S)^2} - \left(\dfrac{\partial^2(E(\Pi_i))}{\partial q_i^B \partial q_i^S}\right)^2 > 0$，$\dfrac{\partial^2(E(\Pi_i))}{\partial(q_i^B)^2} < 0$，

继而可得，在第二阶段，$E(\Pi_i)$ 为凹函数。在第一阶段，由式（13-3），得 $\dfrac{\partial^2 E(\tilde{\Pi}_i)}{\partial b_i^2} < 0$ 且最优计件工资率 b_U^* 为正，则 $E(\tilde{\Pi}_i)$ 为凹函数且最优解为内点解。证毕。

13.3.2 激励合同可观测

在此情形中，平台所有者可观测到竞争对手激励合同的内容。因此，在第二阶段，平台 i 的所有者决策时会对竞争对手的计件工资率 b_j 做出反应。下面依据逆向归纳法进行求解。

在第二阶段，平台 i 在观测到 c_i 后，决策 q_i^B 和 q_i^S 以使期望利润最大化，即

$$\max_{q_i^B, q_i^S} E(\Pi_i) = \left[1 - q_i^B - E(q_j^B) + \alpha q_i^S - c_i\right] q_i^B + \left[1 - q_i^S - E(q_j^S) + \alpha q_i^B - c_i\right] q_i^S - w_i$$

其中，$i, j = 1, 2$ 且 $i \neq j$。由 $E(\Pi_i)$ 关于 q_i^B 和 q_i^S 的一阶条件，可得平台 i 的最优反

应函数如下：

$$q_i^B = \frac{1-c_i}{2(1-\alpha)} - \frac{E\left(q_j^B\right) + \alpha E\left(q_j^S\right)}{2\left(1-\alpha^2\right)}$$

$$q_i^S = \frac{1-c_i}{2(1-\alpha)} - \frac{\alpha E\left(q_j^B\right) + E\left(q_j^S\right)}{2\left(1-\alpha^2\right)}$$

（13-6）

需注意的是，与 13.3.1 节不同，由于计件工资率可观测，竞争对手的预期产量 $E\left(q_j^B\right)$ 和 $E\left(q_j^S\right)$ 会受平台 i 的计件工资率 b_i 的影响。联立平台 1 和平台 2 的最优反应函数，以及 $c_i = \bar{c} - b_j/\gamma - \varepsilon_i$，可得

$$q_i^g = \frac{2(1-\alpha)\left[1 - \left(\bar{c} - b_i/\gamma\right)\right]}{(1-2\alpha)(3-2\alpha)} - \frac{1 - \left(\bar{c} - b_j/\gamma\right)}{(1-2\alpha)(3-2\alpha)} - \frac{\varepsilon_i}{2(1-\alpha)}$$

（13-7）

其中，$g = B, S$，$i, j = 1, 2$ 且 $i \neq j$。由式（13-7）有

$$\frac{\partial E\left(q_i^g\right)}{\partial b_i} = \frac{2(1-\alpha)}{\gamma(1-2\alpha)(3-2\alpha)} > 0$$

$$\frac{\partial E\left(q_i^g\right)}{\partial b_j} = -\frac{1}{\gamma(1-2\alpha)(3-2\alpha)} < 0$$

原因在于，对于平台 i 的所有者来说，给管理者的计件工资率 b_i 越高，预期成本降低的水平就越大，其成本优势也就越大，继而平台 i 可提高预期产量。相反，如果竞争对手平台 j 给管理者 j 的计件工资率 b_j 越高，则竞争对手将获得越大的成本优势，此时平台 i 不得不降低预期产出。

在第一阶段，令 $\tilde{\Pi}_i \equiv \max\limits_{q_i^B, q_i^S} E(\Pi_i)$，则由式（13-6）、式（13-7）、$c_i \equiv \bar{c} - e_i - \varepsilon_i$ 和 $e_i^* = b_i/\gamma$ 得

$$E(\tilde{\Pi}_i) = 2(1-\alpha)\left[\frac{1}{3-2\alpha} - \frac{2(1-\alpha)(\bar{c} - b_i/\gamma)}{(1-2\alpha)(3-2\alpha)} + \frac{\bar{c} - b_j/\gamma}{(1-2\alpha)(3-2\alpha)}\right]^2 - \frac{b_i^2}{2\gamma} + \frac{\sigma^2}{2(1-\alpha)}$$

求解 $\max\limits_{b_i} E(\tilde{\Pi}_i)$，可得到命题 13-2。

命题 13-2　当激励合同可观测时，在均衡状态下，对于每个平台，产品 B 和产品 S 的预期产量为 $E\left(q_O^{B*}\right) = E\left(q_O^{S*}\right) = \dfrac{\gamma(1-2\alpha)(3-2\alpha)(1-\bar{c})}{\gamma(1-2\alpha)(3-2\alpha)^2 - 8(1-\alpha)^2}$，激励合同中的计件工资率为 $b_O^* = \dfrac{8\gamma(1-\alpha)^2(1-\bar{c})}{\gamma(1-2\alpha)(3-2\alpha)^2 - 8(1-\alpha)^2}$，预期净利润为

$$E\left(\Pi_O^*\right) = \frac{2\gamma(1-\alpha)\left[\gamma(1-2\alpha)^2(3-2\alpha)^2 - 16(1-\alpha)^3\right](1-\overline{c})^2}{\left[\gamma(1-2\alpha)(3-2\alpha)^2 - 8(1-\alpha)^2\right]^2} + \frac{\sigma^2}{2(1-\alpha)}$$

其中，下标 O 为激励合同是可观测的。

证明 求解 $\max\limits_{b_i} E(\tilde{\Pi}_i)$，得计件工资率 b_i 的最优反应函数为

$$b_i\left(b_j\right) = \frac{8\gamma(1-2\alpha)(1-\alpha)^2(1-\overline{c}) - 8(1-\alpha)^2 b_j}{\gamma(1-2\alpha)^2(3-2\alpha)^2 - 16(1-\alpha)^3}$$

由式（13-3），得 $\dfrac{\partial b_i}{\partial b_j} = -\dfrac{8(1-\alpha)^2}{\gamma(1-2\alpha)^2(3-2\alpha)^2 - 16(1-\alpha)^3} < 0$，即计件工资率是策略替代的。之后，利用对称性条件，可得命题 13-2。

此外，同命题 13-1 证明，由式（13-3），可证第二阶段，$E(\Pi_i)$ 为凹函数；在第一阶段，$E(\tilde{\Pi}_i)$ 为凹函数且最优解为内点解。证毕。

13.3.3 间接网络外部性对市场均衡的影响

命题 13-3 无论管理激励合同是否可观测，间接网络外部性的增强提高了计件工资率，增加了平台两边产品的预期产量，降低了预期价格。

证明 当激励合同不可观测时，有 $\dfrac{\partial b_U^*}{\partial \alpha} = \dfrac{4\gamma^2(1-\overline{c})}{\left[(3-2\alpha)\gamma-2\right]^2} > 0$，$\dfrac{\partial E\left(q_U^{g*}\right)}{\partial \alpha} = $

$\dfrac{2\gamma^2(1-\overline{c})}{\left[(3-2\alpha)\gamma-2\right]^2} > 0$。

将 $E\left(q_U^{B*}\right)$ 和 $E\left(q_U^{S*}\right)$ 代入式（13-1）得

$$E\left(p_U^{B*}\right) - E\left(p_U^{S*}\right) = \frac{\gamma(1-\alpha) + \gamma(2-\alpha)(1-\overline{c}) - 2}{\gamma(3-2\alpha) - 2}$$

则有 $\dfrac{\partial E\left(p_U^{g*}\right)}{\partial \alpha} = -\dfrac{\gamma(2+\gamma)(1-\overline{c})}{\left[(3-2\alpha)\gamma-2\right]^2} < 0$。其中，$g = B, S$。

当激励合同可观测时有

$$\frac{\partial b_O^*}{\partial \alpha} = \frac{16\gamma^2(1-\overline{c})(1-2\alpha)(3-2\alpha)\left(2-3\alpha+2\alpha^2\right)}{\left[\gamma(1-2\alpha)(3-2\alpha)^2 - 8(1-\alpha)^2\right]^2} > 0$$

当 $\alpha \in \left(0, \dfrac{1}{2}\right)$ 时，不等式 $1 - 4\alpha + 8\alpha^2 - 4\alpha^3 > 0$ 成立，则

$$\frac{\partial E\left(q_O^{g*}\right)}{\partial \alpha} = \frac{2\gamma\left(1-\overline{c}\right)\left[\gamma\left(1-2\alpha\right)^2\left(3-2\alpha\right)^2 + 8\left(1-\alpha\right)\left(1-4\alpha+8\alpha^2-4\alpha^3\right)\right]}{\left[\gamma\left(1-2\alpha\right)\left(3-2\alpha\right)^2 - 8\left(1-\alpha\right)^2\right]^2} > 0$$

将 $E\left(q_O^{B*}\right)$ 和 $E\left(q_O^{S*}\right)$ 代入式（13-1）得

$$E\left(p_O^{B*}\right) = E\left(p_O^{S*}\right) = \frac{\gamma\left(1-2\alpha\right)\left(3-2\alpha\right)\left[\left(1-\alpha\right)+\left(2-\alpha\right)\overline{c}\right] - 8\left(1-\alpha\right)^2}{\gamma\left(1-2\alpha\right)\left(3-2\alpha\right)^2 - 8\left(1-\alpha\right)^2}$$

则有

$$\frac{\partial E\left(p_O^{g*}\right)}{\partial \alpha} = -\frac{\gamma\left[\gamma\left(1-2\alpha\right)^2\left(3-2\alpha\right)^2 + 8\left(1-\alpha\right)\left(7-13\alpha+12\alpha^2-4\alpha^3\right)\right]\left(1-\overline{c}\right)}{\left[\gamma\left(1-2\alpha\right)\left(3-2\alpha\right)^2 - 8\left(1-\alpha\right)^2\right]^2}$$

当 $\alpha \in \left(0,\dfrac{1}{2}\right)$ 时，不等式 $7-13\alpha+12\alpha^2-4\alpha^3 > 0$ 成立，继而 $\dfrac{\partial E\left(p_O^{g*}\right)}{\partial \alpha} < 0$ ，其中 $g = B,S$ 。证毕。

命题 13-3 表明，无论激励合同是否可观测，间接网络外部性的增强对计件工资率和两边产品的产量具有正向影响，对价格具有负向影响。原因在于，随着间接网络外部性的增强，一方面，平台对用户更具吸引力，继而可制定更高的产量，但竞争的加剧降低了两边产品的价格；另一方面，随着产量的增加，两个平台的所有者均有降低边际成本的动机，而提高计件工资率可促使管理者加大努力水平。

命题 13-4　（1）如果激励合同不可观测，有如下结论。

（a）当 $\alpha \in \left(0,\dfrac{3-\sqrt{5}}{4}\right)$ 时，$\dfrac{\partial E\left(\Pi_U^*\right)}{\partial \alpha} \propto \left(\gamma - \dfrac{2}{1-2\alpha}\right)$ 。

（b）当 $\alpha \in \left(\dfrac{3-\sqrt{5}}{4},\dfrac{1}{2}\right)$ 时，$\dfrac{\partial E\left(\Pi_U^*\right)}{\partial \alpha} > 0$ 。

（2）如果激励合同可观测，有

$$\frac{\partial E\left(\Pi_O^*\right)}{\partial \alpha} \propto \left(\frac{8\left(1-\alpha\right)^2\left(3-4\alpha+4\alpha^2\right)}{\left(1-2\alpha\right)^4\left(3-2\alpha\right)} - \gamma\right)$$

证明

（1）由式（13-3），有 $\gamma > \dfrac{16\left(1-\alpha\right)^3}{\left(1-2\alpha\right)^2\left(3-2\alpha\right)^2}$ ，继而有

$$\frac{\partial E\left(\Pi_U^*\right)}{\partial \alpha} = \frac{2\gamma^2\left[\left(1-2\alpha\right)\gamma-2\right]\left(1-\overline{c}\right)^2}{\left[\left(3-2\alpha\right)\gamma-2\right]^3} \propto \left(\gamma - \frac{2}{1-2\alpha}\right)$$

当 $\alpha \in \left(0, \dfrac{3-\sqrt{5}}{4}\right)$ 时，有 $\dfrac{16(1-\alpha)^3}{(1-2\alpha)^2(3-2\alpha)^2} < \dfrac{2}{1-2\alpha}$，继而可得命题 13-4（1）

中（a）。同理，当 $\alpha \in \left(\dfrac{3-\sqrt{5}}{4}, \dfrac{1}{2}\right)$ 时，有 $\gamma > \dfrac{16(1-\alpha)^3}{(1-2\alpha)^2(3-2\alpha)^2} > \dfrac{2}{1-2\alpha}$，继而可

得命题 13-4（1）中（b）。

（2）$E\left(\Pi_O^*\right)$ 关于 α 求一阶导数，得

$$\frac{\partial E\left(\Pi_O^*\right)}{\partial \alpha} = \frac{2\gamma^2(3-2\alpha)^2\left[8(1-\alpha)^2\left(3-4\alpha+4\alpha^2\right) - \gamma(1-2\alpha)^4(3-2\alpha)\right](1-\bar{c})^2}{\left[\gamma(1-2\alpha)(3-2\alpha)^2 - 8(1-\alpha)^2\right]^4}$$

当 $\alpha \in \left(0, \dfrac{1}{2}\right)$ 时，不等式 $\dfrac{16(1-\alpha)^3}{(1-2\alpha)^2(3-2\alpha)^2} < \dfrac{8(1-\alpha)^2\left(3-4\alpha+4\alpha^2\right)}{(1-2\alpha)^4(3-2\alpha)}$ 成立，继

而可得命题 13-4（2）。证毕。

命题 13-4 表明，在激励合同不可观测下，如果间接网络外部性较弱，当管理者努力的成本系数，即 γ 较小时，间接网络外部性的增强降低了平台所有者的预期净利润；当管理者努力的成本系数，即 γ 较大时，间接网络外部性的增强提高了平台所有者的预期净利润。但是，如果间接网络外部性较强，平台所有者的预期净利润总是随着间接网络外部性的增强而提高。与之相对的是，在激励合同可观测下，当管理者努力的成本系数较小时，间接网络外部性的增强提高了平台所有者的预期净利润；当管理者努力的成本系数较大时，间接网络外部性的增强降低了平台所有者的预期净利润。

事实上，平台所有者的预期净利润由三个部分构成：平台两边产品产生的利润 $\Phi_1 = \left(1 - 2q_l^{B*} + \alpha q_l^{S*}\right)q_l^{B*} + \left(1 - 2q_l^{S*} + \alpha q_l^{B*}\right)q_l^{S*} - \bar{c}\left(q_l^{B*} + q_l^{S*}\right)$，成本降低产生的利润 $\Phi_2 = b_l^*\left(q_l^{B*} + q_l^{S*}\right)/\gamma$ 及管理者的工资 $\Phi_3 = -\left(b_l^*\right)^2/2\gamma$，其中，$l = U, O$。相应地，分别存在三种由 $\dfrac{\partial \Phi_i}{\partial \alpha}$（$i = 1, 2, 3$）刻画的效应，分别为竞争效应、成本降低效应和工资效应。

（1）由 $\dfrac{\partial \Phi_1}{\partial \alpha} = -\dfrac{2\left[\gamma(1-2\alpha)+2\right](1-\bar{c})}{\gamma(3-2\alpha)-2}\dfrac{\partial q_l^{B*}}{\partial \alpha} < 0$ 可知，竞争效应为负。

（2）由 $\dfrac{\partial \Phi_2}{\partial \alpha} = \dfrac{1}{\gamma}\left[\dfrac{\partial b_l^*}{\partial \alpha}\left(q_l^{B*} + q_l^{S*}\right) + b_l^*\left(\dfrac{\partial q_l^{B*}}{\partial \alpha} + \dfrac{\partial q_l^{S*}}{\partial \alpha}\right)\right] > 0$ 可知，成本降低效应

为正。

（3）由 $\dfrac{\partial \Phi_3}{\partial \alpha} = -\dfrac{b_l^*}{\gamma}\dfrac{\partial b_l^*}{\partial \alpha} < 0$ 可知，工资效应为负。

下面结合三种效应分析命题 13-4。在激励合同不可观测下，当间接网络外部性较弱时，如果管理者努力的成本系数较小，那么竞争效应和工资效应强于成本降低效应，继而平台所有者的预期净利润随着间接网络外部性的增强而降低；如果管理者努力的成本系数较大，那么竞争效应和工资效应弱于成本降低效应，继而平台所有者的预期净利润随着间接网络外部性的增强而提高。此外，当间接网络外部性较强时，成本降低效应总是强于竞争效应和工资效应，继而更强的间接网络外部性总是有利于提高平台所有者的预期净利润。与之相反的是，在激励合同可观测情况下，如果管理者努力的成本系数较大，竞争效应和工资效应强于成本降低效应，继而更强的间接网络外部性降低了平台所有者的预期净利润；如果管理者努力的成本系数较小，竞争效应和工资效应弱于成本降低效应，继而更强的间接网络外部性提高了平台所有者的预期净利润。

命题 13-4 的管理启示在于，间接网络外部性的增强并不总是有利于提高平台利润。具体来说，当成本降低效应强于竞争效应和工资效应之和时，间接网络外部性的增强才有利于提高平台利润。但是，如果成本降低效应弱于竞争效应和工资效应之和，间接网络外部性的增强反而会降低平台利润。

13.4　激励合同的可观测性对均衡和福利的影响

本节对比激励合同不可观测和激励合同可观测下的均衡结果，考察合同可观测性对于市场均衡和福利的影响。

13.4.1　合同可观测性对均衡的影响

本节对比激励合同不可观测和激励合同可观测下的最优计件工资率、预期产量、均衡价格和预期净利润，研究激励合同可观测性对于均衡结果的影响。

命题 13-5　与激励合同不可观测相比，在激励合同可观测下，计件工资率和两边产品的预期产量更高，均衡价格和平台所有者的预期净利润更低。

证明　由命题 13-1 和命题 13-2 得

$$b_U^* - b_O^* = -\dfrac{2\gamma^2(3-2\alpha)(1-\bar{c})}{\left[\gamma(3-2\alpha)-2\right]\left[\gamma(3-2\alpha)^2(1-2\alpha)-8(1-\alpha)^2\right]}$$

$$E\left(q_U^{g*}\right)-E\left(q_O^{g*}\right)=-\frac{2\gamma\left(1-\overline{c}\right)}{\left[\gamma\left(3-2\alpha\right)-2\right]\left[\gamma\left(3-2\alpha\right)^2\left(1-2\alpha\right)-8\left(1-\alpha\right)^2\right]}$$

$$E\left(p_U^{g*}\right)-E\left(p_O^{g*}\right)=\frac{2\gamma\left(2-\alpha\right)\left(1-\overline{c}\right)}{\left[\gamma\left(3-2\alpha\right)-2\right]\left[\gamma\left(3-2\alpha\right)^2\left(1-2\alpha\right)-8\left(1-\alpha\right)^2\right]}$$

其中，$g=B,S$。

由式（13-3），有$\gamma\left(3-2\alpha\right)-2>0$，$\gamma\left(3-2\alpha\right)^2\left(1-2\alpha\right)-8\left(1-\alpha\right)^2>0$，继而可得$b_U^*-b_O^*<0$、$E\left(q_U^{g*}\right)-E\left(q_O^{g*}\right)<0$和$E\left(p_U^{g*}\right)-E\left(p_O^{g*}\right)>0$。

此外，由命题13-1和命题13-2得

$$E\left(\Pi_U^*\right)-E\left(\Pi_O^*\right)=\frac{2\gamma^2\left(1-\overline{c}\right)^2\left[\gamma\left(27-72\alpha+60\alpha^2-16\alpha^3\right)-\left(20-36\alpha+16\alpha^2\right)\right]}{\left[\gamma\left(3-2\alpha\right)-2\right]^2\left[\gamma\left(3-2\alpha\right)^2\left(1-2\alpha\right)-8\left(1-\alpha\right)^2\right]^2}$$

由式（13-3），可证$\gamma\left(27-72\alpha+60\alpha^2-16\alpha^3\right)-\left(20-36\alpha+16\alpha^2\right)>0$，继而可得$E\left(\Pi_U^*\right)-E\left(\Pi_O^*\right)>0$。证毕。

命题13-5表明，如果平台所有者披露激励合同的条款，即让竞争对手观测到自己的计件工资率，平台所有者制定的计件工资率和预期产出更高，但均衡价格和利润更低。相反，如果平台所有者隐藏激励合同的条款，使得竞争对手无法观测到自己的计件工资率，那么平台所有者会向管理者支付较低的报酬，制定较低的产品产量，但均衡价格和利润更高。

原因在于，在双边市场中，当激励合同可观测时，由于间接网络外部性的存在，平台所有者制定较高的计件工资率可激励管理者付出更多努力，进而降低边际生产成本，获得更大的竞争优势，即生意窃取效应（business stealing effect）。基于此，平台所有者应制定更高的产量，降低平台两边产品的价格。但是，成本降低所带来的额外收益不足以弥补价格下降和管理者工资上涨所导致的损失，继而平台利润会下降。相反，在激励合同不可观测下，由于竞争对手的计件工资率并不影响平台所有者的决策，进而降低了平台所有者给管理者的激励，弱化了市场竞争，提高了平台利润。

在传统市场中，Scalera和Zazzaro（2008）同样探讨了合同可观测性对厂商计件工资率和利润的影响。结果表明，与激励合同不可观测相比，在激励合同可观测下，计件工资率更低，企业利润更高。原因在于，在传统市场中，激励合同可观测发挥了承诺工具（commitment device）的作用。当竞争对手观测到自己选择较低的工资合同时，它们也会选择相同的策略，这缓和了厂商之间的竞争，有利于提高产品价格，增加厂商利润。因此，披露激励合同可以使得厂商达成隐性串谋（tacit collusion），从而在市场上做出像"卡特尔"一样的决策行为。

由此可见，与传统市场相比，在双边市场中，激励合同可观测性对均衡的影响存在差异。原因在于，在双边市场中，当激励合同可观测时，由于间接网络外部性的存在，生意窃取效应迫使平台所有者制定更高的计件工资率，以激励管理者付出更大的努力。因此，在双边市场中，激励合同信息的披露不再是竞争平台达成隐性串谋的工具，相反，激励合同信息的披露加剧了平台竞争。

13.4.2　合同可观测性对福利的影响

本节对比激励合同不可观测和激励合同可观测下的消费者剩余和社会福利，研究激励合同可观测性对福利的影响。

命题 13-6　与激励合同不可观测相比，在激励合同可观测下，消费者剩余和社会福利更高。

证明　根据 Bourreau 和 Verdier（2014）的研究，消费者剩余为

$$CS = \frac{1}{2}\left[\left(q_1^B + q_2^B\right)^2 + \left(q_1^S + q_2^S\right)^2 - 2\alpha\left(q_1^B q_1^S + q_2^B q_2^S\right)\right]$$

社会福利为

$$SW = \sum_i \Pi_i + CS$$

由命题 13-1 和命题 13-2 可知，在均衡状态下，有

$$CS_l^* = 2(2-\alpha)\left(E\left(q_l^*\right)\right)^2$$

$$SW_l^* = 2q_l^*\left[2(1-\bar{c}) - (2-\alpha)E\left(q_l^*\right) + 2\frac{b_l^*}{\gamma}\right]$$

其中，$l = U, O$。继而可得

$$CS_U^* - CS_O^* = 2(2-\alpha)\left[\left(E\left(q_U^*\right)\right)^2 - \left(E\left(q_O^*\right)\right)^2\right]$$

$$SW_U^* - SW_O^* = \frac{8\gamma^2(1-\bar{c})^2(1-2\alpha)(4-3\alpha)\left[(7-4\alpha) - \gamma(3-2\alpha)^2\right]}{\left[(3-2\alpha)\gamma - 2\right]^2\left[\gamma(1-2\alpha)(3-2\alpha)^2 - 8(1-\alpha)^2\right]^2}$$

由命题 13-5，有 $E\left(q_U^*\right) < E\left(q_O^*\right)$，则 $CS_U^* - CS_O^* < 0$。

当 $\alpha \in \left(0, \frac{1}{2}\right)$ 时，不等式 $\dfrac{16(1-\alpha)^3}{(1-2\alpha)^2(3-2\alpha)^2} > \dfrac{7-4\alpha}{(3-2\alpha)^2}$ 成立。继而由式（13-3）可知，$SW_U^* - SW_O^*$ 的分子为负，则 $SW_U^* - SW_O^* < 0$。证毕。

命题 13-6 表明，在双边市场中，管理激励合同的披露同时有利于消费者和社

会。原因在于，与在传统市场不同，在双边市场中，由于间接网络外部性的存在，竞争平台的所有者无法利用激励合同的可观测性来达成隐性串谋。相反，由于生意窃取效应的存在，平台所有者将制定较高的计件工资率以激励管理者，进而促进了平台竞争，降低了边际生产成本，提高了消费者剩余和社会福利。

13.5　本章小结

在竞争双边市场下，本章基于委托代理模型研究了平台雇用管理者降低生产成本的激励合同设计，分析了激励合同可观测性对市场均衡和福利的影响。主要工作和结论如下。

（1）分析了间接网络外部性对市场均衡的影响。研究表明，无论管理激励合同是否可观测，间接网络外部性的增强提高了计件工资率，增加了平台两边产品的预期产量，降低了预期价格。此外，间接网络外部性的增强并不总是有利于提高平台利润。当成本降低效应强于竞争效应和工资效应之和时，间接网络外部性的增强才有利于提高平台利润。但是，如果成本降低效应弱于竞争效应和工资效应之和，间接网络外部性的增强反而会降低平台利润。

（2）研究了激励合同可观测性对市场均衡和福利的影响。研究发现，与传统市场中披露激励合同可以使得厂商达成隐性串谋不同，在双边市场中，激励合同信息的披露加剧了平台竞争。具体来说，与激励合同不可观测相比，在激励合同可观测下，计件工资率和两边产品的预期产量更高，均衡价格和平台所有者的预期净利润更低。此外，与激励合同不可观测相比，在激励合同可观测下，消费者剩余和社会福利更高。

（3）探讨了双边市场中关于激励合同信息披露的政策启示。结果表明，在双边市场中，不披露激励合同将使得平台获得更高的利润，但是公共政策制定者应当要求竞争平台披露激励合同的信息，这有利于促进平台之间的竞争，提高消费者剩余和社会福利。

第14章 双边平台中的管理授权激励合同设计

在平台所有者和平台管理者之间存在信息不对称下，第 13 章探讨了平台所有者雇用管理者降低生产成本的激励合同设计。本章考虑平台所有者可将产量决策授权给管理者，探讨平台所有者的管理授权激励合同设计。

首先，探讨无授权情形和授权情形下的市场均衡和消费者剩余。其次，对比两种情形，研究管理授权对均衡产量、平台利润和消费者剩余的影响。最后，分析平台所有者的雇用决策。

14.1 问 题 描 述

市场中有两个平台，分别记作平台 1 和平台 2。平台 i 向买家提供产品 B，产品价格表示为 p_i^B，产品数量表示为 q_i^B；向卖家提供产品 S，产品价格表示为 p_i^S，产品数量表示为 q_i^S。其中，$i=1,2$。两种产品之间存在间接网络外部性，其强度用 α 表示，$\alpha>0$。

平台所有者可以自己做出生产决策，也可以授权给管理者，由管理者进行生产决策。如果平台所有者将产品产量决策授权给管理者，其需设计一份管理授权激励合同。通常而言，激励合同是线性的，参考 Vickers（1985）、Fershtman 和 Judd（1987）及 Sklivas（1987）的研究，本章假设管理者的工资由两部分组成，一部分是固定工资，另一部分是绩效工资。其中，绩效工资与平台利润以及两边产品的产量之和呈正相关关系。

博弈时序如下：第一阶段（合同设计阶段），两个平台的所有者设计激励合同，该合同由固定工资和绩效工资组成；第二阶段（产量竞争阶段），如果管理者接受合同，管理者决定平台两边产品的产量；如果管理者不接受合同，两个平台的所有者决定两边产品的产量。

本章拟解决的问题是：①在管理授权下，平台应如何设计激励合同？②管理授权如何影响市场均衡和消费者剩余？③平台所有者应选择雇用管理者还是不雇用管理者？

14.2 模型构建

14.2.1 市场需求和平台利润

类似于第 13 章，平台 i 两边市场的逆需求函数分别为

$$p_i^B = 1 - q_i^B - q_j^B + \alpha q_i^S$$

$$p_i^S = 1 - q_i^S - q_j^S + \alpha q_i^B$$

（14-1）

其中，$i, j = 1, 2$ 且 $i \neq j$；q_i^g 为平台 i 上产品 g 的产量；q_j^g 为平台 j 上产品 g 的产量；p_i^g 为平台 i 上产品 g 的市场出清价格；$g = B, S$；参数 α 为产品 B 和产品 S 之间的间接网络外部性。

假设两个平台的边际生产成本为零，则平台 i 的利润为

$$\pi_i = p_i^B q_i^B + p_i^S q_i^S$$

（14-2）

其中，$i = 1, 2$。

此外，根据 Bourreau 和 Verdier（2014）的研究，消费者剩余为

$$\mathrm{CS} = \frac{1}{2}\left[\left(q_1^B + q_2^B \right)^2 + \left(q_1^S + q_2^S \right)^2 - 2\alpha \left(q_1^B q_1^S + q_2^B q_2^S \right) \right]$$

（14-3）

14.2.2 激励合同的设计

在管理授权激励合同中，假设平台 i 向管理者提供的补偿为

$$M_i = A_i + B_i U_i$$

其中，$A_i > 0$ 为固定工资；$B_i > 0$ 为比例系数；U_i 为管理者绩效的度量。管理者绩效与平台利润及两边产品的产量之和呈正相关关系，即

$$U_i = \pi_i + \lambda_i \left(q_i^B + q_i^S \right)$$

（14-4）

对于管理者，其目标在于选择产量 q_i^B 和 q_i^S 使得自身的补偿 M_i 最大化，其中，λ_i 为平台 i 选择的激励系数。容易推知，常数 A_i 和 B_i 的选择对于管理者的决策不产生影响，所以最大化 M_i 等价于最大化 U_i。此外，在该激励合同中，平台 i 的所有者引导管理者同时关注平台利润和两边产品的产量，即平台所有者希望尽可能多的用户在平台上注册。

对于平台 i 的所有者，如果管理者不接受合同，其目标是选择产量 q_i^B 和 q_i^S 以最大化平台利润 π_i，$i = 1, 2$。如果管理者接受合同，由于管理者的补偿高于其保留工资 R_i 时才会选择接受合同，且平台 i 的所有者能够抽取所有剩余，则管理者

的补偿等于保留工资 R_i。由于 R_i 为常数，平台 i 的所有者的目标等价于选择激励系数 λ_i 以最大化 π_i。此外，在本章分析中，假设激励合同是可观测的。

14.3　均　衡　分　析

本节首先分析无授权情形下的市场均衡，其次分析授权情形下的市场均衡，最后分析间接网络外部性对两种情况下市场均衡和福利的影响。

14.3.1　无授权的基准模型

在此情形中，每一个平台的所有者都以利润最大化为目标做出产量决策。由式（14-1）和式（14-2）得

$$\frac{\partial \pi_i}{\partial q_i^B} = 1 - 2q_i^B - q_j^B + 2\alpha q_i^S$$

$$\frac{\partial \pi_i}{\partial q_i^S} = 1 - 2q_i^S - q_j^S + 2\alpha q_i^B$$

其中，$i, j = 1, 2$ 且 $i \neq j$。

引理 14-1　在市场均衡状态下，产品 B 和 S 的最优产量为 $q_{iN}^{B*} = q_{iN}^{S*} = \dfrac{1}{3 - 2\alpha}$，

产品 B 和 S 的均衡价格为 $p_{iN}^{B*} = p_{iN}^{S*} = \dfrac{1 - \alpha}{3 - 2\alpha}$，最优利润为 $\pi_{iN}^* = \dfrac{2(1 - \alpha)}{(3 - 2\alpha)^2}$，消费

者剩余为 $\mathrm{CS}_{iN}^* = \dfrac{2(2 - \alpha)}{(3 - 2\alpha)^2}$。其中，$\alpha \in (0, 1)$，$i = 1, 2$，下标 N 表示无授权。

证明　联立 $\dfrac{\partial \pi_i}{\partial q_i^B} = 0$ 和 $\dfrac{\partial \pi_i}{\partial q_i^S} = 0$，$i = 1, 2$，得 $q_{iN}^{B*} = q_{iN}^{S*} = \dfrac{1}{3 - 2\alpha}$。分别代入式

（14-1）～式（14-3），可得 p_{iN}^{B*}、p_{iN}^{S*}、π_{iN}^* 和 CS_{iN}^*，$i = 1, 2$。此外，为了确保平台利润函数为凹函数，易证 $\alpha < 1$。证毕。

14.3.2　考虑授权的激励模型

在此情形中，在第一阶段，即合同设计阶段，两个平台的所有者选择最大化平台利润的激励系数 λ_i（$i = 1, 2$），在第二阶段，即产量竞争阶段，管理者选择最大化管理激励的两边产品的产量。下面依据逆向归纳法进行求解。

在第二阶段，给定激励系数 λ_1 和 λ_2，管理者决策 q_i^B 和 q_i^S 以最大化 U_i。联立

$\dfrac{\partial U_i}{\partial q_i^B} = 0$ 和 $\dfrac{\partial U_i}{\partial q_i^S} = 0$ ， $i = 1, 2$ ， 得

$$q_i^B = q_i^S = \frac{(1-2\alpha) + 2(1-\alpha)\lambda_i - \lambda_j}{(1-2\alpha)(3-2\alpha)} \tag{14-5}$$

继而可得

$$\frac{\partial q_i^g}{\partial \lambda_i} = \frac{2(1-\alpha)}{(1-2\alpha)(3-2\alpha)} > 0$$

$$\frac{\partial q_i^g}{\partial \lambda_j} = -\frac{1}{(1-2\alpha)(3-2\alpha)} < 0$$

其中， $g = B, S$ ， $i, j = 1, 2$ ， $i \neq j$ 。

由此可见，平台 i 两边产品的产量 q_i^g 随着激励系数 λ_i 的增大而增大，随着竞争对手的激励系数 λ_j 的增大而减小。由此可见，较高的激励系数在带来更多产量的同时，也激化了平台之间的市场竞争。

在第一阶段，平台 i 选择激励系数 λ_i 以最大化 π_i 。将式（14-5）代入式（14-2），可得

$$\frac{\partial \pi_i}{\partial \lambda_i} = \frac{2\left[(1-2\alpha) - 4(1-\alpha)\left(1-4\alpha+2\alpha^2\right)\lambda_i - \lambda_j\right]}{(1-2\alpha)^2(3-2\alpha)^2} = 0$$

其中， $i, j = 1, 2$ 。联立 $\dfrac{\partial \pi_1}{\partial \lambda_1} = 0$ 和 $\dfrac{\partial \pi_2}{\partial \lambda_2} = 0$ ，得平台 i 所有者的最优反应函数如下：

$$\lambda_i = \frac{1-2\alpha}{4(1-\alpha)\left(1-4\alpha+2\alpha^2\right)} - \frac{\lambda_j}{4(1-\alpha)\left(1-4\alpha+2\alpha^2\right)} \tag{14-6}$$

其中， $i, j = 1, 2$ ， $i \neq j$ 。

引理 14-2　在管理授权下，平台 i 的最优激励系数为 $\lambda_i^* = \dfrac{1}{5-10\alpha+4\alpha^2}$ ，最优产量为 $q_i^{B*} = q_i^{S*} = \dfrac{2(1-\alpha)}{5-10\alpha+4\alpha^2}$ ，均衡价格为 $p_i^{B*} = p_i^{S*} = \dfrac{1-4\alpha+2\alpha^2}{5-10\alpha+4\alpha^2}$ ，最优利润为 $\pi_i^* = \dfrac{4(1-\alpha)\left(1-4\alpha+2\alpha^2\right)}{\left(5-10\alpha+4\alpha^2\right)^2}$ ，消费者剩余为 $\mathrm{CS}_i^* = \dfrac{8(2-\alpha)(1-\alpha)^2}{\left(5-10\alpha+4\alpha^2\right)^2}$ 。

其中， $\alpha \in \left(0, \dfrac{2-\sqrt{2}}{2}\right)$ ， $i = 1, 2$ 。

证明　由式（14-6），可得 λ_1^* 和 λ_2^* 。代入式（14-5），得 q_i^{B*} 和 q_i^{S*} 。进一步代入式（14-1）～式（14-3），得 p_i^{B*} 、 p_i^{S*} 、 π_i^* 和 CS_i^* 。此外，为了确保平台利

润函数为凹函数，易证 $1 - 4\alpha + 2\alpha^2 > 0$ ，即 $\alpha < \dfrac{2 - \sqrt{2}}{2}$ 。证毕。

14.3.3　间接网络外部性对均衡和福利的影响

本节研究无授权和管理授权两种情形下间接网络外部性对市场均衡和消费者剩余的影响。

命题 14-1　随着间接网络外部性的增强，在无授权情形下，均衡产量、平台利润和消费者剩余提高，均衡价格下降；在管理授权情形下，均衡产量和消费者剩余提高，均衡价格和平台利润下降。

证明　由于 $\alpha \in (0,1)$ ，在无授权情形下，可得 $\dfrac{\partial q_{iN}^{g*}}{\partial \alpha} = \dfrac{2}{(3 - 2\alpha)^2} > 0$ ，

$\dfrac{\partial p_{iN}^{g*}}{\partial \alpha} = -\dfrac{1}{(3 - 2\alpha)^2} < 0$ ， $\dfrac{\partial \pi_{iN}^{*}}{\partial \alpha} = \dfrac{2(1 - 2\alpha)}{(3 - 2\alpha)^3} > 0$ ， $\dfrac{\partial CS_{iN}^{*}}{\partial \alpha} = \dfrac{2(5 - 2\alpha)}{(3 - 2\alpha)^3} > 0$ 。

由于 $\alpha \in \left(0, \dfrac{2 - \sqrt{2}}{2}\right)$ ，在管理授权情形下，可得

$$\frac{\partial q_i^{g*}}{\partial \alpha} = \frac{2(5 - 8\alpha + 4\alpha^2)}{(5 - 10\alpha + 4\alpha^2)^2} > 0 , \quad \frac{\partial p_i^{g*}}{\partial \alpha} = -\frac{2(5 - 6\alpha + 2\alpha^2)}{(5 - 10\alpha + 4\alpha^2)^2} < 0$$

$$\frac{\partial \pi_i^{*}}{\partial \alpha} = -\frac{4(5 + 6\alpha - 30\alpha^2 + 28\alpha^3 - 8\alpha^4)}{(5 - 10\alpha + 4\alpha^2)^3} < 0$$

$$\frac{\partial CS_i^{*}}{\partial \alpha} = \frac{8(1 - \alpha)(15 - 27\alpha + 18\alpha^2 - 4\alpha^3)}{(5 - 10\alpha + 4\alpha^2)^3} > 0$$

其中，$g = B, S$ ，$i = 1,2$ 。证毕。

命题 14-1 表明，在无授权和管理授权两种情形下，间接网络外部性的增强对均衡产量和消费者剩余都有正的作用，对均衡价格都有负的作用。但是，在两种情形下，间接网络外部性对平台利润的影响是相反的。在无授权情形中，间接网络外部性的增强导致平台利润增加；在管理授权情形中，间接网络外部性的增强导致平台利润减少。原因在于，在无授权情形中，由于市场容量不固定，间接网络外部性的增强有助于平台提高产量，增加利润和消费者剩余。但是，在管理授权情形下，平台所有者的利益和管理者的利益发生了偏离。其中，平台所有者的目标是最大化平台利润，而管理者的目标是最大化激励。基于此，随着间接网络外部性的增强，管理者会选择更激进的产品产量决策，继而激化了平台竞争，导

致平台利润下降，但激烈的竞争对用户是有利的。

14.4 授权对市场均衡和福利的影响

本节对比无授权和管理授权两种情形下的均衡结果，研究管理授权对市场均衡和消费者剩余的影响。

命题 14-2 与无授权情形相比，在管理授权下，两边产品的均衡产量和消费者剩余更高，均衡价格和平台利润更低。

证明 由于 $\dfrac{2-\sqrt{2}}{2}<1$，取共有范围 $\alpha \in \left(0,\dfrac{2-\sqrt{2}}{2}\right)$，继而可得

$$q_i^{g*} - q_{iN}^{g*} = \frac{1}{(3-2\alpha)(5-10\alpha+4\alpha^2)} > 0$$

$$p_i^{g*} - p_{iN}^{g*} = -\frac{2-\alpha}{(3-2\alpha)(5-10\alpha+4\alpha^2)} < 0$$

$$\pi_i^* - \pi_{iN}^* = -\frac{2(1-\alpha)(7-4\alpha)}{(3-2\alpha)^2(5-10\alpha+4\alpha^2)^2} < 0$$

$$CS_i^* - CS_{iN}^* = \frac{2(91-422\alpha+900\alpha^2-1076\alpha^3+712\alpha^4-240\alpha^5+32\alpha^6)}{(5-10\alpha+4\alpha^2)^2(3-2\alpha)^3} > 0$$

其中，$g=B,S$，$i=1,2$。证毕。

命题 14-2 表明，与无授权情形相比，管理授权不利于平台所有者，但有利于平台用户。原因在于，在管理授权下，平台所有者的激励合同与两边产品的产量相关，管理者会制定更激进的产量决策，继而激化了平台竞争，导致平台价格和利润下降，但激烈的竞争对用户是有利的。

在具有直接网络外部性的市场中，Bhattacharjee 和 Pal（2014）同样研究了管理授权的影响。他们发现，无论厂商授权与否，直接网络外部性均对厂商利润产生正向影响。但是，在授权情形下，直接网络外部性的增强将导致消费者剩余减少，且如果直接网络外部性足够强，管理授权下的厂商利润将高于无授权下的厂商利润。原因在于，与命题 14-2 不同，直接网络外部性的增强有利于提高均衡价格，进而提高厂商的利润，但会降低消费者剩余。

14.5　平台所有者的雇用决策

本节将进一步探讨平台所有者的雇用决策。为此，将 14.2 节的博弈模型进行拓展，在合同设计阶段之前增加一个阶段，称为第 0 阶段。在这个阶段，每一个平台的所有者决策是否雇用管理者。如果选择雇用，那么将会产生一个固定的机会成本 F，称为雇用成本[①]。

14.5.1　子博弈均衡

为研究平台所有者的雇用决策，需要求解四个子博弈：平台所有者都选择不雇用（即 14.3.1 节无授权情形）；平台所有者都选择雇用（即 14.3.2 节管理授权情形）；一个平台的所有者选择雇用而另一个平台的所有者选择不雇用。

下面探讨剩余的两种情形。不失一般性地，下面假设平台 1 选择雇用，平台 2 选择不雇用。此时，平台 1 的所有者决策 $\tilde{\lambda}_1$，平台 2 的所有者选择 $\tilde{\lambda}_2 = 0$。为了与其他情形区分，"～"表示仅一个平台雇用的情形。

在第二阶段，由式（14-5）得

$$q_1^B = q_1^S = \frac{(1-2\alpha) + 2(1-\alpha)\tilde{\lambda}_1}{(1-2\alpha)(3-2\alpha)}$$

$$q_2^B = q_2^S = \frac{(1-2\alpha) - \tilde{\lambda}_1}{(1-2\alpha)(3-2\alpha)}$$

进一步代入式（14-3），可得

$$\tilde{\pi}_1 = \frac{2\left[(1-\alpha)(1-2\alpha) - (1-4\alpha+2\alpha^2)\tilde{\lambda}_1\right]\left[(1-2\alpha) + 2(1-\alpha)\tilde{\lambda}_1\right]}{(1-2\alpha)^2(3-2\alpha)^2}$$

$$\tilde{\pi}_2 = \frac{2(1-\alpha)\left[(1-2\alpha) - \tilde{\lambda}_1\right]^2}{(1-2\alpha)^2(3-2\alpha)^2}$$

在第一阶段，平台 1 的所有者选择激励系数 $\tilde{\lambda}_1$。由 $\frac{\partial \tilde{\pi}_1}{\partial \lambda_1} = 0$ 得

$$\tilde{\lambda}_1^* = \frac{1-2\alpha}{4(1-\alpha)(1-4\alpha+2\alpha^2)} \tag{14-7}$$

[①] 根据 Basu（1995）的研究，雇用成本等于管理者的保留工资与平台所有者利用闲暇时间能够赚取的收入之差。

在第零阶段，由式（14-7）得 $\tilde{\pi}_1^*\left(\tilde{\lambda}_1^*,0\right)=\dfrac{\left(1-2\alpha\right)^2}{4\left(1-\alpha\right)\left(1-4\alpha+2\alpha^2\right)}$，$\tilde{\pi}_2^*\left(\tilde{\lambda}_1^*,0\right)=$

$\dfrac{\left(1-6\alpha+4\alpha^2\right)^2}{8\left(1-\alpha\right)\left(1-4\alpha+2\alpha^2\right)^2}$。

在不对称博弈中，为了确保内点解存在，即 $p_i^g>0$，$i=1,2$，$g=B,S$，则需 $1-6\alpha+4\alpha^2>0$，即 $\alpha\in\left(0,\alpha_1\right)$，$\alpha_1=\dfrac{3-\sqrt{5}}{4}$。此外，由于对称性，如果平台 2 雇用而平台 1 不雇用，则有 $\tilde{\pi}_1^*\left(0,\tilde{\lambda}_2^*\right)=\tilde{\pi}_2^*\left(\tilde{\lambda}_1^*,0\right)$，$\tilde{\pi}_2^*\left(0,\tilde{\lambda}_2^*\right)=\tilde{\pi}_1^*\left(\tilde{\lambda}_1^*,0\right)$。

14.5.2　平台的雇用决策

在第零阶段，平台所有者需要在雇用和不雇用之间做出选择。四个子博弈所对应的支付矩阵如表 14-1 所示。其中，H 表示平台所有者选择雇用，N 表示平台所有者不选择雇用，F 表示雇用成本。

表 14-1　平台雇用决策博弈的支付矩阵

项目		平台 2	
		H	N
平台 1	H	π_1^*-F，π_2^*-F	$\tilde{\pi}_1^*\left(\tilde{\lambda}_1^*,0\right)-F$，$\tilde{\pi}_2^*\left(\tilde{\lambda}_1^*,0\right)$
	N	$\tilde{\pi}_1^*\left(0,\tilde{\lambda}_2^*\right)$，$\tilde{\pi}_2^*\left(0,\tilde{\lambda}_2^*\right)-F$	π_{1N}^*，π_{2N}^*

令 $\xi_1\equiv\pi_1^*-\tilde{\pi}_1^*\left(0,\tilde{\lambda}_2^*\right)$，$\xi_2\equiv\tilde{\pi}_1^*\left(\tilde{\lambda}_1^*,0\right)-\pi_{1N}^*$，由于 $\dfrac{2-\sqrt{2}}{2}>\dfrac{3-\sqrt{5}}{4}$，下述分析取共有范围 $\alpha\in\left(0,\alpha_1\right)$，易证：

$$\xi_1=\frac{7-48\alpha+88\alpha^2-64\alpha^3+16\alpha^4}{8\left(1-\alpha\right)\left(1-4\alpha+2\alpha^2\right)^2\left(5-10\alpha+4\alpha^2\right)^2}>0$$

$$\xi_2=\frac{1}{4\left(1-\alpha\right)\left(3-2\alpha\right)^2\left(1-4\alpha+2\alpha^2\right)}>0$$

令 $\xi_2=\xi_1$，则有 $\alpha=\alpha_2\approx0.15<\alpha_1$。此外，由图 14-1 可知，$0<\xi_2<\xi_1$ 等价于 $\alpha\in\left(0,\alpha_2\right)$。借助于表 14-1，下面分析平台雇用决策博弈的子博弈纳什均衡。

命题 14-3　当 $\alpha\in\left(0,\alpha_2\right)$ 时，如果 $F\leqslant\xi_1$，两个平台都选择雇用管理者；如果 $F\geqslant\xi_2$，两个平台都选择不雇用管理者。

证明　如果 $F \leqslant \xi_1$，有 $\xi_1 - F = \pi_1^* - F - \tilde{\pi}_1^*\left(0, \tilde{\lambda}_2^*\right) = \pi_2^* - F - \tilde{\pi}_2^*\left(\tilde{\lambda}_1^*, 0\right) \geqslant 0$；

如果 $F \geqslant \xi_2$，有 $F - \xi_2 = \pi_{1N}^* - \left(\tilde{\pi}_1^*\left(\tilde{\lambda}_1^*, 0\right) - F\right) = \pi_{2N}^* - \left(\tilde{\pi}_2^*\left(0, \tilde{\lambda}_2^*\right) - F\right) \geqslant 0$。证毕。

命题 14-3 表明，当间接网络外部性相对较弱时，即 $\alpha \in (0, \alpha_2)$，市场可能存在两个均衡。具体来说，如果雇用成本相对较低，即雇用成本落在图 14-1 中区域 Ⅱ 和 Ⅲ，博弈的均衡为 (H, H)，即两个平台都选择雇用管理者。但是，根据 14.4 节的讨论，两个平台都选择不雇用管理者利润更高。也就是说，如果雇用成本相对较低，平台所有者可能陷入"囚徒困境"。如果雇用成本相对较高，即雇用成本落入图 14-1 中区域 Ⅰ 和 Ⅲ，博弈均衡为 (N, N)，即两个平台都选择不雇用管理者。原因在于，此时的雇用成本超过了雇用管理者给平台带来的额外的收益，继而平台所有者都会选择不雇用。

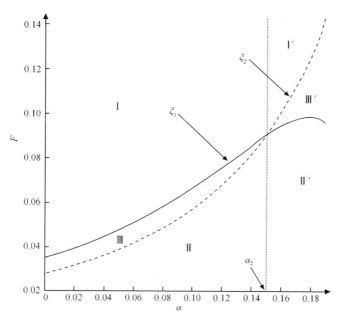

图 14-1　平台雇用决策示意图

命题 14-4　当 $\alpha \in (\alpha_2, \alpha_1)$ 时，如果 $F \leqslant \xi_1$，两个平台都选择雇用管理者；如果 $F \geqslant \xi_2$，两个平台都选择不雇用管理者；如果 $\xi_1 < F < \xi_2$，博弈均衡为一个平台选择雇用管理者，而另一个平台选择不雇用管理者。

证明　由图 14-1 可知，不等式 $0 < \xi_1 < \xi_2$ 等价于 $\alpha \in (\alpha_2, \alpha_1)$，其中，$\alpha_1$ 约等于 0.19。相关证明与命题 14-3 类似，不再赘述。证毕。

命题 14-4 表明，当间接网络外部性相对较强时，即 $\alpha \in (\alpha_2, \alpha_1)$，如果雇用成本较大或较小，与命题 14-3 相同，两个平台的雇用策略一致。但是，如果雇用成本适中，即 $\xi_2 \leqslant F \leqslant \xi_1$（对应图 14-1 中区域 III′），与命题 14-3 不同，市场可能存在不对称均衡。此时，如果竞争对手选择雇用，那么平台选择不雇用利润更高；相反，如果竞争对手选择不雇用，那么平台选择雇用利润更高。

综合命题 14-3 和命题 14-4，间接网络外部性的强弱影响了平台的管理授权决策。当间接网络外部性相对较弱时，平台所有者只有两种可能的选择，都选择雇用管理者或都选择不雇用管理者。但是，当间接网络外部性较强时，将出现另一种可能性，即一个平台所有者选择雇用管理者，而另一个平台所有者选择不雇用管理者。此外，与间接网络外部性的强弱无关，如果雇用成本较低，平台所有者将选择雇用管理者；如果雇用成本较高，那么选择雇用的代价较大，平台所有者将选择不雇用管理者。

14.6　本章小结

在竞争双边市场下，本章研究了平台所有者的产量授权激励合同设计，分析了管理授权对市场均衡和消费者剩余的影响，探讨了平台所有者的雇用决策。主要工作和结论如下。

（1）分析了间接网络外部性对市场均衡和消费者剩余的影响。结果表明，随着间接网络外部性的增强，均衡产量和消费者剩余提高，均衡价格下降。此外，在无授权情形下，平台利润提高；在管理授权情形下，平台利润下降。

（2）考察了管理授权对市场均衡和消费者剩余的影响。研究表明，与无授权情形相比，在管理授权下，两边产品的均衡产量和消费者剩余更高，均衡价格和平台利润更低。

（3）分析了平台所有者的雇用决策。研究发现，与间接网络外部性的强弱无关，如果雇用成本较低，平台所有者将选择雇用管理者；如果雇用成本较高，平台所有者将选择不雇用管理者；当间接网络外部性较强时，如果雇用成本适中，则一个平台所有者选择雇用管理者，而另一个平台所有者选择不雇用管理者。

第 15 章　总结与展望

在参与方信息不对称下，本书探讨了平台市场进入、垄断平台定价、竞争平台定价、平台合同设计等四篇内容。首先，总结本书研究内容的核心结论。其次，梳理本书的主要创新和贡献。最后，展望后续可能的进一步研究。

15.1　研　究　结　论

本书强调参与方信息不对称对平台进入及定价决策的重要影响，研究得到的主要结论如下。

15.1.1　平台市场进入方面

（1）关于市场结构。在市场初期信息不完全下，第 2 章研究了双边市场的市场结构。研究发现，间接网络外部性越强，市场结构的垄断性越强；给定两边固有效用之和，两边固有效用的差值越大，市场结构的竞争性越强。与两边用户单归属相比，用户多归属不总有利于非在位平台进入市场。在位平台应重视单归属用户的固有效用，以防止非在位平台进入市场；非在位平台应重视多归属用户的固有效用，以更好地进入市场。

（2）关于平台启动策略。在市场初期信息不完全下，第 3 章为基于动态模型的研究。结果表明，与用户预期行为无关，当初始用户的数量位于关键轨迹上方时，平台启动成功，即达到用户数量较高的均衡；当初始用户的数量位于关键轨迹下方时，平台启动失败。在用户预期情形下，一边用户越偏好通过信念进行决策，新平台优先吸引该边用户越容易启动。对于平台管理者而言，由于用户预期影响关键轨迹，市场初期时应考虑用户预期的影响；从长期来看，由于事后均衡不受用户预期方式的影响，平台利润的提高取决于用户体验、平台服务水平、信息安全性等能真正提高用户效用的因素。

（3）关于平台业务拓展决策。第 4 章和第 5 章分别考虑垄断市场和竞争市场。研究表明，在垄断市场下，平台对新业务中与原业务存在跨市场网络外部性的一边不收费，对另一边用户始终收取会员费。平台对原业务用户收取的会员费随着跨市场网络外部性的增加而减少，对新业务用户收取的会员费随着跨市场网络外部性的增加而增加。在竞争市场下，当市场认知度超过一定阈值时，两个平台在竞争业务上的最优定价和最优利润随着业务拓展平台市场认知度的增加而降低；当市场认知度小于一定阈值时，两个平台竞争业务的最优定价是固定的。

15.1.2 信息不对称下垄断平台定价方面

（1）关于两边用户之间信息不对称下的垄断平台定价。第6章和第7章基于用户预期行为分别探讨了垄断平台的静态定价和动态定价。研究表明，在静态模型中，与用户异质性类型无关，当买家（或卖家）由消极预期变为响应预期时，平台应吸引更多的卖家（或买家），即信息完全的用户会提高另一边用户的价值。在动态模型中，非均衡状态下任意时刻的最优会员费受边际成本、间接网络外部性和价格弹性的影响。其中，边际成本包含时间成本，而间接网络外部性和价格弹性考虑的是当前用户的数量而非用户需求。在均衡状态下，当贴现率不为零时，即使两边用户的支付意愿函数和平台成本函数对称，倾斜定价策略仍可能最优。

（2）关于平台和用户之间信息不对称下的垄断平台定价。第8章和第9章分别基于用户支付意愿信息不对称和参照价格研究了垄断平台定价。研究发现，在消费者支付意愿信息不对称下，平台为高支付意愿消费者（H 类型）和低支付意愿消费者（L 类型）制定的会员费可能为负，即对消费者进行补贴。为了分离不同类型消费者，平台可向 H 类型消费者提供高会员费、高质量、低广告量的产品，向 L 类型消费者提供低会员费、基础质量、高广告量的产品。考虑买家效用随参照价格先增加后减小，平台在买家边所制定的参照会员费总是高于买家会员费，且参照价格与会员费的差额为固定值，其大小取决于买家对参照价格的获得–损失敏感性。与以往研究不同的是，参照价格内生化考虑了买家的理性行为，避免了以往研究参照价格越高，平台利润越大的极端结论。

15.1.3 信息不对称下竞争平台定价方面

（1）关于竞争平台之间信息不对称下的平台定价的探讨。第10章基于产品水平差异化信息不对称研究了竞争平台的最优定价。研究发现，当消费者单归属时，如果消费者运输成本较低，信息不对称下新进入平台的定价要高于在位平台的定价，并且两个平台的定价都高于信息完全时的最优定价。与消费者单归属不同的是，当消费者多归属时，在位平台和新进入平台关于消费者运输成本信息不对称对平台定价、消费者数量、平台利润等不会产生影响。

（2）关于两边用户之间信息不对称下竞争平台定价。第 11 章和第 12 章基于用户预期行为分别探讨了平台同时进入市场下和平台先后进入市场下的最优决策。结果发现，在平台同时进入市场下（交易异质性情形），当两边用户单归属时，如果一边用户由消极预期变为响应预期时，优势平台和劣势平台需对该边用户定高价，而对另一边用户定低价。与经典结论不同的是，当两边用户均信息完全时，优势平台利润最高，劣势平台利润最低。在平台先后进入市场下，随着间接网络外部性参数的变化，对于在位平台，与用户归属类型无关，其数量决策为跷跷板原理；对于新进入平台，在单归属一边，其数量决策与在位平台相反，在多归属一边，其数量决策与在位平台无关。

15.1.4　信息不对称下平台合同设计方面

（1）关于成本降低合同设计。在参与方内部存在信息不对称下，第 13 章基于委托代理模型研究了平台雇用管理者降低成本的激励合同设计。分析表明，在双边市场中，激励合同信息的披露加剧了平台竞争。与激励合同不可观测相比，在激励合同可观测下，计件工资率和两边产品的预期产量更高，均衡价格和平台所有者的预期净利润更低。此外，与激励合同不可观测相比，在激励合同可观测下，消费者剩余和社会福利更高。

（2）关于管理授权激励合同设计。第 14 章研究了平台所有者的产量授权激励合同设计。研究发现，与无授权情形相比，在管理授权下，两边产品的均衡产量和消费者剩余更高，均衡价格和平台利润更低。此外，与间接网络外部性的强弱无关，如果雇用成本较低，平台所有者将选择雇用管理者；如果雇用成本较高，平台所有者将选择不雇用管理者；当间接网络外部性较强时，如果雇用成本适中，则一个平台所有者选择雇用管理者，而另一个平台所有者选择不雇用管理者。

15.2　研　究　创　新

本书在吸收双边市场相关理论的基础上，将参与方之间信息不对称和参与方内部信息不对称引入到平台进入及定价决策中，获得了如下具有重要理论价值和现实意义的创新成果。

15.2.1　平台市场进入方面

（1）在市场初期信息不对称下研究了双边市场的市场结构和双边平台的启动策略。在市场初期阶段，用户信息往往是不完全的，其会依据现有信息进行预期，继而做出决策。用户如何预期直接影响双边平台的启动策略及最终的市场均衡。对此，本书在第2章和第3章探讨了相关问题。

（2）在垄断市场和竞争市场下探讨了双边平台的跨市场进入。随着平台型企业由单业务竞争转向多业务竞争，多边平台是否应该拓展业务，以及业务拓展下如何决策多边价格成为当下多边市场竞争的核心问题。已有关于平台进入的成果多考虑单一业务情形，需进一步完善平台跨界进入新市场下的多业务决策。本书在第4章和第5章探讨了相关问题。

15.2.2　平台定价方面

近年来，双边平台定价研究已取得了丰富的成果。但是，在参与方之间存在信息不对称下，相关研究较为分散，并未得到系统整理。基于此，本书分别在垄断市场和竞争市场下系统梳理双边平台的定价决策。

（1）在两边用户之间存在信息不对称下探讨了平台定价问题。由于间接网络外部性的影响，当一边用户具有完全信息时，平台增加另一边用户数量的同时也增加了信息完全用户的数量。因此，在双边市场中，两边用户之间信息是否完全直接影响双边平台的定价决策。对此，本书在第6章和第7章、第11章和第12章探讨了相关问题。其中，第6章和第7章在垄断市场下分别探讨了双边平台的静态定价和动态定价；第11章和第12章在竞争市场下分别研究了双边平台的同时博弈和序贯博弈。

（2）在平台与用户之间存在信息不对称下探讨了平台定价问题。在数字经济时代，如果平台能够知晓消费者的信息，其可通过甄别用户行为以实施差异化定价。对此，本书第8章在用户支付意愿信息不对称下探讨了这一问题。与此相对的是，如果用户不知晓平台产品的价值信息，平台可实施基于参照价格的定价决策。对此，本书在第9章探讨了这一问题。

（3）在竞争平台之间存在信息不对称下探讨了平台定价问题。由于平台进入市场存在先后，先入者具有完全信息，而后入者往往信息不完全。在此不对称竞争下，信息不对称如何影响两类平台的定价决策有待进一步探讨。对此，本书第10章在产品水平差异化信息不对称下探讨了这一问题。

15.2.3 平台合同设计方面

在平台定价研究中,本书重点考虑的是参与方之间存在信息不对称。相对应地,参与方内部也可能存在信息不对称。尽管传统市场的激励合同设计已有了丰富的成果,但鲜有文献对双边市场中的激励合同设计进行研究。对此,本书重点关注的是平台组织内部的信息不对称问题,探讨双边平台的成本降低激励合同设计和管理授权激励合同设计,相关问题的探讨可见于第 13 章和第 14 章。

15.3 研 究 展 望

信息对称下的平台定价研究已取得了丰富的成果,信息不对称下的平台定价研究也逐渐增多。但是,在参与方之间存在信息不对称和参与方内部存在信息不对称下,相关研究缺乏系统的整理和总结,有待深入拓展。尽管本书研究涉及了上述内容,但由于作者研究能力有限,相关研究有待进一步完善,以下分三个方面进行阐述。

15.3.1 平台市场进入方面

(1)在探讨双边市场的市场结构时,第 2 章重点聚焦于对称均衡,并未考虑不对称均衡下的市场结构,而现实生活中往往是大型双边平台和小型双边平台共存,未来可对此作进一步研究。

(2)在探讨平台启动策略时,第 3 章所构建的动态模型假设用户预期行为不随时间的变化而变化,未来可进一步考虑用户信念随外界信息的变化而发生改变,探讨信息变动对平台启动策略的影响。

(3)在探讨双边平台的业务拓展时,第 4 章和第 5 章聚焦于信息完全下的跨市场多业务决策,并未刻画信息不对称的情形,未来可结合第三篇、第四篇和第五篇的内容进行系统性的深入研究。

15.3.2 平台定价方面

(1)两边用户之间存在信息不对称时,第 6 章和第 7 章、第 11 章和第 12 章主要针对的是数量信息,并未考虑质量信息的不对称,而现实生活中消费者可能不知晓商户所销售产品的质量,未来可对此作进一步研究。

(2)平台与用户之间存在信息不对称时,本书在第 8 章和第 9 章分别考虑了用户支付意愿信息不对称和参照价格。相关研究可进一步考虑大数据分析在用户甄别中的重要作用，以及比价软件对于参照价格的影响。

（3）平台之间存在信息不对称时，本书在第 10 章探讨了产品水平差异化信息不对称。但是，平台之间信息不对称的维度众多，如成本、质量、产品设计等，本书难以涉及所有，未来可对此进行系统研究。

15.3.3　平台合同设计方面

在参与方内部存在信息不对称下，本书重点聚焦于平台组织内部的信息不对称，探讨成本降低激励合同设计和管理授权激励合同设计。契约理论在传统企业中已有了成熟的体系和丰富的成果，本书引入相关原理和模型对双边市场进行了初步的探索，未来可结合经典理论作进一步拓展。

参 考 文 献

鲍磊, 张玉林. 2019. 考虑消费者隐私的厂商竞争模型和市场进入研究[J]. 系统管理学报, 28(5): 802-812.

程贵孙. 2010a. 具有负网络外部性的媒体平台竞争与福利研究[J]. 管理科学学报, 13(10): 89-96.

程贵孙. 2010b. 组内网络外部性对双边市场定价的影响分析[J]. 管理科学, 23(1): 107-113.

程贵孙, 黎倩. 2016. 软件保护对软件平台商双边定价策略的影响研究[J]. 中国管理科学, 24(9): 91-98.

段永瑞, 徐建, 霍佳震. 2020. 考虑参照效应的网络内容动态定价与广告版面决策[J]. 系统管理学报, 29(1): 140-149.

傅联英, 骆品亮. 2013. 双边市场的定性判断与定量识别: 一个综述[J]. 产业经济评论, 12(2): 1-18.

耿阳, 张玉林. 2018. 考虑商户广告投资的网上交易平台定价[J]. 系统工程理论与实践, 38(4): 910-919.

耿阳, 张玉林. 2023. 用户信息不完全下双边平台的隔离定价研究[J]. 系统工程理论与实践, 43(8): 2338-2351.

黄琦炜, 张玉林. 2019. 动态消费者社交网络中产品扩散研究[J]. 系统工程学报, 34(4): 433-444.

纪汉霖. 2006. 双边市场定价方式的模型研究[J]. 产业经济研究, (4): 11-20.

纪汉霖. 2011. 用户部分多归属条件下的双边市场定价策略[J]. 系统工程理论与实践, 31(1): 75-83.

纪汉霖, 王小芳. 2014. 平台差异化且用户部分多归属的双边市场竞争[J]. 系统工程理论与实践, 34(6): 1398-1406.

坎贝尔 D E. 2013. 激励理论: 动机与信息经济学[M]. 2版. 王新荣, 译. 北京: 中国人民大学出版社.

李静, 张玉林. 2020. 考虑网络效应和业务拓展的平台定价策略研究[J]. 系统工程理论与实践, 40(3): 593-604.

李泉, 陈宏民. 2009a. 平台企业竞争有效性及投资策略性效果研究[J]. 管理工程学报, 23(4): 27-30.

李泉, 陈宏民. 2009b. 基于双边市场框架的软件产业若干问题研究[J]. 经济学 (季刊), 8(3): 951-968.

李维安, 吴德胜, 徐皓. 2007. 网上交易中的声誉机制: 来自淘宝网的证据[J]. 南开管理评论, (5): 36-46.

罗金峰, 李明志, 李秦. 2014. 电子商务平台中的卖家甄别机制[J]. 清华大学学报(自然科学版),

54(8)：1087-1091, 1097.

骆品亮, 傅联英. 2014. 零售企业平台化转型及其双边定价策略研究[J]. 管理科学学报, 17(10)：1-12.

邱甲贤, 聂富强, 童牧, 等. 2016. 第三方电子交易平台的双边市场特征：基于在线个人借贷市场的实证分析[J]. 管理科学学报, 19(1)：47-59.

曲创, 刘重阳. 2019. 平台竞争一定能提高信息匹配效率吗?——基于中国搜索引擎市场的分析[J]. 经济研究, 54(8)：120-135.

汪旭晖, 张其林. 2017. 平台型网络市场中的"柠檬问题"形成机理与治理机制：基于阿里巴巴的案例研究[J]. 中国软科学, (10)：31-52.

王钦. 2015. 海尔新模式：互联网转型的行动路线图[M]. 北京：中信出版社.

王小芳, 纪汉霖. 2015. 用户基础与拥挤效应及双边平台的市场进入[J]. 系统工程学报, 30(4)：466-475.

吴斌, 程晶, 宋琰. 2020. 心理账户视角下电商平台"杀熟"现象演化博弈分析[J]. 运筹与管理, 29(11)：37-44.

夏德建, 王勇, 段玉兰. 2021. 双寡头电商平台的收费制度选择博弈[J]. 管理工程学报, 35(1)：142-150.

胥莉, 王耀斌, 陈丽. 2008. 广告支持型双边市场的网络效应：即时通讯市场的实证分析[J]. 系统管理学报, 17(6)：615-621.

曾贺奇, 张玉林. 2019. 考虑策略消费者行为及模仿产品质量不确定的两竞争商定价[J]. 管理工程学报, 33(1)：214-221.

张华, 李莉, 朱星圳, 等. 2022. 网络购物平台最优价格促销策略：价格折扣还是现金券?[J]. 中国管理科学, 30(10)：130-141.

张凯. 2018. 双边市场中用户前瞻性与平台定价策略选择[J]. 系统工程学报, 33(5)：637-648.

朱振中, 吕廷杰. 2007. 具有负的双边网络外部性的媒体市场竞争研究[J]. 管理科学学报, 10(6)：13-23.

邹佳, 郭立宏. 2017. 基于不同用户信息水平的双边平台最优价格博弈时序研究[J]. 管理工程学报, 31(3)：117-125.

Ajorlou A, Jadbabaie A, Kakhbod A. 2018. Dynamic pricing in social networks：the word-of-mouth effect[J]. Management Science, 64(2)：971-979.

Akerlof G A. 1970. The market for "lemons"：quality uncertainty and the market mechanism[J]. The Quarterly Journal of Economics, 84(3)：488-500.

Aloui C, Jebsi K. 2010. Optimal pricing of a two-sided monopoly platform with a one-sided congestion effect[J]. International Review of Economics, 57(4)：423-439.

Aloui C, Jebsi K. 2011. Optimal pricing of a duopoly platform with two-sided congestion effect [EB/OL]. https://ibimapublishing.com/articles/JRIO/2011/290274/290274.pdf[2023-08-05].

Anderson C. 2006. The Long Tail：Why The Future of Business is Selling Less of More[M]. New York：Hyperion.

Anderson S P, Coate S. 2005. Market provision of broadcasting: a welfare analysis[J]. The Review of Economic Studies, 72(4): 947-972.

Anderson S P, Foros Ø, Kind H J. 2017. Product functionality, competition, and multipurchasing[J]. International Economic Review, 58(1): 183-210.

Anderson S P, Foros Ø, Kind H J. 2019. The importance of consumer multihoming (joint purchases) for market performance: mergers and entry in media markets[J]. Journal of Economics & Management Strategy, 28(1): 125-137.

Armstrong M. 2006. Competition in two-sided markets[J]. The RAND Journal of Economics, 37(3): 668-691.

Armstrong M, Wright J. 2007. Two-sided markets, competitive bottlenecks and exclusive contracts[J]. Economic Theory, 32(2): 353-380.

Artle R, Averous C. 1973. The telephone system as a public good: static and dynamic aspects[J]. The Bell Journal of Economics and Management Science, 4(1): 89-100.

Bajo-Buenestado R, Kinateder M. 2019. Armstrong meets Rochet-Tirole: on the equivalence of different pricing structures in two-sided markets[J]. Economics Letters, 177: 43-46.

Bakos Y, Halaburda H. 2020. Platform competition with multihoming on both sides: subsidize or not?[J]. Management Science, 66(12): 5599-5607.

Bao L, Zhang Y L, Ribeiro V M. 2018. Observability of incentive contract and platform competition[J]. Australian Economic Papers, 57(2): 154-180.

Bar-Gill S. 2019. Game of platforms: strategic expansion into rival (online) territory[J]. Journal of the Association for Information Systems, 20(10): 1475-1502.

Barrachina A. 2019. Entry under an information-gathering monopoly[J]. The Manchester School, 87(1): 117-134.

Bass F M. 1969. A new product growth for model consumer durables[J]. Management Science, 15(5): 215-227.

Basu K. 1995. Stackelberg equilibrium in oligopoly: an explanation based on managerial incentives[J]. Economics Letters, 49(4): 459-464.

Battaggion M R, Drufuca S M. 2020. Quality competition and entry: a media market case[J]. Journal of Economics, 130(1): 1-36.

Belleflamme P. 2005. Versioning in the information economy: theory and applications[J]. CESifo Economic Studies, 51(2/3): 329-358.

Belleflamme P, Peitz M. 2019a. Price disclosure by two-sided platforms[J]. International Journal of Industrial Organization, 67: 102529.

Belleflamme P, Peitz M. 2019b. Managing competition on a two-sided platform[J]. Journal of Economics & Management Strategy, 28(1): 5-22.

Belleflamme P, Peitz M. 2019c. Platform competition: who benefits from multihoming?[J]. International Journal of Industrial Organization, 64: 1-26.

Belleflamme P, Toulemonde E. 2009. Negative intra-group externalities in two-sided markets[J]. International Economic Review, 50(1): 245-272.

Bernheim B D, Whinston M D. 1998. Exclusive dealing[J]. Journal of Political Economy, 106(1): 64-103.

Bhargava H K, Choudhary V. 2004. Economics of an information intermediary with aggregation benefits[J]. Information Systems Research, 15(1): 22-36.

Bhargava H K, Rubel O. 2019. Sales force compensation design for two-sided market platforms[J]. Journal of Marketing Research, 56(4): 666-678.

Bhattacharjee T, Pal R. 2014. Network externalities and strategic managerial delegation in cournot duopoly: is there a prisoners' dilemma?[J]. Review of Network Economics, 12(4): 343-353.

Biglaiser G, Calvano E, Crémer J. 2019. Incumbency advantage and its value[J]. Journal of Economics & Management Strategy, 28(1): 41-48.

Böhme E. 2016. Second-degree price discrimination on two-sided markets[J]. Review of Network Economics, 15(2): 91-115.

Bourreau M, Verdier M. 2014. Cooperative and noncooperative R&D in two-sided markets[J]. Review of Network Economics, 13(2): 175-190.

Brandão A, Pinho J. 2015. Asymmetric information and exchange of information about product differentiation[J]. Bulletin of Economic Research, 67(2): 166-185.

Busse M R, Rysman M. 2005. Competition and price discrimination in yellow pages advertising[J]. The RAND Journal of Economics, 36(2): 378-390.

Cabral L. 2011. Dynamic price competition with network effects[J]. The Review of Economic Studies, 78(1): 83-111.

Cabral L. 2019. Towards a theory of platform dynamics[J]. Journal of Economics & Management Strategy, 28(1): 60-72.

Cabral L M B, Salant D J, Woroch G A. 1999. Monopoly pricing with network externalities[J]. International Journal of Industrial Organization, 17(2): 199-214.

Caillaud B, Jullien B. 2001. Competing cybermediaries[J]. European Economic Review, 45(4/5/6): 797-808.

Caillaud B, Jullien B. 2003. Chicken & egg: competition among intermediation service providers[J]. The RAND Journal of Economics, 34(2): 309-328.

Chen J Q, Guo Z L. 2022. New-media advertising and retail platform openness[J]. MIS Quarterly, 46(1): 431-456.

Chen K, Tse E T. 2008. Dynamic platform competition in two-sided markets[R]. Working Paper: Stanford University.

Chen L, Tang W. 2020. Analysis of network effect in the competition of self-publishing market[J]. Journal of Theoretical and Applied Electronic Commerce Research, 15(3): 50-68.

Chen Y X, Xie J H. 2007. Cross-market network effect with asymmetric customer loyalty:

implications for competitive advantage[J]. Marketing Science, 26(1): 52-66.

Chiang A C. 1992. Elements of Dynamic Optimization[M]. New York: McGraw-Hill.

Crampes C, Haritchabalet C, Jullien B. 2009. Advertising, competition and entry in media industries[J]. The Journal of Industrial Economics, 57(1): 7-31.

Dewenter R, Roesch J. 2012. Market entry into emerging two-sided markets[J]. Economics Bulletin, 32(3): 2343-2352.

Dhebar A, Oren S S. 1985. Optimal dynamic pricing for expanding networks[J]. Marketing Science, 4(4): 336-351.

Dhebar A, Oren S S. 1986. Dynamic nonlinear pricing in networks with interdependent demand[J]. Operations Research, 34(3): 384-394.

Dorfman R. 1969. An economic interpretation of optimal control theory[J]. The American Economic Review, 59(5): 817-831.

Economides N, Katsamakas E. 2006. Two-sided competition of proprietary vs. open source technology platforms and the implications for the software industry[J]. Management Science, 52(7): 1057-1071.

Eisenmann T, Parker G, van Alstyne M. 2011. Platform envelopment[J]. Strategic Management Journal, 32(12): 1270-1285.

Emons W. 1989. The theory of warranty contracts[J]. Journal of Economic Surveys, 3(1): 43-57.

Evans D S. 2003. Some empirical aspects of multi-sided platform industries[J]. Review of Network Economics, 2(3): 191-209.

Evans D S. 2009. How catalysts ignite: the economics of platform-based start-ups[M]//Gawer A. Platforms, Markets and Innovation. Cheltenham: Edward Elgar: 99-128.

Evans D S, Schmalensee R. 2007. The industrial organization of markets with two-sided platforms[J]. Competition Policy International, 3(1): 151-179.

Evans D S, Schmalensee R. 2008. Markets with two-sided platforms[M]//Collins W D. Issues in Competition Law and Policy. Chicago: American Bar Association: 667-694.

Evans D S, Schmalensee R. 2010. Failure to launch: critical mass in platform businesses[J]. Review of Network Economics, 9(4): 1-26.

Fanti L, Gori L, Sodini M. 2017. Managerial delegation theory revisited[J]. Managerial and Decision Economics, 38(4): 490-512.

Farrell J, Saloner G. 1985. Standardization, compatibility and innovation[J]. The RAND Journal of Economics, 16(1): 70-83.

Ferrando J, Gabszewicz J J, Laussel D, et al. 2008. Intermarket network externalities and competition: an application to the media industry[J]. International Journal of Economic Theory, 4(3): 357-379.

Fershtman C, Judd K L. 1987. Equilibrium incentives in oligopoly[J]. The American Economic Review, 77(5): 927-940.

Filistrucchi L, Klein T J. 2013. Price competition in two-sided markets with heterogeneous consumers and network effects[R]. NET Institute Working Papers.

Gabszewicz J J, Wauthy X Y. 2014. Vertical product differentiation and two-sided markets[J]. Economics Letters, 123(1): 58-61.

Geng Y, Zhang Y L. 2020a. Platform launch in two-sided markets and users' expectations[J]. Physica A: Statistical Mechanics and Its Applications, 558: 124987.

Geng Y, Zhang Y L. 2020b. Pricing on monopoly online trading platform with heterogeneous trading behavior and the long tail[J]. Kybernetes, 49(3): 852-875.

Geng Y, Zhang Y L. 2021. Pricing in two-sided markets with dynamic subscription process and users' expectations[J]. Economic Computation and Economic Cybernetics Studies and Research, 55(3): 137-154.

Geng Y, Zhang Y L, Li J. 2023. Two-sided competition, platform services and online shopping market structure[J]. Journal of Economics, 138(2): 95-127.

Hagiu A. 2006. Pricing and commitment by two-sided platforms[J]. The RAND Journal of Economics, 37(3): 720-737.

Hagiu A. 2009. Two-sided platforms: product variety and pricing structures[J]. Journal of Economics & Management Strategy, 18(4): 1011-1043.

Hagiu A. 2014. Strategic decisions for multisided platforms[J]. MIT Sloan Management Review, 55(2): 71-80.

Hagiu A, Halaburda H. 2014. Information and two-sided platform profits[J]. International Journal of Industrial Organization, 34: 25-35.

Hagiu A, Lee R S. 2011. Exclusivity and control[J]. Journal of Economics & Management Strategy, 20(3): 679-708.

Hagiu A, Spulber D. 2013. First-party content and coordination in two-sided markets[J]. Management Science, 59(4): 933-949.

Hagiu A, Wright J. 2013. Do you really want to be an eBay?[J]. Harvard Business Review, 91(3): 102-108.

Hagiu A, Wright J. 2015a. Multi-sided platforms[J]. International Journal of Industrial Organization, 43: 162-174.

Hagiu A, Wright J. 2015b. Marketplace or reseller?[J]. Management Science, 61(1): 184-203.

Hagiu A, Wright J. 2019a. Controlling vs. enabling[J]. Management Science, 65(2): 577-595.

Hagiu A, Wright J. 2019b. The status of workers and platforms in the sharing economy[J]. Journal of Economics & Management Strategy, 28(1): 97-108.

Hagiu A, Wright J. 2020. Platforms and the exploration of new products[J]. Management Science, 66(4): 1527-1543.

Halaburda H, Jullien B, Yehezkel Y. 2020. Dynamic competition with network externalities: how history matters[J]. The RAND Journal of Economics, 51(1): 3-31.

Halaburda H, Yehezkel Y. 2013. Platform competition under asymmetric information[J]. American Economic Journal: Microeconomics, 5(3): 22-68.

Halaburda H, Yehezkel Y. 2019. Focality advantage in platform competition[J]. Journal of Economics & Management Strategy, 28(1): 49-59.

Hoernig S. 2012. Strategic delegation under price competition and network effects[J]. Economics Letters, 117(2): 487-489.

Jeitschko T D, Tremblay M J. 2020. Platform competition with endogenous homing[J]. International Economic Review, 61(3): 1281-1305.

Jeon D S, Kim B C, Menicucci D. 2022. Second-degree price discrimination by a two-sided monopoly platform[J]. American Economic Journal: Microeconomics, 14(2): 322-369.

Jovanovic B, Lach S. 1989. Entry, exit, and diffusion with learning by doing[J]. The American Economic Review, 79(4): 690-699.

Jullien B, Pavan A. 2019. Information management and pricing in platform markets[J]. The Review of Economic Studies, 86(4): 1666-1703.

Kahneman D, Tversky A. 1979. Prospect theory: an analysis of decision under risk[J]. Econometrica, 47(2): 263-292.

Kaiser U, Wright J. 2006. Price structure in two-sided markets: evidence from the magazine industry[J]. International Journal of Industrial Organization, 24(1): 1-28.

Kamien M I, Schwartz N L. 1991. Dynamic Optimization: The Calculus of Variations and Optimal Control in Economics and Management[M]. 2nd ed. Amsterdam: North-Holland.

Katz M L, Shapiro C. 1985. Network externalities, competition, and compatibility[J]. The American Economic Review, 75(3): 424-440.

Katz M L, Shapiro C. 1986. Technology adoption in the presence of network externalities[J]. Journal of Political Economy, 94(4): 822-841.

Kim J H, Prince J, Qiu C. 2014. Indirect network effects and the quality dimension: a look at the gaming industry[J]. International Journal of Industrial Organization, 37: 99-108.

Kim K, Tse E. 2011. Dynamic competition strategy for online knowledge-sharing platforms[J]. International Journal of Electronic Commerce, 16(1): 41-76.

Kopel M, Pezzino M, Ressi A. 2016. Location choice and contract bargaining[J]. Managerial and Decision Economics, 37(2): 140-148.

Kremhelmer S, Zenger H. 2008. Advertising and the screening role of mass media[J]. Information Economics and Policy, 20(2): 107-119.

Lee R S. 2013. Vertical integration and exclusivity in platform and two-sided markets[J]. American Economic Review, 103(7): 2960-3000.

Lewis G. 2011. Asymmetric information, adverse selection and online disclosure: the case of eBay motors[J]. American Economic Review, 101(4): 1535-1546.

Li J, Zhang Y L. 2020. The side with larger network externality should be targeted aggressively?

Monopoly pricing, reference price and two-sided markets[J]. Electronic Commerce Research and Applications, 43: 100995.

Li J, Zhang Y L. 2021. More market awareness, more profit? Competitive environments, business expansions, and two-sided markets[J]. Managerial and Decision Economics, 42(2): 249-267.

Li J, Zhang Y L, Zhang K. 2023. The interactive impact of demand sharing effect and reduced misfit effect on application compatibility[J]. IEEE Transactions on Engineering Management, 70(12): 4094-4109.

Li L S, Chen J Q, Raghunathan S. 2018. Recommender system rethink: implications for an electronic marketplace with competing manufacturers[J]. Information Systems Research, 29(4): 1003-1023.

Lin S. 2020. Two-sided price discrimination by media platforms[J]. Marketing Science, 39(2): 317-338.

Markovich S, Yehezkel Y. 2022. Group hug: platform competition with user groups[J]. American Economic Journal: Microeconomics, 14(2): 139-175.

Mavlanova T, Benbunan-Fich R, Koufaris M. 2012. Signaling theory and information asymmetry in online commerce[J]. Information & Management, 49(5): 240-247.

Mcintyre D P, Srinivasan A. 2017. Networks, platforms, and strategy: emerging views and next steps[J]. Strategic Management Journal, 38(1): 141-160.

Milgrom P, Roberts J. 1982. Limit pricing and entry under incomplete information: an equilibrium analysis[J]. Econometrica, 50(2): 443-459.

Milgrom P, Roberts J. 1986. Price and advertising signals of product quality[J]. Journal of Political Economy, 94(4): 796-821.

Mustonen M. 2005. Signalling cost with investment in compatibility[J]. NETNOMICS: Economic Research and Electronic Networking, 7(1): 39-57.

Pal R, Ramani V. 2017. Will a matchmaker invite her potential rival in?[J]. Journal of Economics & Management Strategy, 26(4): 806-819.

Parker G G, van Alstyne M W. 2005. Two-sided network effects: a theory of information product design[J]. Management Science, 51(10): 1494-1504.

Prasad A, Mahajan V, Bronnenberg B. 2003. Advertising versus pay-per-view in electronic media[J]. International Journal of Research in Marketing, 20(1): 13-30.

Raith M. 2003. Competition, risk, and managerial incentives[J]. American Economic Review, 93(4): 1425-1436.

Reisinger M. 2014. Two-part tariff competition between two-sided platforms[J]. European Economic Review, 68: 168-180.

Ribeiro V M. 2014. Strategic delegation in two-sided markets[R]. FEP Working Papers.

Rochet J C, Tirole J. 2002. Cooperation among competitors: some economics of payment card associations[J]. The RAND Journal of Economics, 33(4): 549-570.

Rochet J C, Tirole J. 2003. Platform competition in two-sided markets[J]. Journal of the European Economic Association, 1(4): 990-1029.

Rochet J C, Tirole J. 2004. Two-sided markets: an overview[R]. Working Paper: IDEI-CEPR Conference on Two-Sided Markets.

Rochet J C, Tirole J. 2006. Two-sided markets: a progress report[J]. The RAND Journal of Economics, 37(3): 645-667.

Roger G, Vasconcelos L. 2014. Platform pricing structure and moral hazard[J]. Journal of Economics & Management Strategy, 23(3): 527-547.

Rohlfs J. 1974. A theory of interdependent demand for a communications service[J]. The Bell Journal of Economics and Management Science, 5(1): 16-37.

Ropero M Á. 2019. Learning through experimentation in an oligopoly market with asymmetric information[J]. Australian Economic Papers, 58(3): 294-317.

Roson R. 2005. Two-sided markets: a tentative survey[J]. Review of Network Economics, 4(2): 142-160.

Rys P, Sobolewski M. 2020. Two-sided platforms: dynamic pricing and multiple equilibria[R]. JRC Working Papers on Digital Economy.

Rysman M. 2004. Competition between networks: a study of the market for yellow pages[J]. The Review of Economic Studies, 71(2): 483-512.

Rysman M. 2009. The economics of two-sided markets[J]. Journal of Economic Perspectives, 23(3): 125-143.

Scalera D, Zazzaro A. 2008. Observable managerial incentives and spatial competition[J]. Metroeconomica, 59(1): 27-41.

Schmalensee R. 2011. Why is platform pricing generally highly skewed?[J]. Review of Network Economics, 10(4): 1-11.

Seierstad A, Sydsaeter K. 1987. Optimal Control Theory with Economic Applications[M]. Amsterdam: North-Holland.

Sklivas S D. 1987. The strategic choice of managerial incentives[J]. The RAND Journal of Economics, 18(3): 452-458.

Srinivasan R. 2021. Platform Business Models: Frameworks, Concepts and Design[M]. Singapore: Springer.

Strauss S. 2000. Marketing strategies for products with cross-market network externalities[R]. Working Papers, Yale University.

Stremersch S, Tellis G J, Franses P H, et al. 2007. Indirect network effects in new product growth[J]. Journal of Marketing, 71(3): 52-74.

Sun K. 2015. Essays on two-sided markets and venture capitalist compensation[D]. Barcelona: Universitat Autònoma de Barcelona.

Sun M C, Tse E. 2007. When does the winner take all in two-sided markets?[J]. Review of Network

Economics, 6(1): 16-40.

Tan G F, Zhou J J. 2021. The effects of competition and entry in multi-sided markets[J]. The Review of Economic Studies, 88(2): 1002-1030.

Thomes T P. 2015. In-house publishing and competition in the video game industry[J]. Information Economics and Policy, 32: 46-57.

Varian H R. 2014. Intermediate Microeconomics: A Modern Approach[M]. 9th ed. New York: W. W. Norton & Company.

Veiga A, Weyl E G, White A. 2017. Multidimensional platform design[J]. American Economic Review, 107(5): 191-195.

Vickers J. 1985. Delegation and the theory of the firm[J]. The Economic Journal, 95: 138-147.

Wang J. 2018. Quality screening and information disclosure in two-sided markets[J]. Economics Letters, 171: 183-188.

Wang N N, Zhang T, Zhu X W, et al. 2021. Online-offline competitive pricing with reference price effect[J]. Journal of the Operational Research Society, 72(3): 642-653.

Wang Z, Wright J. 2017. Ad valorem platform fees, indirect taxes, and efficient price discrimination[J]. The RAND Journal of Economics, 48(2): 467-484.

Weyl E G. 2010. A price theory of multi-sided platforms[J]. American Economic Review, 100(4): 1642-1672.

Wright J. 2004. One-sided logic in two-sided markets[J]. Review of Network Economics, 3(1): 44-64.

Xu J, Duan Y R. 2018. Subscription price and advertising space decisions for online content firms with reference effect[J]. Electronic Commerce Research and Applications, 30: 8-24.

Yoo B, Choudhary V, Mukhopadhyay T. 2002. A model of neutral B2B intermediaries[J]. Journal of Management Information Systems, 19(3): 43-68.

Zhou Y Y, Zhang Y L, Goh M. 2021. Choice of pricing and advertising schemes for a two-sided platform[J]. Managerial and Decision Economics, 42(7): 1865-1885.

Zhou Y Y, Zhang Y L, Wahab M I M. 2022. Optimal pricing and choice of platform advertising schemes considering across-side network effect[J]. Managerial and Decision Economics, 43(4): 1059-1079.

Zhu F, Iansiti M. 2012. Entry into platform-based markets[J]. Strategic Management Journal, 33(1): 88-106.

Zhu F, Li X X, Valavi E, et al. 2021. Network interconnectivity and entry into platform markets[J]. Information Systems Research, 32(3): 1009-1024.

Zingal F, Becker F. 2013. Drivers of optimal prices in two-sided markets: the state of the art[J]. Journal Für Betriebswirtschaft, 63(2): 87-116.